Ibiza

& Formentera

Patrick Krause

Gratis-Download: Updat … tors

Unsere Autoren … ass
für Sie weiter. Auf … ates und
persönliche Z … führer.

Zum Ausdrucken u … oder als kostenloser
Download für Sma … one, Tablet und E-Reader.
Besuchen Sie uns jetzt!
www.dumontreise.de/ibiza-formentera

short.travel/qchy8

DUMONT
Reise-Taschenbuch

Ibiza & Formentera persönlich 6

Lieblingsorte 12

Schnellüberblick 14

Reiseinfos, Adressen, Websites

Informationsquellen 18
Wetter und Reisezeit 20
Rundreisen planen 22
Anreise und Verkehrsmittel 24
Übernachten 28
Essen und Trinken 30
Aktivurlaub, Sport und Wellness 33
Feste und Veranstaltungen 35
Reiseinfos von A bis Z 38

Panorama – Daten, Essays, Hintergründe

Steckbrief Pityusen 46
Geschichte im Überblick 48

Ein Winter auf Ibiza 54
José Padilla – Erfinder des »Café del Mar«-Sounds 57
Xiringuito und Chill-out – Herde der Strandkultur 59
Aussteigen? 63
»Chin-chin« statt »Prost« 66
Die Fahrradinsel 69
Eine liebenswerte Gesellschaft 72
Pleasure Island – Leitfaden für die größte Partyinsel der Welt 76
Natur und Kultur – Prädikat ausgezeichnet 80
Einmal Eivissa und zurück 82

Unterwegs auf Ibiza und Formentera

Die Hauptstadt Eivissa 86
Dalt Vila 89
Vara de Rey 101
La Marina und Sa Penya 104
Eivissa Nova und Marina Botafoch 106
Die Strände Eivissas 112
Platja Talamanca 112
Ses Figueretes und Platja d'en Bossa 113

Der Süden 122
Die Südküste 124
Platja d'es Cavallet 124
Platja de ses Salines (Platja de Migjorn) 128
Cala Es Bol Nou, Sa Caleta 129
Cala des Jondal 130
Cala Es Xarcu 134
Port Roig (Porroig), Es Cubells 135
In der Serra Benimussa 139
Sant Josep de sa Talaïa 140
Wandern auf der Talaïa de Sant Josep 141
Es Vedrà 143
Wanderung zur Torre des Savinar und Atlantis 143
Ses Païsses de Cala d'Hort 147
Die südwestliche Küste, Cala Carbó 147
Cala Vadella (Cala Vedella) 148
Cala Molí, Cala Tarida 149
Cala Codolar 150
Cala Comte 151

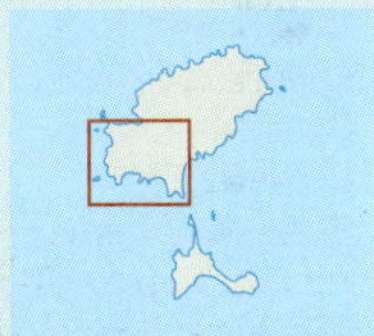

Sant Antoni und der Nordwesten 152
Cala Bassa 154
Port des Torrent 155
Sant Antoni de Portmany 158
Mountainbike-Tour Es Camp Vell 167
Zentrale Strände in Sant Antoni 167
Cova ses Fontanelles und Camp Vell 169
Plá de Corona 169
Santa Agnès de Corona 172
Sant Mateu d'Aubarca 173
Wandern zum Cap und zur Cala d'Aubarca 174

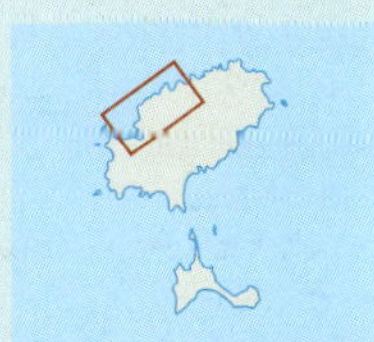

Der Nordosten 176
Sant Miquel de Balansat 179
Port de Sant Miquel 184
Es Pas de s'Illa des Bosc 184
Wandern in die Cala des Moltons 184
Cova de Can Marçà, Cala de Benirràs 185
Sant Joan de Labritja 186
Sant Llorenç de Balàfia, Portinatx 189
Platja s'Arenal Gros 192
Buchten nahe Portinatx: Cala Xarraca, Cala s'Illot des Renclí, d'es Xuclà, Cala d'en Serra 193
Sant Vicent de sa Cala 195
Cova des Cuieram 195
Cala de Sant Vicent 196
Tagomago 197
Sant Carles de Peralta 197
Strände im Norden und Osten von Sant Carles 202
S'Aigua Blanca 202
Platja d'es Figueral 202
Es Pou des Lleó, Cala Boix 203
Cala Mastella 206
Strände südlich von Sant Carles 206
Es Canyar 207
Strände um Es Canyar: Cala Martina, S'Argamassa 209
Cala Pada, Platja Estanyol 210
Santa Eulària del Riu 210
Strände in Santa Eulària 219

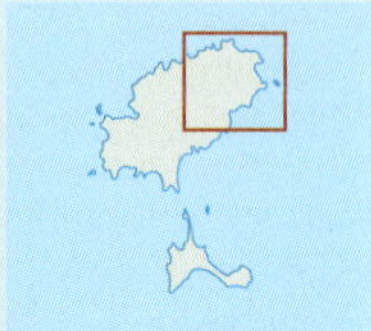

Die Ostküste und das Hinterland 220
Strände an der Ostküste 222
Cala Llonga 222
Cala Olivera 224
Cala Espart, Platja s'Estanyol, Jesús 225
Puig d'en Valls 230
Sant Rafel 231
Santa Gertrudis de Fruitera 234

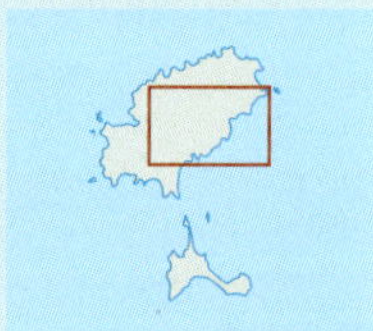

Formentera 240
La Savina 243
Die Nordspitze, Platja de ses Illetes 245
S'Espalmador 246
Platja de sa Roqueta 247
Es Pujols 250
Sant Ferran 253
Sant Francesc 254
Platja de Migjorn 256

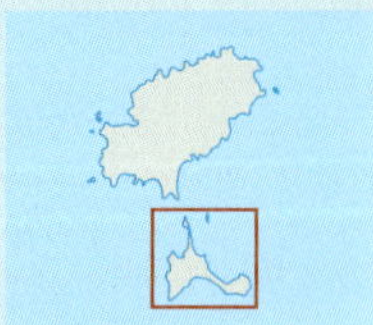

»Römisch Wandern«: Castell und Camí romà 257
Richtung La Mola 260
Es Caló de Sant Agustí 260
La Mola, El Pilar de la Mola 261
Far de la Mola 261
Der Süden 265
Cala Saona, Cap de Barbaria 266

Sprachführer 268
Kulinarisches Lexikon 271
Register 274
Autor/Abbildungsnachweis/Impressum 280

Auf Entdeckungstour

Eine alte Stadt erzählt – in den Gassen der Dalt Vila 96
Auf alten Wegen – mit dem Fahrrad von Eivissa nach Sant Antoni 118
Brutstätte für Ökonomie und Ökologie – Ses Salines 126
Nur Kubus an Kubus? Die moderne Siedlung Vista Alegre 132
Der filósofo alemán – Walter Benjamin auf Ibiza 162
Andere Länder, andere Sitten – die Wehrkirche Sant Miquel 180
Das wilde Leben – Hippiekultur im Norden Ibizas 198
Wanderung zur maurischen Wasseranlage Es Broll 228
Vielfalt auf dem Teller – die »Restaurant-Road« 236
Das Loch am Leuchtturm – die Cova Foradada 262

Karten und Pläne

s. hintere Umschlagklappe

▶ Dieses Symbol im Buch verweist auf die Extra-Reisekarte Ibiza & Formentera

Liebe Leserin, lieber Leser,

wenn ich Freunden und Bekannten von meiner Lieblingsinsel erzähle, fällt unweigerlich das P-Wort: »Ah, die Party-Insel. Da fahre ich bestimmt nicht hin. Allerhöchstens nach Formentera.« Leider sagen das sehr viele Menschen, die eigentlich für Ibiza prädestiniert sind. Aus diesem Grund, liebe Leser, besteht die Mission meines Reiseführers in erster Linie darin, Ibiza in einem anderen Licht zu zeigen: ein Ibiza, das mir seit dem ersten Besuch ans Herz gewachsen ist.

Vor allem ist da Ibizas Facettenreichtum: Hippiekolonien im Norden, altspanische Atmosphäre in Santa Eulària, die historische wie moderne Hauptstadt Eivissa, die Schönen und Reichen im Süden, ein Stück Karibik auf Formentera, und dann der liberale Menschenschlag. Zahlreiche Weltenbummler haben aufgrund des traditionell weltoffenen, in Europa wohl einzigartigen sozialen Klimas ihr Glück auf Ibiza gefunden. Sie bereichern das Inselflair mit internationalen Einflüssen, vom indischen Dekor in Bars und Fondas bis zum MediterrAsian Style der neuen Küche.

Besonders das Inselinnere ist eine Entdeckung. Ibiza ist fast durchgehend bewaldet und hügelig, die Landstraßen und Wege sind zum größten Teil noch charmant holprig, und das ist auch gut so: Statt auf Massen- oder Diskotourismus setzt man hier auf die sanfte Art, die Insel zu erkunden, zum Beispiel wandernd oder per Mountainbike. Die Pityusen sind noch an vielen Orten ursprünglich und gleichermaßen Sportinsel, Kultur- und Genusslandschaft. Und wo hat man auf knapp vierzig Kilometern Durchmesser die Qual der Wahl aus fast sechzig Badebuchten? Grandioses Essen, glasklares Wasser und ideale Tauchbedingungen oft inklusive?

Zugegeben: Die Disko-Location Ibiza ist in den Top 100 der Danceclubs führend. Aber die Szene-Insider fliegen fast nur zu den Opening- und Closing-Partys im Mai und Oktober ein. Wenn Sie nur zum ›Abtanzen‹ anrücken, ahnen Sie nicht, was Sie alles verpassen. Sind Sie einmal da, werden Sie vermutlich schnell von der mediterranen Gelassenheit angesteckt. Und wenn das nicht reicht, setzen Sie über nach Formentera, wo es noch entspannter zugeht. In diesem Sinne: Herzlich benvinguts und gute Erholung auf dieser einzigartigen Inselgruppe.

Ihr

Patrick Krause

Einer der beliebtesten ›Geheimtipps‹ – die Cala Salada nördlich von Sant Antoni

Leser fragen, Autoren antworten

Ibiza & Formentera – meine Tipps

Was muss ich auf Ibiza und Formentera gesehen haben?

Einmal sollten Sie in der **Dalt Vila,** Eivissas Altstadt, auf der Plaça d'Espanya gestanden haben: Hier bekommen Sie einen Überblick über Ibiza, das Meer und Formentera und atmen gleichzeitig Historie.

Das legendäre **Chillout-Cafe del Mar** in Sant Antoni liegt nicht besonders schön, ist aber für sich auch historisch und das Ritual zum Sunset entschädigt.

Im Nordosten um **Sant Carles** begegnet man noch echten Hippies – von früher! Sogar ›Indianer‹ können einem da über den Weg laufen.

Der **Puig de Missa,** Santa Eulàrias Akropolis mit Kirche und Heimatmuseum, ist schon rein äußerlich spektakulär. Und auch Ibizas magischen Meeresfelsen **Es Vedrà** sollte man von Nahem gesehen haben. Er ist genau so hoch wie Ibizas höchster Berg und das heimliche Wahrzeichen der Insel.

Und, pssst: Die schönsten Badebuchten sind für mich **Cala Comte, Cala Bassa, Cala Boix, Cala Salada, Cala Xarraca, Cala Benirràs** und auf Formentera die **Platja de ses Illetes.**

In Sant Ferran auf Formentera sollte man einen Blick in die **Fonda Pepe,**

Sehenswürdigkeiten und Strände auf Ibiza

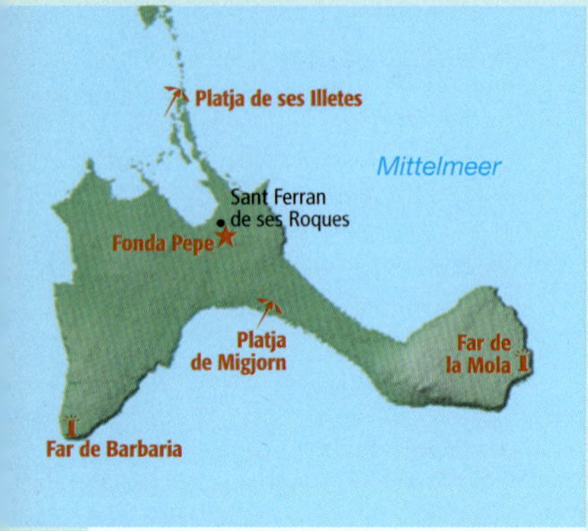

Sehenswürdigkeiten und Strände auf Formentera

das Mekka biertrinkender Welterklärer, werfen, ihn dann an den beiden Leuchttürmen **Far de la Mola** und **Far de Barbaria** über das große weite Meer schweifen lassen und schließlich am Strandkiosk Pirata Bus an der **Platja de Migjorn** vor türkisglitzernder Wasserkulisse, nur noch mit einem Sarong bekleidet, endlich einsehen, dass die besten Dinge im Leben wenig bis nichts kosten und dass das wahre Leben tatsächlich ein Strand ist.

Welche Aktivitäten lohnen besonders?

In Sachen Sport werden die Pityusen deutlich unterschätzt. Zum **Wandern** und **Mountainbiken** sind die Waldwege mittlerweile ausgezeichnet erschlossen. Per **Kayaking** kann man die Insel vom Meer aus bewundern. **Tauchgänge** sind hier nicht nur wegen der UNESCO-geschützten Posidonia-Wiesen und ihrer Fauna aufregend, sondern auch wegen der Schiffswracks und unterirdischen Höhlen (alle Angebote ausführlich beschrieben auf www.ibiza.travel, inklusive Kontaktdaten, Karten und Flyer zum Herunterladen).

Neuerdings wird allen, die auf dem ›Zehner‹ im Schwimmbad keinen Bammel haben, betreutes **Cliffspringen** angeboten, inklusive Tauchen, Bootfahren, Klettern sowie professionellem Coaching und Equipment (facebook: Ibiza Cliff Diving, Tel. +34 607 03 88 37, Sommer 30 €, Winter 15 €).

Wer's nicht ganz so mit Bewegung hat: **Bullys,** die beliebten Retro-Kutschen von VW, sind auf einer Hippie-Insel natürlich bestens aufgehoben. Über die Website www.piecesofibiza.de kann man eine halbtägige ›Piratentour‹ zu den Piratentürmen der Insel inklusive Überraschungen für zwei Personen (285 €) buchen.

Wie bewegt man sich auf Ibiza und Formentera?

Wer nicht vorhat, sich zwei Wochen vom Hotelzimmer zum Strand und zurück zu schleppen, hat viel zu entdecken, und das am besten mit dem **Auto.** Egal, wo Sie sich auf der Insel aufhalten, nichts ist wirklich weit, aber

Beste Bedingungen für Wanderer und Mountainbiker

nur mit dem Wagen kommt man zügig von A nach B. Am besten das Auto online mieten und am Flughafen abholen (direkt gegenüber dem Ausgang, die Markenanbieter befinden sich im Parkhaus links davon). Die Mietpreise für einen Kleinwagen sind relativ moderat und nicht teurer als anderswo.

Auf Formentera ist das beliebteste Fahrzeug der **Scooter,** ein zweisitziger Motorroller, denn die Entfernungen sind nicht groß und Sie erreichen damit auch auf Sandwegen den Strand.

Chillout-Romantik im Café del Mar

Wo kommt man auf Ibiza ideal unter?

Oft ist der Billigflug gebucht und ich werde gefragt, welche heißen Spartipps ich zu Ibiza auf Lager hätte. Da muss ich in puncto Hotelunterkunft beinahe passen. Ibiza hat nun einmal eine Klientel, die ihr Geld zur Schau stellt und die Preisspiralen nach oben treibt. Aber zu hochpreisigen Agroturismi und notorisch teuren Privathotels gibt es immer Alternativen: Viel günstiger sind **Privat-Fincas** mit Pool und schöner Einrichtung, die es zuhauf auf der Insel gibt (einfach mal googeln), vor allem für Gruppenreisen ab vier Personen – da reduziert sich die Übernachtung pro Person schnell auf 30 €!

Wer trotzdem ein preiswertes Hotelzimmer mit Service bevorzugt, sollte sich auf **Hostals** konzentrieren, die wesentlich billiger sind, allerdings auch oft den Charme und Standard alter Zeiten ausstrahlen.

Tipp: Schauen Sie nach Hostals direkt am Meer, zum Beispiel das Drei-Sterne-Hostal **Catalonia Ses Etaques** in Santa Eulària, **Caribe** direkt an der Bucht Pou des Lleó, das romantische Hotel **Club de Portinatx,** wo man beinahe die Füße vom Balkon ins Wasser hängen lassen kann, oder das Boutique **Hostal Salinas** (im Naturpark Ses Salines) – per Google Maps leicht zu finden. Und noch ein **Tipp:** Wer sich auf der Insel ohnehin viel bewegen will, sollte zum reinen Übernachten pauschal und preiswert in einem der **Großhotels** an den Küstenorten einchecken – kleiner Preis, großer Service.

(Wie) kann ich preiswert essen und trinken?

Die Preise auf Ibizas Speisekarten sind teilweise nicht ohne, vor allem in Strandkioscos, die es gerne mal übertreiben. Wer nicht jeden Abend richtig Geld hinlegen will, geht einfach in eine der zahlreichen lokalen Bars, sitzt unter Einheimischen und findet in der Auslage fast immer die leckersten, hausgemachten Tapas und ein schönes Glas Hauswein für wenig Geld. Macht glücklich.

Wo soll ich auf Ibiza abends hingehen, wenn es nicht die Disko sein soll?

Der perfekte Abend beginnt mit der Dämmerung. Seien Sie pünktlich an

Ort und Stelle, wenn die Sonne untergeht und der DJ in einem der Chillout Places das Naturspektakel musikalisch untermauert (zum Beispiel **Café del Mar** in Sant Antoní, **Kumharas** in Port des Torrent oder **Ashram Sunset** in der Cala Comte). Oft geht der feierliche Tagesabschluss zum Sundowner direkt in Tanz oder Dinner über.

Während sich später in den Großdiskos der Mainstream die Klinke in die Hand gibt, treffen sich die Schönen und Reichen zum Essen, Tanzen, Sehen und Gesehenwerden eher in coolen, chilligen Etablissements wie dem **Casa Colonial,** dem **km5,** oder **Bambuddha Grove.** Das muss aber unter uns bleiben …

Gibt es auf Ibiza Orte, die ich mir schenken kann oder sogar meiden sollte?

Die klassische Engländer-Enklave Sant Antoni ist trotz des Stadtteils Westend nicht ganz so übel wie ihr Ruf – denn die wahre Bettenburgen- und Billigburger-Hölle heißt Port des Torrent und liegt gegenüber.

Die Küstenstraße zwischen den Highlights Es Vedrà und der Cala Comte ist sehr schön, aber ein Abstecher in die sichtlichen Bausünden (Urbanisaçion) am Rande lohnt nicht, ebenso wenig Eivissas Vorstädte, deren Industrie den Himmel gerne mal gelb färbt.

Nördlich von Jesús Richtung Golfplatz liegt die Mülldeponie. Aber durchgängig hässlich ist es nirgends.

Lohnt sich ein Abstecher nach Formentera?

Die meisten Urlauber entscheiden sich für die eine oder die andere Insel. Die Inseln unterscheiden sich nochmals stark voneinander; die viel kleinere Schwesterinsel hat mit ihrem poolgleichen türkisfarbenen Wasser an vielen Sandstränden regelrecht Karibikflair, während Ibiza sich mit seinen Felsbuchten oft rustikaler gibt.

Viele sagen, Formenteras Leben sei wie das Ibiza der »guten alten Zeiten«. Für einen Abstecher nach Formentera muss man mindestens einen Tag einplanen – mit der Fähre frühmorgens hin und abends wieder zurück. Aber sogar Strandentspannung ist zeitlich drin.

Was gibt es Neues auf Ibiza und Formentera?

Vom britischen Tourismus über die ›Neckermänner‹ bis hin zur Hippie-, Electro- oder Café del Mar-Welle: Ibiza hat sich schon oft neu erfunden. Das ganz große ›neue Ding‹ ist momentan nicht in Sicht, aber trotzdem darf man auf ein paar neue Institutionen aufmerksam machen: etwa das Event-Spektakel **Heart Ibiza** von Ferràn Adrià und den Machern des Cirque de Soleil oder die aufkeimende Kunstszene rund um Eivissas Kunstmuseum **MACE.** Am obersten Punkt Eivissas thront neben der Kathedrale Santa María de les Neus das **Castell Almudaina** und wartet auf seine Einweihung als erstes Luxus-Parador Ibizas (Aktuelles unter www.parador.es) – immer wieder angekündigt und aufgrund archäologischer Funde verschoben.

Auf andere ›Innovationen‹ kann man getrost verzichten – so gibt es Proteste gegen weitere Autobahnen und eine geplante Ölplattform nur wenige Kilometer vor der Insel. Eigentlich sind diese Vorhaben kaum zu glauben, denn das Unterwassergebiet Ses Salines zwischen Ibiza und Formentera mit seinen Posidonia-Graswiesen ist noch nicht lange ein anerkanntes UNESCO-Welterbe.

Und auf Formentera sind wir gespannt auf die Fertigstellung des geplanten **Salzmuseums** …

Typisch Ibiza: einsam gelegene Finca mit viel Grün

Wo finde ich den authentischen, modernen Ibiza-Stil?

Abseits von Hippiekultur, Retro-Techno oder Chillouts präsentiert der großformatige Band »Cool Escapes Ibiza« (teNeues-Verlag) neue, außergewöhnliche Locations der Insel in einer genussreichen Bildsprache, was eine gute Ergänzung zu diesem Reiseführer darstellt (die guten Adressen finden Sie hier auch). Dazu gehören Boutique Hotels, Design-Shops neue, aufwendig gestaltete Restaurants und Szenebars sowie besondere Agriturismi im speziell klaren, coolen und mitunter verspielten Ibiza-Stil (auch als App, die anzeigt, was sich gerade in der Gegend befindet). Weiterhin hat die ortsansässige Fotografin Geneviève Scholten in ihrem Band »Leben auf Ibiza« die besondere Kultur, Architektur und Gastronomie der Insel sehr treffend fotografisch festgehalten.

»Glorious Ibiza Food (and Music!)« von Sid Shanti (Loft Publ., englisch), dem ›Jamie Oliver Ibizas‹, ist zum Nachkochen heimischer Gerichte ideal: von der obligatorischen Aioli über RegioNova- und Fusionküche bis zur Lösung der Frage, wie man den leckeren Hierbas-Likör aus Kräutern zu Hause ansetzt (beide nur in Insel-Insider-Shops erhältlich, wie Sluiz und Elephant Store oder in der Buchhandlung Llibro Azul, alle bei Santa Gertrudis). Rob Smith verrät in »Geheime Strände: Ibiza« (Verlag onemoregrainofsand) zahlreiche versteckte Strände jenseits der offiziellen 56 Buchten der Insel, inklusive Bewertungen wie Einsamkeits- oder FKK-Faktor. Per QR-Code kann man die einsamen Buchten leicht selbst entdecken – zu manchen muss man allerdings schwimmen. Wer mehr nach Social Life giert, dem präsentiert das Magazin Ibiza Style (www.ibiza-style.com) immer aktuell WhoIsWho und WhereAndWhen.

NOCH FRAGEN?

Die können Sie gern per E-Mail stellen, wenn Sie die von Ihnen gesuchten Infos im Buch nicht finden:

krause@dumontreise.de

info@dumontreise.de

Auch über eine Lesermail von Ihnen nach der Reise mit Hinweisen, was Ihnen gefallen hat oder welche Korrekturen Sie anbringen möchten, würden wir uns freuen.

Es Cubells: beliebte Hochzeitskirche in traumhafter Lage, S. 136

Kult und soziales Epizentrum: die Bar Costa in Santa Gertudis, S. 232

Lieblingsorte!

Platja Pou des Lleó – Entspannen an römischer Purpurproduktionsstätte, S. 204

Forada – einsame Straßenkreuzung mit Künstlerkneipe, S. 226

Einer der romantischsten Orte der Insel: Torres de Balàfia, S. 191

Punta Roja und Cap Negret, von Hippies »Heaven’s Gate« genannt, S. 170

Die Reiseführer von DuMont werden von Autoren geschrieben, die ihr Buch ständig aktualisieren und daher immer wieder dieselben Orte besuchen. Irgendwann entdeckt dabei jeder Autor seine ganz persönlichen »Lieblingsorte«: Plätze, Buchten oder Punkte, aus denen sich eine ungewöhnliche Perspektive ergibt. Spezielle, originelle Cafés oder Läden. Orte, die keine Attraktionen aufzubieten haben, aber eine besondere Stimmung erzeugen. Ganz nach dem Motto »Was (eigentlich) nicht im Reiseführer steht ...«

Convent de Sant Cristòfol: ein rührender Moment beim Kuchenkauf, S. 94

Es Molí de Sal: romantische alte Mühle, heute bestes Essen on top, S. 248

Schnellüberblick

Sant Antoni und der Nordwesten
Sant Antoni war vor fünf Jahrzehnten noch ein Fischerdörfchen und ist heute Urlaubsmoloch. Darum herum erstrecken sich jedoch einige der schönsten Buchten Ibizas und Richtung Norden wird die Küste immer wilder und steiler. Dabei dringt man immer weiter zu den vielleicht schönsten Straßenkreuzungen der Welt vor, die hier »Dorf« heißen. S. 152

Der Süden
Chill-outs, Chic und schöne Menschen findet man an Küstenstreifen, die bizarr, eindrucksvoll und eigentlich seltener zum Baden geeignet sind. Dahinter die höherliegenden Serras mit der einsamen Spitze Ibizas, dem Talaïa-Massiv, und seinem feierlichen Abschluss, dem magischen Felsen von Es Vedrà. S. 122

Formentera
Geheimtipp, Lieblingsinsel, Lebensform, Aussteigerinsel: Ibiza wie vor drei Jahrzehnten ... Wer die Fähre nimmt, erlebt eine Zeitreise und einen gelassenen Lebensstil auf kleinstem Raum, mit Stränden, die die auf Ibiza noch mal toppen, und einigen Kult-Kioscos mit bewegter Geschichte.
S. 240

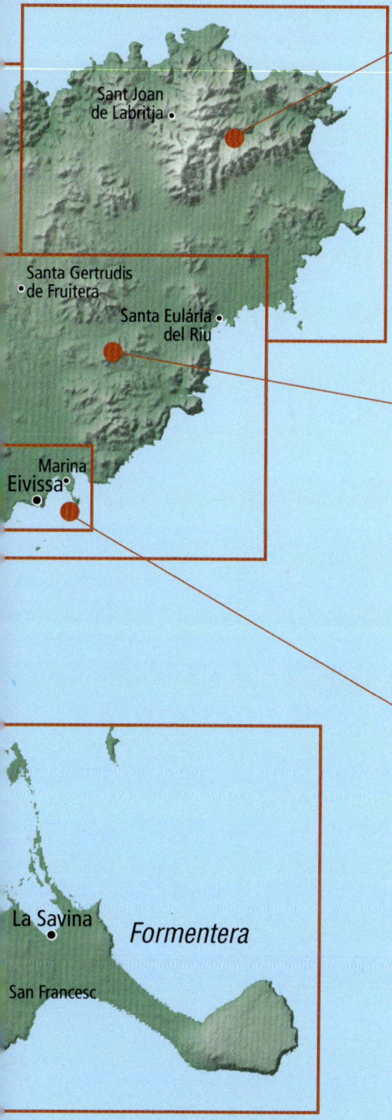

Der Nordosten
Hippiesk; Einsamkeit und Natur: Bewaldete Hügel, fruchtbare Ebenen und friedliche Dörfer zaubern ein Ibiza hervor, das das Image der Partyinsel vergessen lässt. Hinzu kommen Höhlen, in denen schon die Karthager ihre Götter verehrten, und die einsamsten, unbegehbarsten Buchten der Insel. Der Kenner wandert, genießt und schweigt ... S. 176

Die Ostküste und das Hinterland
Dörfliche Idylle trifft auf die zweitgrößte Disko der Welt, begleitet von Trabrennen, Töpfereien, traumhaften Agroturismos, der »Restaurant-Road« sowie dem Dorf Santa Gertrudis, wo sich gerade ein neuer Ökochic als Trend durchsetzt. Ein Mix, der ganz Ibiza repräsentiert. S. 220

Eivissa und Umgebung
Die 2800 Jahre alte Hauptstadt mit ihrem jungen Leben. Ihre Akropolis atmet Geschichte, darunter das bunte Treiben: Partystimmung in La Marina, gepflegte Noblesse an der Marina Botafoch, um die Ecke meterlange Strände, an denen sich das Volk ausruht, die Nacht wegtanzt oder -schläft. S. 86

Reiseinfos, Adressen, Websites

Klangvoller als vor dem Café del Mar geht die Sonne nirgends auf der Welt unter

Informationsquellen

Infos im Internet

www.spain.info/de
Allgemeine Touristeninformation

www.eivissa.org
Die offizielle Website des *Consell Insular d'Eivissa* in Katalanisch, Spanisch und Englisch mit nützlichen Adressen. Interessanter für den Reisenden sind die neuen Websites der Inselregionen mit aktuellen Hinweisen auf Wanderwege, Strände, Restaurants, Hotels oder Veranstaltungen: www.santantoni.net, www.santaeulalia.net, www.sanjose-ibiza.net, www.sant-joan.com.

www.illesbalears.es
Die offizielle Website der Balearen mit Einzellinks zu den verschiedenen Inseln, auch in deutscher Sprache. Dort gibt es sehr gute allgemeine Informationen zu aktuellen Veranstaltungen und Festen.

www.balearsculturaltour.es
Sehr elegante Website über das aktuelle kulturelle Geschehen auf den Balearen und natürlich auch Ibiza. Neben den bestehenden kulturellen Einrichtungen Vorankündigungen zu Ausstellungen, Konzerten, Festivals.

www.eivissa.de
Niveauvoll und mit Magazincharakter versehenes Portal mit sehr allgemeinen und breiten Informationen sowie einem Forum zu Themen wie Unterkunft, Kontakte, Jobs.

www.ibiza-heute.de
»Große deutschsprachige Portal für Ibiza und Formentera« stellt (manchmal in leicht holprigem Deutsch) täglich aktuelle News ein und hat auch einen hohen Nutzen, wenn es um spezielle Dinge wie Reisen mit Tieren oder Bootsverleih geht.

www.e-ibiza.de
Buchungsangebote und Informationen mit leichtem Blog-Charakter (z. B. Tipps und Beurteilungen von Usern).

www.ibiza-spotlight.de
Bunt wie ein Kinderspielplatz, vor allem als Buchungsportal für Unterkünfte konzipiert, aber auch Clubtickets, Gay Ibiza und aktuelle News – zum Beispiel, welche VIPs gerade die Inseln besuchten.

www.ibiza.travel/de
Offizielle Seite des Fremdenverkehrsamts mit vielen nützlichen Informationen, z. B. einem ausführlichen Veranstaltungskalender.

www.fonda.de
Der Klassiker für alle Formentera-Freaks, abgeleitet von der berühmten »Fonda de Pepe«. Informationen, Tipps und Anregungen weit über das touristische Programm hinaus.

Fremdenverkehrsämter, Informationsstellen

Deutschland
Spanisches Fremdenverkehrsamt
Lietzenburger Straße 99, 5. OG
10707 Berlin
Tel. 030 882 65 43
berlin@tourspain.es

Spanisches Fremdenverkehrsamt
Myliusstraße 14
60323 Frankfurt/Main

Tel. 069 72 50 33
frankfurt@tourspain.es

Spanisches Fremdenverkehrsamt
Postfach 151940
Schubertstraße 10
80051 München
Tel. 089 53 07 46 11
munich@tourspain.es

Österreich

Spanisches Fremdenverkehrsamt
Walfischgasse 8/14
1010 Wien
Tel. + 43 1 512 95 80
viena@tourspain.es

Schweiz

Spanisches Fremdenverkehrsamt
Seefeldstrasse 19
CH 8008 Zürich
Tel. + 41 44 253 60 50
Fax + 41 44 252 62 04
zurich@tourspain.es

Ibiza

Fremdenverkehrsbüro Ibiza: Passeig de Vara de Rey, 1, Eivissa, Tel. + 34 971 30 19 00 (offiziell keine Touristeninformation). Touristeninformationen gibt es in Eivissa, Sant Antoni, Santa Eulària und im Sommer auch am Flughafen. Die Adressen finden Sie in der Infobox der jeweiligen Kapitel.

Spezialreiseveranstalter

Verband der Reiseleiter (Associación Guías Ibiza APITIF): Tel. 971 30 26 05, www.guiasibiza.com (Preise auf Anfrage) oder auch www.ibiza.travel. Wer seine Reise von vornherein individuell zuschneiden möchte, ist hiermit gut bedient. Führungen nach Wunsch auf Deutsch, Englisch und Spanisch, als Ganztagestour oder nach persönlichen Wünschen. Auch geführte Wanderungen und Locationscouting für TV- oder Fotoproduktionen und Journalisten.

Lesetipps

Viel Ibiza-Literatur ist vergriffen oder besser auf Ibiza selbst erhältlich. Die Buchhandlung Libro Azul in Santa Gertrudis ist bezüglich mehrsprachiger Ibiza-Literatur erstaunlich gut sortiert, vor allem hinsichtlich vergriffener Literatur.

Ibiza-Krimis

Driest, Burkhard: Sommernachtsmord, München 2008. Der Jungstar einer Talentshow verschwindet spurlos – bis sich seine Spur in Ibizas Pop- und Produzentenszene findet. Toni Costa ermittelt auch in weiteren Krimis, zumindest zur Zufriedenheit von Elke Heidenreich.

Klein, Wolfgang: Schwarzgeld Ibiza, Trier 2006. Weihnachtsmorgen auf Ibiza. Ein deutscher Grundstücksmakler und seine Lebensgefährtin liegen mit durchtrennten Kehlen vor ihrem Haus. Comisario Miguel Molina Serra und seine Kollegin Tonia Álvarez ermitteln. Der Autor, Programmchef des Senders SWR4, besticht durch Ortskenntnis.

Ibiza sozial

Planells, Mariano: Ibizas Geheimnisse von A bis Z, Santa Gertrudis 1999. Alle Mythen, Märchen und Menscheleien dieser Insel in einem Band. Leider vergriffen. Die Ibiza-Bücherfundgrube Libro Azul in Santa Gertrudis, die auch als Übersetzer und Herausgeber fungierte, hat jedoch meistens noch eines auf Lager (kein Versand).

Raventós, Eva von: Cool Restaurants & Cool Spots Majorca/Ibiza, Kempen 2006. Zwei schöne, opulente Bände über viele, auch in diesem Führer beschriebene Orte für einen ersten Eindruck. Quantitativ ausgewogene Mischung aus Mallorca und Ibiza.

Ibiza szenig

Trimpop, Trini: Exzess all Areas, Mainz 2011. Das Enfant Terrible der deutschen Musikszene (Gründungsmitglied und ehemaliger Schlagzeuger der Band Die Toten Hosen) erzählt von einem hypernervösen Journalisten, der einen dem Drogenkonsum zugeneigten Top DJ begeleitet – ein unmögliches Gespann, das nicht voneinander lassen kann und viele Details der lokalen Szene entlarvt.

Jens Rosteck: Mein Ibiza – Eine Lebensreise, Hamburg 2013. Bilderfälscher, Modepioniere, Exilliteraten, Aussteiger, Drogensüchtige und andalusische Gitanos: Rostecks Buch gibt Einblicke in Ibizas zahlreiche Parallelwelten. Am besten vor Ort zu Gemüte führen, dann versteht man Einiges von dem, was vor den eigenen Augen vor sich geht.

Wetter und Reisezeit

Reisezeit und Klima

Ibiza hat durchgehend ein recht ausgeglichenes, mildes Klima. Bei rund 300 Sonnentagen im Jahr und häufigen, warmen Süd- und Südwestwinden aus dem nahen Nordafrika sind Ibiza und Formentera ganzjährig lohnende Reiseziele. Natürlich ist Ibiza im Hochsommer heiß und voll, die maximale Lufttemperatur beträgt im Schnitt jedoch nur 30 °C. Im Juli und August ist eigentlich nur ein Strandurlaub zu empfehlen. Die angenehmeren Reisezeiten sind daher Frühling und Herbst – zumindest, was Aktivitäten angeht. Im Sommer ist das Baden selbstverständlich immer und überall möglich, im Winter ist es dagegen bei Wassertemperaturen von 13–14 °C eher etwas für Hartgesottene.

Klimadiagramm Formentera

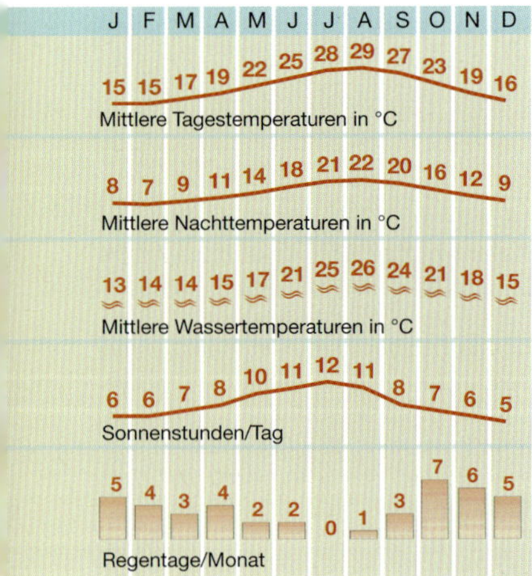

Eine Ibizareise ...

... zur Mandelblüte

Ibiza ist klimatisch bereits milder als das nahe gelegene Mallorca. Im Winter fällt das Thermometer selten unter 14/6 °C. Die Mandelblüte erlebt man hier oft schon Ende Januar/Anfang Februar. Ab Februar kann es bei Sonnenschein frühlingshaft warm sein, auch wenn es gegen Abend wieder kälter wird. Entsprechend üppig legt sich die Natur zu dieser Zeit ins Zeug und man erlebt einen echten Frühling – lange vor unserem daheim. Der Pullover sollte auf jeden Fall mit im Gepäck sein, am besten auch noch die Winterklamotten, die man zu Hause gerade tragen würde. Im März kann es noch häufig wechselhaft sein. Doch ab April werden die Regenfälle weniger und die Tagestemperaturen klettern langsam nach oben – wie die Preise ...

Zu Ostern wird es richtig voll auf den Inseln, der Karfreitag bildet meis-

In der Hochsaison sind selbst die einsamsten Buchten überbevölkert; in Beach Clubs sollte man sogar vorreservieren

tens den Startschuss in die Urlaubssaison – freilich verhalten in Gestalt der Nebensaison. Im Mai liegen die Temperaturen dann schon oftmals über 20 °C. Und die Natur steht in voller Blüte. Ende Mai, wenn bei uns hoffentlich der Sommer langsam den Frühling ablöst, ist auf Ibiza die Erntezeit für Orangen und Zitronen.

... in der Strand- und Diskosaison

Der Juni ist bereits vollkommen sommerlich und es wird trocken, was man der Vegetation ansehen kann. Längst herrscht jetzt Disko- und Strandsaison, im Juli und August ist in jeder Hinsicht Hochsaison. Am Meer sorgt eine kühle Brise für Erfrischung, im Inselinnern ist es jedoch heiß und stickig, sodass man von sportlichen oder touristischen Aktivitäten meistens schnell ablässt.

... im Winterschlaf

Bereits ab Anfang September kann es zu überraschenden und heftigen Regenfällen kommen, was der Natur nach dem trockenen Sommer und der Ernte dann eine zweite Blütephase beschert. Im September ist das Meer noch angenehm warm, Mitte September merkt man spätestens an den »Closing-Partys« der großen Diskos das nahende Ende der Saison. Es wird ruhig und ruhiger. Zeit für Ausflüge, Wanderungen und sportliche Aktivitäten.

Ab Mitte Oktober ist eigentlich Schluss, doch die von der Hauptsaison gestressten Dienstleistenden sind noch nicht wieder so freundlich wie im Frühjahr, wenn sie sich regelrecht auf Gäste freuen.

Die Monate November und Dezember können sehr durchwachsen bis regnerisch sein. Nach Weihnachten, wenn die Insel kurzzeitig aus ihrem Winterschlaf erwacht, wird es spürbar milder und schon beginnen die Mandeln wieder zu blühen. Man kann nach vorne schauen ...

Rundreisen planen

Ibiza lädt zum Herumfahren ein – denn der Facettenreichtum der Insel sorgt für Abwechslung. Egal, ob man sich im Süden oder im Norden aufhält, auf der anderen Seite herrschen ganz andere Verhältnisse. Und ein Tagesausflug nach Formentera ist immer eine Reise wert.

Mammoth Ibiza schnürt ein Rundreisepaket zu Fuß oder per Rad inklusive Routen, Übernachtung und Gepäcktransport. Kontakt: www.ibizasport.com.

Im Norden – Hippies, Wälder, weite Ebenen

Ist der Süden bekannt für Jubel, Trubel, Heiterkeit, so wird es auf Ibiza immer stiller, je weiter man in den Norden fährt.

Einen guten Überblick mit Gelegenheit zum Baden bietet ein Rundtrip an der nördlichen Perlenschnur der »Heiligen-Dörfer« durch das Massiv **Es Amunts:** Von **Santa Agnès** über **Sant Miquel** nach **Sant Joan** bis zur **Cala de Sant Vicent** und zurück über **Sant Carles** Richtung **Santa Eulària.**

Über die PM 8121 erreicht man wieder das Dörfchen **Santa Agnès,** das eigentlich nur eine Kreuzung ist, aber ein beliebter Treffpunkt im Norden. Von dort lohnt ein Abstecher 1km nach Westen, um einen Blick über die Klippen an der **Punta Roja** auf das hier besonders große, weite Meer zu werfen.

Sonst geht's weiter nach Osten Richtung **Sant Mateu** durch die fruchtbare, bunte, bizarre und einsame Ebene von Corona. Von hier aus kann man optional eine Rundfahrt zur einsamen, bezaubernden **Cala d'Aubarca** einbauen, die wieder auf die gleiche Straße zurückführt in Richtung **Sant Miquel de Balansat.** Der Ort ist ein wenig größer, aber genauso verschlafen. Hier lohnt ein Besuch der dominanten Kirche, die man sogar noch von der gleichnamigen Bucht von **Port de Sant Miquel** aus sehen kann. Die verbaute Bucht lohnt aber höchstens zu einer Besichtigung der oberhalb liegenden **Cova de Can Marçà.** Über die kurvige Küstenstraße geht es weiter zur berühmten **Cala Benirràs** mit ihren Trommlern und schließlich zurück Richtung **Sant Joan de Labritja.**

Von dort kann man einen weiteren Abstecher in die **Cala de Sant Vicent,** einem Strandferienort mit Hotelkomplexen und herrlichem Blick auf die **Insel Tagomago,** unternehmen und auf dem Weg zurück noch den Hippieklassiker **Sant Carles de Peralta** einbauen – oder man fährt von **Sant Joan** direkt auf der E1300 zurück Richtung Süden. Gesehen hat man dann auf jeden Fall so viel Natur und paradiesische Zustände, wie man es einer vermeintlichen Partyinsel wahrscheinlich nicht zugetraut hätte.

In einer Woche um die Insel wandern

Nur wo du wanderst, warst du wirklich, so lautet ein Sprichwort: In mehreren Etappen à ca. 30 km umrundet man fast die gesamte Insel und erlebt ein Naturschauspiel, das die meisten Ibizatouristen niemals zu Gesicht bekommen werden. Zum Beispiel »El Camino De Ibiza«, eine 7-Tage-Tour von insgesamt 163 km Länge (unter wiki.loc hinterlegt). Da kennt und spürt man ganz Ibiza. Vor allem in den Füßen.

1. Etappe: Santa Eulària–Eivissa (23 km, 6 Std.): Durch eine hügelige, recht einsame Landschaft an einem schönen Küstenabschnitt. **2. Etappe: Eivissa–Es Cubells** (25 km, 6 Std.): Von der Hauptstadt durch die »Serras« bis zu dem malerischen Es Cubells im Süden mit einem herrlichen Ausblick. **3. Etappe: Es Cubells–Cala Comte** (22 km, 6 Std.): Jetzt wird's steil, zumindest im Bergmassiv von Sa Talaïa – und von da an geht's bergab, bis in eine der schönsten Buchten Ibizas. **4. Etappe: Cala Comte–Santa Agnès** (26 km, 7 Std.): über Sant Antoni leicht hinauf bis auf die Ebene von Corona. **5. Etappe: Santa Agnès–Benirràs** (20 km, 6 Std.): Durch das Massiv Es Amunts bis in die Trommlerbucht mit Ausblick auf den Felsen »Finger Gottes«. **6. Etappe: Benirràs–Cala Sant Vicent** (25 km, 7 Std.): Über Sant Joan bis kurz vor das Meer, eventuell mit Abstecher zur sehenswerten Höhle von Cuieram. **7. Etappe: Cala Sant Vicent–Santa Eulària** (22 km, 6 Std.): Vom nördlichsten Hotelstrand über Sant Carles bis zur zweitgrößten Stadt Ibizas, wo man hervorragend einkaufen kann. Die ansprechenden Unterkünfte in Santa Eulària eignen sich gut für eine Verlängerung des Aufenthalts, auch weil man von hier sehr bequem Eivissa oder andere Regionen der Insel per Bus besuchen kann.

Tagesausflug nach Formentera

Der Klassiker, wenn man auf Ibiza weilt und tatsächlich mal die Kurve bekommt: Damit man etwas vom Tag auf Formentera hat, sollte man morgens zeitig auf die Fähre und »rübermachen«, sich spontan einen Roller mieten (Personalausweis nicht vergessen!) und losdüsen. Am besten schaut man überall mal vorbei. Gleich am Ortsausgang einen Abstecher links an den **Salinen** von **Estany Pudent** vorbei, dann wieder links in den Sandweg Richtung **Ses Illetes.** Dort kann man zum Beispiel nackt baden und teuer essen. Weiter nach **Pujols** – die Touristenhochburg

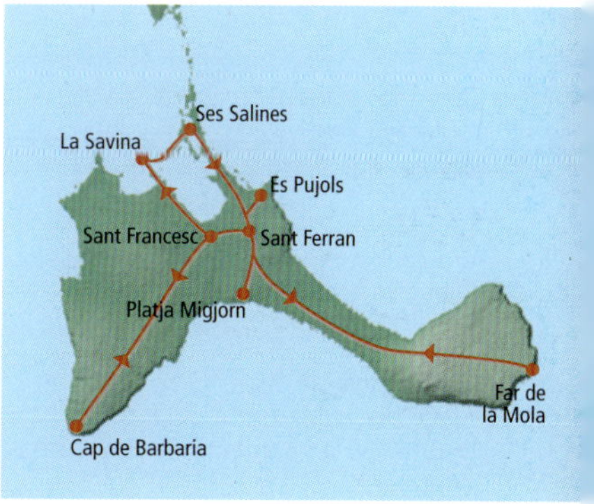

kann man vielleicht auslassen und lieber über **Sant Ferran** und **Sant Francesc** fahren (vielleicht eine Erfrischung nehmen, aber tagsüber ist hier nicht viel los) und an der lang gestreckten **Platja Migjorn** ins herrlich türkise Wasser springen (nackt oder nicht). Anschließend zu Erfrischungszwecken Besuch der Kult-Kioscos Blue Bar oder Pirata Bus. Wenn man davon genug hat, mit dem Roller zu den Leuchttürmen, Richtung Osten zum **Far de la Mola** und Richtung Süden zum **Cap de Barbaria**.

Wenn es schon etwas später ist, regt sich nun Leben in der berühmten Fonda de Pepe in **Sant Ferran.** Es lohnt sich, eine Nacht auf Formentera zu verbringen, um die einzigartige Atmosphäre zu genießen. Wildes Campen ist nicht zu empfehlen (einen Campingplatz gibt es nicht), zum Übernachten muss man schon in ein Hotel gehen. Ansonsten heißt es zurück zur Fähre und bei der Überfahrt sanft einschlafen (Frühzeitig die Abfahrtszeiten der letzten Fähren erfragen!).

Anreise und Verkehrsmittel

Einreise und Zollbestimmungen

Bei Fluganreise und Automiete genügt für Deutsche, Österreicher und Schweizer ein gültiger Personalausweis. Für Aufenthalte, die länger als drei Monate dauern, muss man sich polizeilich anmelden. Seit 26. Juni 2012 benötigt jedes Kind, das ins Ausland reist, unabhängig vom Alter ein eigenes Reisedokument. Wer Alkohol, Zigaretten oder Geldsummen in größeren Mengen einführen will, sollte sich vorher bei einem spanischen Konsulat oder der Botschaft nach dem neuesten Stand der erlaubten Kontingente erkundigen. Wer als deutscher Staatsbürger vor Ort gravierende Probleme hat, kann sich an das Deutsche Honorarkonsulat wenden: Carrer d'Antonio Jaume, Eivissa, Tel. 971 31 57 63.

Anreise nach Ibiza

... mit dem Flugzeug

Etwa vier Fünftel aller Ibizagäste kommen mit dem Flugzeug. Von Deutschland beträgt die Flugzeit im Schnitt zweieinhalb Stunden. Die spanische Iberia bietet Gabelflüge über Madrid, Alicante oder Barcelona, die entsprechend teurer sind und länger dauern. Weiterhin besteht die Möglichkeit, über Mallorca zu fliegen, was im Winter mangels Direktflügen fast die gängige Praxis ist. Die Aufenthaltszeiten auf Mallorca bis zum kurzen Weiterflug können sich dehnen.

Der Flughafen befindet sich etwa 6 km von Eivissa entfernt. Der Bus Nr. 10 fährt im Sommer alle 20 Minuten vom Flughafen zur Formentera-Fähre nach Eivissa, zwischen 6.20 und 0.20, umgekehrt zwischen 6 und 24 Uhr, im Juli/Aug. alle 15 Minuten. Im Winter fährt er halbstündlich; auf der Strecke Flughafen–Eivissa von 7.20 bis 23.50, Eivissa–Flughafen von 7 bis 23.30 Uhr.

... mit dem Schiff

Vom spanischen Festland bestehen Fährverbindungen von Barcelona, Valencia, Dénia und Alicante aus. Die Fahrzeit von Barcelona aus dauert mit der normalen Fähre etwa acht Stunden, mit dem Schnellboot etwa viereinhalb Stunden. Es handelt sich um Autofähren. In der Hochsaison sollte man seinen Autoplatz im Voraus gebucht haben. **Fährunternehmen:** Baleària (www.balearia.net, Tel. 902 16 01 80), Iscomar (Tel. 902 11 91 28, www.iscomar. com), acciona Trasmediterranea (Tel. 902 45 46 45, www.tras mediterranea.es). Die Abfahrtszeiten und Preise variieren stark; daher empfiehlt es sich, sich nach dem aktuellen Termin zu erkundigen (Tel. 02104 77 57 94, www.balearenfaehre.de). Einige Preise zur Orientierung: Hin- und Rückfahrt Iscomar Deckpassage ca. 50 €/Pers., 2er-Kabine 112 €, Pkw bis 6 m Länge 169 €; Trasmed (Katamaran) Erwachsene Economy 140 €/Pers., Pkw bis 6 m Länge 285 €. Die Baleària-Fähren (4 Std.) oder -Schnellboote (2 Std.) von Palma de Mallorca nach Ibiza und umgekehrt verkehren ganzjährig, in der Regel zwei Mal pro Tag, meistens am frühen Morgen. Die Abfahrtszeiten ändern sich je nach Saison, daher vorher unter den angegebenen Internetadressen nachschauen.

Verkehrsmittel auf Ibiza

Mietwagen und Zweiräder

Ein Mietauto ist ein gängiges, nicht allzu teures und sehr sinnvolles Fortbewegungsmittel auf Iblza, weil die gemietete Finca auf dem Lande recht weit entfernt sein kann, viele interessante Lokalitäten weit verstreut liegen oder man einfach viel von den Inseln sehen will. Die bekannten Autovermieter von Avis über Europcar, Hertz und Sixt findet man direkt am Flughafen und in der Saison auch in manchem der Ballungsgebieten.

Auf Formentera herrscht im Hafen von La Savina nahezu ein Überangebot an zu mietenden Autos und Zweirädern. Auch die lokalen Anbieter sind auf den Pityusen grundsätzlich seriös. Eine Wagenmiete ist ab 21 Jahren möglich, 1–2 Jahre Fahrerfahrung sind erwünscht. Eine Vollkaskoversicherung ist empfehlenswert, sonst kann die Abwicklung bei einem Unfall langwierig und teuer werden. Außerdem lohnt es sich, von zu Hause aus zu buchen, die Preise zu vergleichen und nach der Landung direkt den gebuchten Wagen abzuholen. Gesetzliche Einschränkungen sollte man trotz Urlaubsstimmung nicht zu lax nehmen: Die Promillegrenze liegt auf Ibiza bei 0,5. Es besteht Anschnall- und Helmpflicht. Höchstgeschwindigkeit für den Autoverkehr beträgt 80 km/h auf Landstraßen und 50 km/h innerhalb von Ortschaften. Vor allem im Sommer wird von der Polizei gezielt kontrolliert.

Mietwagenvermittler von Marken-Anbietern: www.billiger-mietwagen.de, www.mietwagenmarkt.de, www.mietwagen-auskunft.de.

Günstiger Vermieter vor Ort: Moto Bahia: Port d'es Torrent, Avenida San Agustín 205, Tel. 971 34 50 78, www.motobahia.com, ab 40 €/Tag, bringt den Wagen auch zum Flughafen. Oder der Ibiza-Klassiker seit 1956, Motoluis (www.motoluis.de), direkt am Flughafen.

Für Schnellbucher: Günstige Vorbestellung bei TUI Cars, bis 2 Std. vor Abflug und für alle Reisenden (schon ab 19 Jahren) möglich, im Juni ab 32 € pro Tag inkl. Versicherungen, keine Kreditkarte erforderlich: www.tuicars.com.

Taxi

Taxis sind eher in den größeren Städten anzutreffen und für kurze Distanzen bestimmt; bei Landpartien sollte man versuchen, vorher einen Preis auszumachen. Der Grundpreis beträgt 3 €, von 7–21 Uhr 0,98 €/km, 1,20 €/km von 21–7 Uhr sowie an Sonn- und Feiertagen. Vom Flughafen bis Eivissa-Stadt muss man mit ca. 15 € rechnen, in die anderen Ortschaften zwischen 18 € (Sant Josep) und 40 € (Cala

San Vicente). Vor privaten ›Pirentaxis‹ wird von offizieller Stelle gewarnt, sie sind ohne Gewähr. Besonders bei Un- oder Zwischenfällen kann das versicherungstechnisch sehr unangenehm werden. Taxi-Rufnummern: für Eivissa Tel. 971 39 84 83, für Sant Antoni: Tel. 971 34 00 74, für Santa Eulària: Tel. 971 33 00 63.

Busverkehr

Regulärer Busverkehr: Im Sommer werden Omnibusse im Vergleich zum Winter, wo manche Busse nur zweimal täglich fahren, auf der Insel verstärkt eingesetzt. Dann bestehen auch Shuttle-Verbindungen zu den größeren Strandbuchten wie Cala Comte oder Cala Bassa. In der Regel ist es jedoch mühsam, sich mit dem Bus durchzuschlagen. Fahrräder werden grundsätzlich nicht mitgenommen. Unter www.ibizabus.com findet man alle Busverbindungen der Insel mit den aktuellen Fahrplänen. Vor Ort liegt der aktuelle Fahrplan mit Verbindungen und Zeiten in den Touristenbüros aus.
Diskobus: Nachteulen können den Wagen stehen lassen und den »Diskobus« nutzen (er heißt wirklich so), der die großen Diskotheken mit den Urlaubsmetropolen verbindet: Eivissa (Avinguda Isidoro Macabich), Santa Eulària (Avinguda Dr. Gotarredona), Sant Antoni (Passeig de la Mar) sowie die Siedlungen Platja d'en Bossa, Es Canyar und Cap Martinet. Er verkehrt halbstündlich und natürlich nur in der Saison (www.diskobus.es).

Vom Flughafen direkt zur Fähre nach Formentera

Wer Formentera zum Ziel hat, muss im Hafen von Eivissa die Fähre nehmen. Eine ganz bestimmte Fähre zu erreichen ist schwer, da man weder genau berechnen kann, wann man den Flughafen verlassen kann, noch die Abfahrzeiten der Fähren unbedingt verbindlich sind. Ab etwa 22 Uhr abends verkehren die Fähren, wenn überhaupt noch, dann wesentlich seltener, sodass man beim Ziel Formentera keinen allzu späten Flug buchen sollte.

Für die Taxifahrt vom Flughafen zur Fähre muss man mindestens 15 Minuten einrechnen (der Bus dauert wesentlich länger). Fähren verkehren auch von Sant Antoni (s. S. 27) und dem Strand von Figueral aus.

Anreise nach Formentera

Auf Formentera gibt es keinen Flughafen, mittlerweile wird nur die Möglichkeit eines Hubschrauberlandeplatzes diskutiert. Bis dahin bleibt nur das Schiff. Die Fähren verkehren von Eivissa und Sant Antoni nach La Savina. Das Transferangebot ist etwas unübersichtlich, da mehrere Gesellschaften miteinander konkurrieren, die natürlich auch nur ihre eigenen Abfahrtszeiten bewerben. Die Faustregel: Man bekommt die Fähre etwa 90 Minuten nach der Landung – der Bus (3,20 €) hält direkt vor den Landungsbrücken. Die Fähre kostet im Internet hin und zurück ca. 60 €. Vor Ort beträgt der gleiche Tarif zwischen 16,50 € (Balearia) und 43 € (Transmápi). Profi-Formenteraurlauber beweisen Langmut, indem sie in Eivissa zur Ablegestation fahren, sich dort nach der nächsten oder günstigsten Fähre erkundigen und dann in aller Ruhe auf sie warten – auch eine Art, »Urlaub von Anfang an« zu machen. Unter www.directferries.de bucht man von zuhause Baleària-Fähren billiger! Online-Buchungsdienste: Eurolineas: www.aferry.de, www.ocean24.de. Auf Formentera kann man sich direkt am Hafen einen Wagen mieten. Die meisten Besucher, besonders Tagesausflügler, ziehen die schnelleren Personenfähren vor (Überfahrt ca. 50 Min., im Schnellboot

25 Min.) und mieten sich vor Ort einen Roller oder sogar ein Fahrrad, da die meisten Wege kurz sind.

Schiffsverkehr Ibiza–Formentera

Von Eivissa: im Winter 8.30–22, zurück 7.30–20 Uhr, durchschnittlich alle 90 Minuten von Sant Antoni: 10 Uhr, zurück: 17 Uhr. Im Sommer wesentlich öfter. Tagesausflügler sollten sich am Hafen La Savina direkt nach der letzten Fähre erkundigen! Die Schiffe verkehren das ganze Jahr über, aber die Abfahrtszeiten variieren, deshalb vorher anfragen: Tel. 971 16 01 80, 971 32 27 03 (Balearia), 971 31 07 11 (Transmapi, verkehrt unter Balearia), Tel. 971 31 07 11, 971 34 28 71 (Flebasas), 971 19 10 68 (Pitra), 971 19 10 68, 902 19 10 68 (Umafisa Lines), 971 32 22 10 (Inserco), 902 45 46 45 (Trasmediterránea).

Verkehrsmittel auf Formentera

Roller-/Autovermietung

Der Run vom Schiff zu den zahlreichen Vermieterplätzen von unüberschaubaren Massen an Zweisitzern ist schon ein Kult für sich, den viele aus Spaß an der Freud von den umliegenden Cafés aus beobachten. Wenn man kein Tagesausflügler ist und ein Auto mieten will (Personalausweis und Führerschein nicht vergessen!), wird empfohlen, schon im Herbst des vorigen Jahres einen Wagen zu bestellen, denn zur Saison hin werden die Preise teurer – wenn auch in bescheidenen Grenzen. Alle namhaften Fahrzeugvermieter betreiben auf Formentera im Hafen eine Zweigstelle. Diverse Anbieter und Vermittler tummeln sich natürlich im Internet (www.doyouspain.de, www.europcar.de, www.avis.de, www.autoeurope.de), und vor Ort kann man sich ebenfalls beraten lassen: Formotor Rent, Tel. 971 32 29 29 (Zweigstelle in Es Caló, 971 32 70 48, www.formotor.com), Betacar (Tel. 971 32 20 31), Autos Formentera (Tel. 971 32 28 17), Autos Isla Blanca (Tel. 971 32 25 59). Die Plattform www.billiger-mietwagen.de ermittelt unter den prominenten Anbietern vor Ort sehr schnell und zuverlässig den günstigsten Wagen. Preise generell: in der Saison Fahrräder ab 5 €, Motorroller (50 ccm) ab 22 €, Autos ab 30 €. Taxiruf La Savina: Tel. 971 32 20 02.

Busverkehr

Wer kein Gefährt leihen will, ist auf den Bus angewiesen, der direkt von der Anlegestelle verkehrt, meistens nach Ankunft der Schiffe, aber nicht oft am Tag (unregelmäßig, am besten in der Saison vor Ort erkundigen). Im Winter verkehren die Busse sogar nur am Dienstag und Freitag. Auf der Insel reicht oft ein Handzeichen, damit man mitgenommen wird.

Orientierung

Verfahren kann man sich auf Formentera kaum. Richtung Osten verläuft die schnurgerade Straße PM 820 von La Savina quer über die Insel bis zum Leuchtturm Far de La Mola. Ein Abstecher um die Salinen führt über Pujols in Sant Ferran wieder auf die Straße zurück. In Sant Francesc führt eine weitere Straße im rechten Winkel zur PM 820 nach rechts südwestlich zum Cap de Barbaria sowie westlich zur Cala Saona. Das war's im Wesentlichen schon. Von diesen Routen gehen alle weiteren, gut ausgeschilderten Abstecher an die Strände und Sehenswürdigkeiten ab, die oftmals nur aus einem Sandweg bestehen (meistens aber gut befahrbar sind) und mit einem Holzschild ausgeschildert sind. Generell orientiert man sich an den Kilometersteinen entlang der PM 820.

Übernachten

Hotels

Ibiza ist nicht billig. Die Hotelpreise – auch in diesem Reiseführer – liegen merklich über dem Durchschnitt. Günstig sind nur die Hostals, die – auch in ihrer Ausstattung – etwa den deutschen Pensionen entsprechen. Für Ibiza ist es durchaus eine Überlegung wert, einmal pauschal zu verreisen. In diesem Fall kann man sich oftmals Hotels leisten, die bei einer individuellen Buchung wesentlich teurer liegen.

Wer spontan nach Ibiza reist, kann vor allem in der Hauptsaison sehr viel Zeit mit einer mühsamen Hotelsuche verlieren. Es gibt keine zentrale Hotelreservierung, auch keine offizielle Website. Eine Gesamtliste der Hotels mit möglicherweise verfügbaren Restkontingenten geben die Touristenbüros aus. Mit anderen Worten: Sie müssen selbst herumtelefonieren und die Hotels abklappern.

Buchungsseiten im Internet
www.hrs.de: Nicht lange suchen, gleich buchen ... Das große Hotelportal mit dem Vorteil, dass nur freie Kontingente mit Preisstaffelung angezeigt werden. Stornierung meistens bis kurz vor Reiseantritt (24 Stunden) möglich.
www.ibiza-hotels.com: Englischsprachiges Portal mit zahlreichen Hotelangeboten, die sofort gebucht werden können.
www.ecoibiza.com: Website für Öko- und Naturfans, mit politisch korrekten Hotels, Agroturismos und Privatfincas.

Agroturismo-Hotels

»Agroturismo« bedeutet auf Ibiza, abgeschieden in Luxus zu logieren, zum Beispiel mit Weitblick in die Berglandschaft aus dem Whirlpool, Kilometer von der nächsten Straße entfernt. Sehr beliebt bei Popstars. Die Auflagen der Regierung schreiben vor, dass ein Agroturismo-Betrieb immer im Zentrum eine alte Finca haben muss, dass das sie umgebende Land noch bestellt wird und dass das Hotel nicht mehr als zwölf Zimmer haben darf.

Die meisten Agroturismos haben das ganze Jahr über geöffnet, mit erheblichen Preisnachlässen im Winter. Website über Landhotels in der Gegend von Sant Joan: www.ibizarural hotels.com.

Ferienwohnungen und Fincas

Der Trend bei der Unterkunft geht in Richtung Apartment und Finca, die vor allem für Gruppen entscheidend preiswerter werden. Das Internet bietet eine Fülle an FeWo- und Fincaanbietern, oft von privater Seite. Vor der Überweisung einer Anzahlung oder des Gesamtpreises sollte man sicher gehen, dass sich hinter den Angeboten nicht jemand verbirgt, der außer ein paar schönen Bildern gar nichts anzubieten hat (vor der Buchung mindestens ein Telefongespräch führen). Es gibt zwar nur wenige schwarze Schafe, aber es gibt sie. Viele Fincas und Ferienwohnungen sind mit Pool ausgestattet und haben meistens einen rustikalen Charme mit modernem Touch.

Deutsche Anbieter: www.fewo-direkt.de, www.finca-ibiza.de, www.homelidays.de, www.ferienhausmiete.de, www.ibiza-spotlight.de/hotels/apartments.htm.

Spanische Anbieter: www.niumba.com, www.casaspain.com.

Besonders gay-friendly: www.lafinca-ibiza.com.

Camping

Die billigste Art der Übernachtung auf der Insel ist das Zelten. Auf Ibiza gibt es insgesamt fünf Campingplätze. Die Gegend um Es Canyar ist

Die ibizenkischen Agroturismos erlauben einen Urlaub in Luxus und Abgeschiedenheit

Zimmerpreise
Die in diesem Reiseführer angesetzten Preise für Übernachtungen beziehen sich immer auf die Buchung eines Doppelzimmers (DZ). Als Preisskala sind jeweils der günstigste und der teuerste Preis angegeben, da die Preise zum Beispiel von Saison zu Saison oder je nach Ausstattung der Zimmer (zum Beispiel Suite) schwanken. Erfahrungsgemäß steigen die Zimmerpreise pro Saison leicht an. Im Winter sind die Zimmer oftmals wesentlich günstiger.

zum Campen wie geschaffen, denn es gibt dort gleich drei Plätze auf einem Fleck.

Weitere Campingmöglichkeiten bestehen in Sant Antoni selbst und der Stadt direkt gegenüber an der Cala Bassa. Zur Hochsaison empfiehlt es sich, im Voraus zu reservieren, denn die günstigen Plätze sind begehrt. Bis auf den »Camping Florida« (Es Canyar) sind die Anlagen nur in der Saison geöffnet.

Auf Formentera gibt es keinen Campingplatz und wildes Campen ist strengstens verboten.

Essen und Trinken

Ibizenkische und spanische Küche

Wenn ein Einwohner Ibizas jemandem etwas Gutes tun will, schenkt er ihm zum Beispiel ein schönes Stück *sobrasada,* die einheimische Wurst mit Paprika.

Ein typisches Essen beginnt mit oft ungefragt servierten grünen *aceitunas,* meist in Thymian eingelegte Oliven, mit *aioli* und Brot (wer das gar nicht will, sollte es schon beim Hinsetzen abbestellen, meistens erscheint es auch auf der Rechnung). Im nächsten Gang wird ein deftiges Fleischgericht serviert, vielleicht auch ein Fischeintopf, abgerundet von einem magenschließenden *flaó,* ein Kuchen aus Ei und Schafskäse, der stark mit Anis und frischer Minze gewürzt wird, oder *greixonera,* ein leckerer Puddingkuchen, der aus *ensaimadas* hergestellt wird – ein schmalziges Trockengebäck. Um das alles hervorragend zu überstehen, entkorkt der stolze Gastgeber dann noch einen *frigola* (Thymianlikör) oder einen *hierbas,* einen goldgelben Likör aus bis zu 17 Kräutern, der oft vom Herrn des Hauses selbst angesetzt wurde, schließlich stehen Thymian, Rosmarin und Co. überall zur freien Verfügung.

Die Küche Ibizas ist mit anderen Worten eine »Mar y Monte«-Küche, eher noch rustikal als maritim. Ansonsten herrscht in den Restaurants die typische spanische Küche vor, mit den allbekannten Tortillas und Paellas oder Fischgerichten. Mittlerweile kommen immer mehr spezialisierte Restaurants hinzu, wie italienische Restaurants, japanische Sushi-Bars oder Bistros mit französischer Küche.

Die neueste Küche ist der meist leichte, aber hochpreisigere »MediterrAsian«-Stil, wie er besonders in den Kioscos und Chill-outs vorgekocht wird. Typisch ist dort zum Beispiel eine Dorade aus dem heimischen Gewässern mit Salat, thailändisch gewürzt und ökologisch korrekt mit dunklem Brot serviert. Auf jeden Fall gibt es in dieser Richtung eine Menge zu entdecken.

Sabors

Das Gütesiegel ›Sabors‹ bietet Urlaubern Orientierung durch die Küche Ibizas. Es zeichnet Gastronomiebetriebe und Restaurants aus, die Erzeugnisse der Region (wie beispielsweise Olivenöl) verwenden und traditionelle Gerichte anbieten – ob in der traditionellen Variante oder modern interpretiert. Eine Broschüre führt die ausgezeichneten Lokale auf und bietet weitere Informationen zu saisonalen Produkten, Wein oder authentischen Speisen. Neben traditionellen Betrieben findet man darunter auch zahlreiche moderne Restaurants (www.ibiza.travel/descargas/pdfsabors_en.pdf).

Besonders gut schmeckt ein Dinner vor einer berauschenden Kulisse, wie sie die an Stränden und Felsküsten gelegenen Restaurants bieten.

Außer bei Mittagsmenüs muss man mit Preisen zwischen 12 und 30 € pro Hauptspeise rechnen. Die Gerichte sind jedoch meistens ihr Geld wert.

Tapas – Ibizas Küche in der Nussschale

Fast jede Bar bietet hinter Glasvitrinen kleine »Schweinereien«, die meistens in Tonschälchen serviert werden und sehr variantenreich sind: Fisch, Fleisch, Kartoffeln, Gemüse ist alles drin. Tapas entstammen ursprünglich dem Bedürfnis der Arbeiter, nach vollbrachtem Tagewerk in der Bar zur *copa* (Gläschen) Wein oder dem Bier eine Kleinigkeit zu sich zu nehmen. Mittlerweile trifft man sich auch zum wesentlich preiswerteren Tapasessen, sitzt mit Freunden um den Tisch herum und bestellt immer wieder mal eine Kleinigkeit nach. Beliebte Tapas sind *pa amb tomata* (Brot mit Öl, Tomate und Knoblauch eingerieben) und darauf luftgetrockneter *jamón serrano* oder sogar *jamón iberico* (oder *jabugo*), der von schwarzen Schweinen stammende Schinken. Auch Deftiges, wie etwa gegrillte *sardinas*, sind in den kleinen Schälchen äußerst beliebt. Auf die Hand gibt es an jeder Ecke einen sättigenden

Ibizenkische Speziallitäten

Wenn eines dieser Gerichte auf der Speisekarte steht, sollte Sie vielleicht zugreifen:

Arròs de matances: Fest-Schlachtplatte auf Reis, meistens mit Schwein oder auch Tauben und Pilzen

Arròs marinera: die ibizenkische Paella-Variante, ein Reisgericht mit Meeresfrüchten

Borrida de ratjada: Fischgericht aus Rochen, Kartoffeln, Fischsud, Mandelsauce, Knoblauch und einem Schuss Pastis oder Absinth

Caldereta de Llagosta: Langustensuppe

Empanadas: mit Fleisch, Fisch oder Erbsen gefüllte Pasteten

Guisat de peix: Fischeintopf aus der Pfanne

Peix sec: »Trockenfisch«, der Bacalao Formenteras, meist Katzenhai oder Rochen, der gerne zum Trocknen auf Bäume gehängt wird. Oft in Salaten

Sofrit pagès: herzhafter safrangelber Eintopf aus Lamm und Huhn, mit Kartoffeln, Zwiebeln, Paprika, Bohnen, Knoblauch

bocadillo, ein Sandwich aus typischem Weißbrot, meistens mit Käse oder Schinken belegt.

Abends wird der Ibizenco an sich erst spät hungrig – vor 22 Uhr sieht man kaum ein volles Restaurant. Die meisten Restaurants haben aber für Touristen zu deren gewohnten Essenszeiten geöffnet, viele bieten auch durchgehend warme Küche.

Getränke

Ein beliebter Aperitif ist der *jerez* (Sherry). Zum Essen trinkt man eine *caña* (Bier vom Fass) oder spanischen Wein, meistens einen Rioja, mit dem man nicht viel falsch machen kann. Inseleigenen Wein, der auf Ibiza und Formentera wieder verstärkt angebaut wird, sollte man auf jeden Fall einmal probieren. Er hat meist eine kräftig-herbe Thymiannote. Wie auf dem Festland, sollte man die *sangría* mit Vorsicht genießen (Spanier trinken sie so gut wie gar nicht).

Wer's wissen will, kann statt des *café solo* (spanischer Espresso) nach dem Essen einen *café caleta* (Kaffee mit Alkohol, Zitrone, Zucker and more ...) oder einen *carajillo* (flambiert mit Brandy) versuchen. Ansonsten sei besser ein *hierbas* empfohlen, zumal der ibizenkische mit den teilweise grässlichen Varianten vom Festland nicht zu vergleichen ist.

Wie auf dem spanischen Festland gehört auch auf Ibiza die Paella zu den kulinarischen Highlights

Aktivurlaub, Sport und Wellness

Golf

Dass Ibiza nicht Mallorca ist, zeigt sich an der Anzahl der Golfplätze: 1! Politisch lange ein heikles Thema, ist aufgrund eines Skandals die Option für einen zweiten Golfplatz erst einmal weit in den Hintergrund geraten. Der bestehende Golfplatz in Roca Llisa zwischen Eivissa und Santa Eulària ist jedoch für Golfer sehr attraktiv, wenn auch nicht einfach zu bespielen. Die recht hügelige Lage machten sich die Planer zunutze, um es dem ambitionierten Golfer mit 18 Abschlägen (Club de Golf Ibiza) bzw. 9 Abschlägen (Golfclub Roca Llisa) nicht allzu leicht zu machen.

Parasailing

Der kleine Rundflug mit steuerbarem Fallschirm vom Wasser aus wird vor allem an den beliebten Stränden von Santa Eulària und Sant Antoni angeboten.

Radfahren

Ibiza hat ein optimal ausgebautes und beschildertes Netzwerk für Fahrradtouren, die von ruhigen Nebenstraßen bis zu schwierigen Mountainbikerouten für jeden Anspruch etwas bereithalten. Eine Broschüre mit Routenplänen korrespondiert 1:1 mit den Schildern und Tafeln in der Natur, sodass man sich kaum verfransen kann. Die Wege verlaufen oft kongruent mit Wanderwegen und führen zu den entlegensten Orten der Insel.

Formentera verfügt sogar über Fahrradwege an den Straßen und bietet ebenfalls kleinere Touren an. Karten auf Deutsch und Routen-CD-ROMs sind in den Touristenbüros oder über www.ibiza.travel (dort sind die Routen bereits einsehbar, bebildert und ausführlich kommentiert) erhältlich.

Reiten

Die Landschaft bietet neben Wanderern und Radfahrern natürlich auch Reitern einen besonderen Reiz. Deshalb gibt es überall auf der Insel Reitschulen (*Escuelas de Equitación*), besonders im Norden. Ein kompletter Reiterurlaub lässt sich bei Northride Ibiza realisieren, inklusive Vermittlung einer Unterkunft (www.northrideibiza.com, Tel. 669 60 40 83).

Webadressen rund um Radsportevents:
www.ibizabtt.com
www.viajesmammoth.com (Mountainbike)
www.ibizasport.com

Von zweistündigen Morgenritten im Sommer bis hin zu sechstägigen Wanderritten, Spring- und Dressurunterricht sowie Schwimmen mit den Pferden ist alles möglich.

Segeln und Surfen

Der deutsche **Segelschein** wird für Charterboote anerkannt. Viele Segelschulen in Hotels und Häfen vermieten Boote und bieten Kurse an.

Windsurfkurse werden von verschiedenen Schulen angeboten, etwa in Sant Antoni, an der Platja d'en Bossa und der Platja de ses Salines. Ein Anfängerkurs kostet etwa 150 €.

Kayaking
Eine Broschüre zeigt die schönsten 20 Routen für Kajaktouren – von einfach bis anspruchsvoll. Dem Ringbuch lassen sich die einzelnen Karten samt Informationen und Bildmaterial leicht entnehmen und sind dank wasserfester Beschichtung im Kajak stets griffbereit (in den Tourismusbüros oder unter www.ibiza.travel).

Tauchen

Wasser klar, alles klar: Ibiza besitzt eine der größten Neptungras- bzw. Posidonia-Vorkommnisse, was darauf hindeutet, dass das Wasser sehr sauber ist. Ibiza ist aber nicht das Great Barrier-Riff, bietet allerdings auch Einblicke in Wracks, auf Barrakudas, Seeschildkröten ... Man muss nur wissen, wo man tauchen soll. Doch das wissen die Tauchlehrer. Tauchschulen gibt es rund um die Insel. Padi-Tauchscheine (260–330 €) werden nach 4–5 Kurstagen ausgestellt. Für Unentschlossene wird Schnuppertauchen angeboten. Über eine Dekompressionskammer für Unfälle nach tieferen Tauchgängen verfügt der Club La Sirena in Sant Antoni von März bis November (Carrer Balanzat 29, Tel. 971 34 29 66) und ganzjährig die private Poliklinik Nuestra Señora del Rosario in Eivissa (Via Romana, Tel. 971 30 19 16).

Webadressen rund ums Surfen und Tauchen
www.touribisport.com
www.ibizasport.com
www.ibizabtt.com (Events)

Tennis

Tennisclubs oder -vereine gibt es in diesem Sinne nicht. Fast alle großen Hotels und Clubanlagen verfügen aber über Tennisplätze, die auch fremde Gäste nutzen können.

Trabrennen

Statt auf Stierkampf setzen die Ibizencos auf Trabrennen – gleich zwei Mal. Das Hipódromo Sant Jordi (Tel. 971 39 66 69) ist gleichzeitig Veranstaltungsort des größten und ältesten Hippiemarktes. Das Hipódromo Ibiza im Landesinneren bei Sant Rafel (Tel. 971 19 85 61) ist die idyllischere Variante. Dort finden samstags Trabrennen statt.

Wandern

In den letzten Jahren wurden einige Wanderwege angelegt, ausgeschildert als »Ruta de Falcón«. Die KOMPASS-Wanderkarte Ibiza/Formentera (WK 239) ist ein idealer Wegweiser im Maßstab 1 : 50 000. Material über Wandermöglichkeiten *(senderismo)* gibt es gratis in den Touristenbüros (Downloads unter www.ibiza.travel, www.sanjuanibizatravel.com/rutas). Verschiedene Wanderungen organisiert Ecoibiza (www.ecobiza.com). Abenteuerwanderungen wie die ›Lost City‹-Tour etwa zur ›Chinesischen Mauer‹ Ibizas im Norden oder auch Mondschein- und Kajaktouren bietet der professionelle Wanderführer Toby Clarke (nach Vereinbarung oder Online-Anmeldung, Tel. 608 69 29 01, www.walkingibiza.com).

Wellness und Fitness

Wer auf sein Workout nicht verzichten will, hat besonders in Eivissa

Gelegenheit zum »Pumpen«. Viele Hotels haben einen eigenen Fitnessbereich, ausgeprägter ist er im Granhotel. Ganz auf Fitness spezialisiert sind direkt in Eivissa das Wellnesscenter Vital Spa (Av. Pere Matutes Noguera 77, Tel. 971 398 581) und das California Gym mit Geräten, Sauna, Solarium (Carrer Aragón, 102–104, Tel. 971 39 93 55, Mo–Fr 7–23, Sa, So 9–22 Uhr) sowie an der Platja d'en Bossa das ganzjährig geöffnete Wellnesscenter Sirenis Vital Spa (mit Schwimmbad, Sauna und einem großen Angebot an Gesichtsbehandlungen und Massagen) und im Süden bei Sant Jordi der Club Ahmara (PM 803 Eivissa–Sant Josep bei km 2,7). Das abseits im Norden gelegene Luxushotel Na Xamena bietet Whirlpool-Therapien hoch über dem Meer (s. S. 185).

Yachtcharter

Motorsport zu Wasser ist ein teueres Vergnügen. Eine Motorjacht kostet ab 300 € pro Tag und wird nur gegen Vorlage eines gültigen Sportbootführerscheins verliehen (Coral Yachting, Tel. 971 31 39 26, www.coralyachting.com, Sunseeker Tel. 971 191 622, www.sunseekeribiza.com), beide ansässig an der Anlegemeile Marina Botafoch in Eivissa.

Yoga

Besonders im Norden gibt es zahlreiche Yoga-Retreats, in denen es professionell zugeht. Entsprechende Institute im Reiseteil. Schwer im Kommen sind Sport- und Entspannungsurlaube in Kombination, inklusive Personal Training und gesunder Ernährung: Angebote s. www.ibizaretreats.com.

Feste und Veranstaltungen

Auf Ibiza findet sich immer ein Grund, zu feiern. Und das gilt längst nicht nur für die Diskos, auch traditionelles Brauchtum ist allerorten zu finden.

Kirchliche Feiertage

Kirchliche Feiertage stehen bei den Ibizencos ganz oben in der Gunst. Jedes Dorf hat seinen eigenen Schutzpatron und dessen Namenstag muss gefeiert werden. Dauerten diese **Patronatsfeste** früher eine Woche, so dehnt man die traditionellen Feierlichkeiten nun meist auf zwei Wochen aus.

Der **Dreikönigstag** ist ein großes Fest für Kinder mit Umzügen und Süßigkeiten. Er wird im Januar traditionell in den Häfen von Eivissa und Sant Antoni bereits am 5. begangen. Dort landen die Heiligen Drei Könige, besteigen Pferde oder Kamele und reiten durch die Straßen der Stadt. Am nächsten Tag werden die Kinder Ibizas beschenkt.

Auch die *semana santa*, die **Karwoche,** wird überall auf Ibiza gefeiert, wenn auch nicht überall mit so eindrucksvollen Prozessionen wie am Gründonnerstag in Sant Miquel und am Karfreitag in Eivissa. In Kapuzenmäntel gehüllte Gestalten ziehen, begleitet von dumpfen, unheimlichen und monotonen Trommelschlägen, mit Figuren und Kruzifixen von der Kathedrale in die Altstadt hinunter.

Mittelalterfestival

Eine feste Institution ist mittlerweile das **Mittelalterfestival in Eivissa:** Am zweiten Wochenende im Mai prä-

Festkalender

Januar
Los Reyes Magos: 5./6.1.
Patronatsfest in Sant Antoni: 17.1.
Patronatsfest in Santa Agnès: 21.1.

Februar/März
Karneval: mit Umzügen in Eivissa und Sant Antoni
Patronatsfest in Santa Eulària: 12.2., gefolgt vom **Festival de Primavera,** das mehrere Wochen mit kulturellen Veranstaltungen den Frühling feiert

März/April
Karwoche, Semana Santa: eine Woche vor Ostern mit den Höhepunkten Gründonnerstag und Karfreitag
Volksfest in Sant Josep: 19.3., am darauffolgenden Sonntag Wallfahrt zur Kapelle auf dem Puig d'en Serra
Patronatsfest in Sant Vicent: 5.4.
Volksfest in Sant Jordi: 23.4.

Mai
Tag der Arbeit, Día del Trabajo: 1.5.
Festes de Maig: 1. Sonntag, buntes Blumenfest in Santa Eulària
Eivissa Medieaval: 2. Wochenende in Eivissa
Magiclown-Festival: Mitte Mai, San Josep

Juni
Festes de Sant Joan: 21.–24.6.

Juli
Patronatsfest Sant Cristòfol: 10.7., in Eivissa
Nuestra Senyora del Carmen: 16.7., wird in Eivissa, Sant Antoni und Es Cubells mit Prozessionen auf dem Wasser gefeiert. Zu Ehren der Schutzpatronin der Seefahrer und Fischer
Sant Jaume/Jakobustag.: 25.7., gesetzlicher Feiertag

August
Festa Nuestra Senyora de les Neus und **Tag der Rückeroberung Eivissas durch die Katalanen:** 5.–8.8.
Patronatsfest in Sant Llorenç: 10.8.
Asunción, Mariä Himmelfahrt: 15.8., in Santa Eulària und Cala Llonga
Patronatsfest Sant Bartomeu: 24.8., in Sant Antoni (mit großem Feuerwerk)
Patronatsfest in Sant Joan: 29.8., Sportwettkampf mit den balearischen Steinschleudern *tir de bassetja*

September
Patronatsfest in Jesús: 8.9.
Patronatsfest in Sant Mateu: 21.9.
Volksfest in Sant Miquel: 29.9.
Festes de Santa Teresa: Mitte Sep. bis Anfang Nov., mit Volkstänzen, einer Vorführung der traditionellen Holzkohleerzeugung und einer Ausstellung mit Bildhauerkunst

Oktober
Día de la Hispanidad: 12.10., gesetzlicher Feiertag zur Erinnerung an die Entdeckung Amerikas
Patronatsfest in Sant Rafel: 24.10.

November
Allerheiligen, Todos los Santos: 1.11.
Patronatsfest in Sant Carles: 4.11.
Patronatsfest in Santa Gertrudis: 16.11.

Dezember
Tag der Verfassung, Día de la Constitución: 6.12.
Navidad, Weihnachten: 25.12., ohne Weihnachtsbaum!

sentieren sich die Einwohner der Dalt Vila in mittelalterlichen Gewändern. Zentrum des Festes ist der Mittelaltermarkt mit Verkauf von kunsthandwerklichen Arbeiten sowie Gauklern und diversen Prozessionen (s. S. 98).

Magiclown-Festival

Auch San Josep hat ein frühsommerliches Festival zu bieten: **Magiclown.** Zauber-, Clown-, Zirkus- und Jongliergruppen sorgen Mitte Mai für eine Woche der Komik und des Lachens.

Johannisfest/Mittsommer

Christliche und heidnische Bräuche vermischen sich auch auf Ibiza zum **Johannisfest:** Da wird die Sommersonnenwende am 21. ebenso wie die Geburt Johannes des Täufers am 24. Juni gefeiert. Höhepunkt ist in der Nacht des 23. auf den 24. Juni das Johannisfeuer mit der Verbrennung großer Strohpuppen, in der Hauptstadt mit Feuerwerk. Danach gibt es *churros con chocolate,* Spritzgebäck mit Schokolade.

Festwochen in Eivissa

In den ersten Augustwochen gibt es in Eivissa so einiges zu feiern. Es beginnt mit einem großen Feuerwerk zu Ehren der **Schutzpatronin der Kathedrale** am 5. August. An den folgenden Tagen finden Umzüge und andere religiöse Zeremonien statt, am 6. zu Ehren von **Sant Salvador,** dem Schutzpatron des Hafens, am 8. zu Ehren von **Sant Ciriac.** Der 8. August ist gleichzeitig der Tag der **Rückeroberung Eivissas** durch die Katalanen: Man zieht traditionell auf den Puig des Molins, wo man der Vertreibung der Mauren gedenkt. Auch das **Earth-Festival** wird zumeist in den ersten Augustwochen gefeiert. Überall in der Stadt finden Konzerte statt und für Kinder wird in buntes Rahmenprogramm zusammengestellt.

Nicht nur in der Disko, auch auf dem Dorfplatz wird noch getanzt

Sportevents

»Sant Josep Extreme« heißt das wohl wichtigste Mountainbikerennen auf Ibiza, an dem übrigens jeder teilnehmen darf. Daneben finden immer wieder kleinere Radrennen statt. Für Touristen eignet sich auch das Fahrradrennen »Vuelta cicloturista«, das regelmäßig Mitte bis Ende Oktober stattfindet.

Rund um Ibiza wird einmal im Jahr – meist um Ostern – auch die **»Ruta de la Sal«** ausgetragen, eine Segelregatta, die seit 1989 stattfindet und auf die Salztransporte von Ibiza aufs spanische Festland im 19. Jahrhundert zurückgeht. Alljährlich starten dabei etwa 2000 Konkurrenten.

Opening- und Closing-Partys

Für viele sind sie der eigentliche Grund, nach Ibiza zu kommen: die **Partys zum Saisonstart bzw. -ende**. Bis in den Morgen wird in den Großdiskotheken der Insel gefeiert und der Rausch anschließend gern am Strand ausgeschlafen. Manche Gästen reisen fast ausschließlich zu diesem Event an. (Opening Partys ab Ende Mai, Closing Partys ab Mitte Sept., jeweils am Wochenende).

Feiern auf Formentera

Selbstverständlich feiern auch die Einwohner Formenteras: etwa an den gesetzlichen Feiertagen. Besondere Feiertage aber bilden am 25. Juli **Sant Jaume,** ein Fest zu Ehren des Schutzpatrons der Insel, an dem an mehreren Tagen Wettkämpfe und Turniere stattfinden. Mit dem **Fest der Jungfrau von El Pilar** (12. Oktober) beginnt die Schlachtzeit der Schweine auf Formentera. Das Fest wird auf der La-Mola-Hochebene mit einem Feuerwerk gefeiert. Ausgelassen geht es am **3. Dezember** in Formenteras »Hauptstadt«, **Sant Francesc Xavier,** zu. Bei Musik und Tanz wird an einem Feuer Schweinefleisch gebraten und kostenlos an die Festbesucher verteilt.

Reiseinfos von A bis Z

Ärztliche Versorgung

Allgemeine Notrufnummer: 112. Sie verbindet sowohl zur Ambulanz als auch zur Polizei und Feuerwehr (*bomberos*). Krankenhäuser gibt es in Eivissa (Can Misses, Tel. 971 39 70 00) und in La Savina (Formentera) sowie in den Ferienorten.

Für die kleineren Unfälle und Krankheiten sind auch die hervorragend ausgebildeten Apotheker gute Ansprechpartner und können oft sofort helfen. Im Marina-Viertel in Eivissa gibt es auf dem Carrer d'Annibal/Carrer d'Antoni Palau drei Apotheken, von denen immer eine die ganze Nacht über Dienst hat. Es gibt auch viele deutsche Ärzte auf den Inseln.

Baden

Ibiza hat 56 Buchten und insgesamt etwa 18 km Strand. An manchen Stränden werden bei unruhigem Wasser oder gefährlichen Strömungen rote Warnflaggen gehisst, die das Baden verbieten. Grün bedeutet Entwarnung, gelb mahnt zur Vorsicht. Nacktbaden ist offiziell an den Stränden Es Cavallet und S'Aiga Blanca erlaubt. Darüber hinaus ist es eine persönliche Entscheidung, ob es sich gerade schickt, das Höschen herunterzulassen.

Auf Formentera besteht an der Platja Migjorn ein Mix, während an der Platja de ses Illetes nur so die Hüllen fallen. An allen Stränden können Frauen sich topless sonnen. An kleineren Felsbuchten kommt man mit Badeschuhen besser ins Wasser.

Flora

Der Name »Pityusen« kommt vom griechischen *Nissoi pityussai* und spielt damit auf den Pinienreichtum Ibizas und Formenteras an, die allerdings auf den gesamten Balearen heimisch sind. Verbreiteter als die Pinie ist die Aleppokiefer. Typisch ist auch der phönizische Wacholder (Savina) sowie die Schirmpinie und Steineiche. Verbreitete Kulturpflanzen sind neben Olivenbäumen auch Feigen, die oftmals abgestützt werden, zur Kuppel mutieren und dann ein Spektakel für sich sind. Allerorts finden sich Johannisbrotbäume, erkennbar an ihren dunklen Schoten. Dann natürlich die Mandelbäume, deren Blüten manchem eine Fahrt im Januar wert sind. Zudem finden sich Agaven, Feigenkakteen und Dattelpalmen.

Zwischen distelartigen Garrigues gedeihen viele unserer beliebten Küchenkräuter wild, wie Rosmarin, Thymian, Lavendel, sowie Kapernbüsche. Die Mauren führten Zitronen, Aprikosen, Orangen und viele weitere Früchte ein, die man häufig in Kulturen sieht.

Luft und Liebe: Reisekosten und Spartipps

The best things in life are free – zum Beispiel wärmende Sonne, das Meer, FKK und freie Liebe: Was Ibiza für Hippies so anziehend gemacht hat, kostet noch immer nichts. Darum herum muss man schon ein bisschen sehen, wo man bleibt, wenn es ans Sparen geht: zum Beispiel in bescheidenen Hostals (oftmals dankbarerweise nahe am Strand, z. B. an der Platja Ses Salines oder nahe der Cala Pou des Lleó), beim legalen Camping (am schönsten in der Cala Bassa) oder in einer Finca, die man sich zu mehreren teilt. Zu essen gibt es dann Tapas in den Bars, dort kostet auch das Glas Rotwein eventuell nur 1 €. Preiswertere Restaurants findet man in Eivissa abseits der touristischen Magneten in ganz spanischen Vierteln wie Eixample.

Geld und Preise

Die Preise auf Ibiza entsprechen im Allgemeinen den deutschen Preisen. Dort, wo Touristen auf Dienstleistungen angewiesen sind, wird gerne mal gewuchert.

Haustiere

Wer sein Haustier auf die Balearen mitnehmen will, sollte das vorher mit seinem Gastgeber abklären. Ein vom Tierarzt beglaubigter Impfpass muss mitgeführt werden, der belegt, dass die Tollwutimpfung mindestens 30 Tage und nicht mehr als zwölf Monate alt ist. Handelt es sich um gefährliche Tierrassen, dann muss eine Bescheinigung über ihre Friedfertigkeit mitgeführt werden.

Im Allgemeinen sind Haustiere in Bars und Restaurants, auf alle Fälle am Strand verboten.

Hippiemärkte

Die immer noch so genannten Hippie- (oder auch Hippy-)Märkte sind Flohmärkte, auf denen neben Trödel gelegentlich Kunsthandwerk verkauft wird, das sich auf ibizenkische Traditionen beruft, oder auch die hippieske Adlib-Mode der Siebzigerjahre. Trotz der teilweise miserablen Qualität der Märkte sind sie ein Touristenmagnet.
Ganzjährig: Flohmarkt Ibiza Rastrillo im Hippodrom San Jordí (Sa 9–14 Uhr) und Las Dalías in Sant Carles (Sa 10–19 Uhr).
Nur im Sommer: Platja d'en Bossa (Fr 11–20 Uhr), Portinatx (So ab 19 Uhr), Es Canyar (Mi 10–19 Uhr), Sant Miquel: Do 17–21 Uhr, Santa Eulària (Mo, Di, Do, Fr, Sa 9–22 Uhr), Sant Francesc (täglich).

Homosexualität

»Gayvissa« ist traditionell ein beliebtes Reiseziel bei Homosexuellen. Der Kiosco »Chiringay« am größten Treff Platja Cavallet existiert zum Beispiel schon seit über 30 Jahren. Dragqueens entfalten sich genauso ungestört wie Transvestiten oder Cross-Dresser, gut gebaute Promoter und scharfe Go-Gos in den »Gay Nights« der Diskos oder in Eivissas Carrer de la Verge.

Ein spezieller Reiseführer von www.ibiza.travel bietet eine ausführliche Übersicht über LGBT-Urlaub auf Ibiza.

Internet

In Stadt und Land gibt es ausreichend Internet-Cafés, auch in den entlegeneren Bars auf dem Land – meistens ist dort auch W-LAN (WiFi) mittlerweile Standard. In den Hotels sowieso, weshalb dieser Aktivposten (wie auch SAT-TV) nicht weiter aufgeführt wird.

Kriminalität

Auf Ibiza gibt es zwar kaum Mord und Totschlag, sehr wohl aber Drogen- und Beschaffungskriminalität. Besonders hier gilt: Wertsachen gehören in den Safe; nichts im Wagen liegen lassen, auch keine Jacken (Handschuhfach offen lassen), nichts in den Kofferraum legen. (Sie werden unter Umständen schon beobachtet.) Unterwegs besser nur ein bisschen Bares mitnehmen. Statussymbole wie Uhren (auch Imitate) werden gerne von Profibanden geklaut. Bargeld sollte man lieber tagsüber oder an belebten Ecken aus der Maschine ziehen. Sperren von Handys, Bank- und Kreditkarten unter der Tel. + 49 116 116.

Parken

In größeren Städten wird das Parken oft zur Herausforderung. Im Zentrum von Eivissa gibt es mittlerweile mehrere Parkhäuser und Großparkplätze. An durchgezogenen Linien ist das Parken verboten. In zweiter Reihe zu parken wird schnell geahndet. Strafzettel und Parkkralle sind gängige Strafen mit den entsprechenden unangenehmen Folgen.

Eine weitere Lösung ist das Parken am Automaten. Kleine Parksünder können den AD-Knopf nutzen: Haben Sie nur bis zu einer Stunde überzogen, drücken Sie den AD-Knopf und Sie zahlen nur eine ermäßigte Strafe. Ticket samt Anzeige im Umschlag in den Briefschlitz stecken, alles in Ordnung.

Polizei

Auf Ibiza kann man vier verschiedenen Arten von Polizei begegnen. Die *Guardia Civil* (dunkelgrüne Uniform, schwarze, quer getragenen Lackhüte) war unter Franco die politische

Polizei, die sogar FKKlern nachstellte. Heute widmet sie sich der Terroristen- und Drogenbekämpfung. Die *Guardia Civil de Trafico* (hellgrüne Uniformen) führt Verkehrskontrollen durch. Die *Policía Nacional* (braune Uniformen) ist die Kripo. Mit der *Policía Municipal* (ganz in Blau) bekommt man es am ehesten zu tun, sie verteilt Strafzettel und Parkkrallen. Generell sollte man im Umgang mit der Polizei keinen solch saloppen Ton anschlagen, wie man es sich in Deutschland schon mal herausnehmen kann.

Quälgeister

Je nach Wasserverschmutzung und *viento del mar* (auflandiger Wind) können Quallen (*medusas*) – vor allem im Südwesten der Insel – das Baden unmöglich machen. Solche Meldungen erfährt man von offizieller Seite nicht unbedingt. Eine Berührung reicht oft, um einen schmerzhaften Stich zu spüren – Erste Hilfe bieten Essig oder Zitronensaft! Die Apotheken kennen sich darüber hinaus mit dem Problem gut aus und helfen mit Antihistamin-Salben. Gegen Seeigelstacheln (*erizo de mar*) hilft eine Pinzette (nicht drücken!) oder eine Apothekersalbe, die den Stachel aus dem Gewebe löst. Mücken können in den Sommermonaten zu Millionen einfallen. Am besten eine Schutzlotion einpacken oder spezielle Elektrostecker mit Pastillen oder Flüssigkeit benutzen, die die Viecher nachts außen vor lassen.

Reisen mit Handicap

Die großen Hotels haben in der Regel einen barrierefreien Standard, zumindest aber Rampen und einen guten Zugang zu den einzelnen Facilities. Verschiedene Ferienwohnungsanbieter bieten auch speziell rollstuhlgerechte Apartments, teilweise direkt am Strand, z. B. www.traum-ferienwohnungen.de oder www.fewotraum.de. Der Club Nautico in Eivissa (Puerto de Ibiza, Muelle s/n, Tel. 971 31 33 63, www.clubnauticoibiza.com) betreut Sportprogramme für Blinde und Behinderte.

Reklamationen

Haben Sie sich richtig geärgert? Bitten Sie um die *hojas oficiales de reclamación* und schon wird beschwichtigt. Das sind die Beschwerdebücher, die Serviceeinrichtungen führen müssen und den Behörden vorgelegt werden.

Service

Generell geht den Bediensteten alles recht flott von der Hand – schließlich ist Ibiza von der Arbeit her fast zu hundert Prozent eine »Service-Gesellschaft«. Mit einem Geldschein winken muss man jedenfalls nicht, um seine Ziele zu erreichen. Beim Bezahlen kann man schon mal genau hinschauen, mancher »hat sich da wohl vertan« – probieren kann man's ja mal.

Siesta

Zwischen 14 und 17 Uhr haben alle Geschäfte aufgrund der Hitze geschlossen. In dieser Zeit muss man auch mit erheblichen Einschränkungen im Dienstleistungsbereich rechnen (Banken, Autovermietung etc.). Wenn es heiß ist, lässt jedoch auch beim Touristen der Aktionismus nach. Ab 17 Uhr, wenn es wieder abkühlt, kann man immer noch den Geschäften nachgehen.

Sprache

Auf Ibiza wird hauptsächlich Katalanisch mit lokaler Einfärbung, das

Eivissenc, gesprochen. Castellano, die spanische Sprache, wird natürlich auch verstanden. Seit im Jahr 1983 auf den Balearen wieder Català als Amtssprache eingeführt wurde, sind die Orts- und Straßennamen durch Bezeichnungen in Eivissenc ersetzt worden.

In diesem Reiseführer werden die katalanischen Ortsnamen verwendet, da sie sich mit den Straßen- und Ortsschildern decken.

Supermärkte

Supermärkte, für Fincabewohner absolut lebensnotwendig, sind vor allem im Norden rar gesät, auch wenn sich überall kleine unscheinbare *tiendas* verbergen. Eroski-Supermärkte für den ausgesuchten Großeinkauf gibt es in Sant Antoni, Santa Eulària und Eivissa. Auch in den größeren Orten gibt es gut sortierte Märkte. Der Supermarkt in Sant Joan (gegenüber dem Parkplatz) verfügt über ein gutes Sortiment an lokalen Weinen und Spezialitäten.

Telefonieren

Seit Juni 2017 sind durch eine EU-Verordnung Roaminggebühren Geschichte, d. h. Reisende können ohne Zusatzkosten im EU-Ausland inkl. Ibiza mobil telefonieren. Telefonkarten für die Telefonzellen gibt es in jedem Tabakgeschäft (*estanco*). Die meisten Zellen nehmen neben Bargeld auch Bank- und Kreditkarten.

Touristeninformationen

Puntos de Información sind in Eivissa, Sant Antoni, Santa Eulària und La Savina stationiert, meistens in Kiosken oder kleinen Büdchen. Man sollte sie ruhig einmal aufsuchen, denn sie haben neben Busfahrplänen, den aktuellen Öffnungszeiten und Karten auch viele Broschüren und Tipps auf Lager.

Trinkgeld und Zahlen

»Tip is not a town in China«: Wie überall auf der Welt steuert man bei Zufriedenheit etwa 10 % Trinkgeld bei. Der spanische Stolz wird nicht angetastet, wenn man sich zunächst das komplette Rückgeld zurückzahlen lässt und beim Verlassen Trinkgeld auf dem Tisch liegen lässt. Absolut unüblich ist es, getrennt zu bezahlen.

Wilde Tiere

Keine Angst, die Tierwelt auf den Pityusen wird Ihnen nicht gefährlich. Die von Frühjahr bis Herbst omnipräsente Eidechse ist gleich in über 30 Arten vertreten, es gibt sogar endemische Arten auf dem Felsen Es Vedrà oder auf Formentera. Der Gecko ist aus gutem Grund auch das inoffizielle Wappentier Formenteras und in allen denkbaren Varianten auf Hand- und Strandtüchern abgebildet. Der inseleigene Hund ist der *Ca Eivissenc*, besser bekannt als Podenco, der stark den schlanken Hunden auf ägyptischen Wandmalereien ähnelt und auch angeblich von Kleopatra eingeführt wurde. Wahrscheinlich eher von den Karthagern, die auch die Ginsterkatze mitbrachten. Die lebt so verborgen, dass selbst manche Ibizencos sie noch nie gesehen haben. In jüngerer Zeit wurden mit Olivenbäumen und Zierpflanzen Hufeisen- und Treppennattern eingeschleppt, die sich verbreiten und von der Inselregierung bejagt werden, da sie Niederwild und Vogelgelege dezimieren.

In der Luft schwirren Eleonorenfalken, die zu den seltensten Vögeln der Welt gehören und an der Nordwest-

Glücklich kann sich schätzen, wer einmal die scheue Ginsterkatze zu Gesicht bekommt

küste, auf Es Vedrà oder auf Tagomago brüten – wie auch die Korallenmöwe. Legendär sind die *Virots* (Sturmtaucher), die man auf Formentera früher mit bloßer Hand fing. Flamingos verirren sich dort komischerweise selten in die Salinen, vermutlich weil es dort weniger federnfärbende rosa Krabben gibt als in den Salinen Ibizas. Im Wasser tummeln sich seltene Arten wie Mönchsrobben, Barrakudas, Delfine (die man manchmal neben der Fähre aufspringen sieht), oder auch Seeschildkröten, die zum Glück Quallenfresser sind. Haie gibt es in vierzig Sorten, halten sich aber, wie generell im Mittelmeer, nur in großen Tiefen auf.

Zeitungen und Zeitschriften

Die deutschsprachige Monatszeitschrift »Ibiza Heute« (www.ibiza-heute.de), die am Donnerstag erscheinende deutsche Beilage in der Tageszeitung »Diario de Ibiza« und die am Mittwoch erscheinende in der »Ultima hora de Ibiza« informieren über das Leben auf der Insel wie über die aktuellsten Bus- und Fährverbindungen. Auch einige Gratis-Zeitschriften liegen aus: »Pacha«, »the islander«, »Ministry in Ibiza«, »dub« und »whereIbiza«.

»Ibiza Style« ist ein Hochglanzmagazin, das es häufig schon am heimatlichen Abflug-Flughafen gibt (www.ibiza-style.com). Deutschsprachige Literatur über den Urlaubsroman hinaus, zum Beispiel über Ibiza, gibt es bei »Libro Azul« in Santa Gertrudis.

Zigaretten

Tabakwaren werden in Supermärkten und an Tankstellen nicht mehr verkauft. Die in Deutschland geläufigen Tabaksorten *(tabaccos americanos)* sind teurer als die heimischen. Geraucht wird trotz Regulierungen in den Bars oftmals kräftig.

Panorama – Daten, Essays, Hintergründe

An Festtagen werden die Wehrkirchen der Pityusen aufwendig geschmückt

Steckbrief Pityusen

Daten und Fakten

Lage: Ibiza liegt 82 km südwestlich der Insel Mallorca und etwa 87 km vom spanischen Festland entfernt zwischen dem 1. und 2. Grad östlicher Länge und auf dem 39. Grad nördlicher Breite (38° 49″ N, 1° 25″ O). Ibiza, Formentera und weitere neun kleine, umliegende und unbewohnte Inseln sowie zahllose Felsen gehören politisch wie auch geografisch zu den Balearen bzw. der »Spanischen Autonomen Region der Balearischen Inseln«, werden aber als eigenständige Inselgruppe auch Pityusen genannt.

Fläche: Die Gesamtfläche der Pityusen beträgt 654,28 km^2, die von Ibiza 569,6 km^2, von Formentera 82,49 km^2. Flächenmäßig ist Ibiza damit die drittgrößte Insel der Balearen (hinter Mallorca und Menorca, aber vor Formentera).

Länge: Die Küstenlänge Ibizas beträgt 210,1 km, in der maximalen Breite erreicht sie 21 km, in der maximalen Länge 41 km.

Höchste Erhebung: 475 m ü. d. M. (Bergmassiv Sa Talaïa).

Einwohner: Ibiza hat rund 125 000 Einwohner, davon sind etwa 20 % Ausländer. Der Anteil der deutschen Bewohner beträgt etwa 3 %. Formentera hat 10 000 Einwohner.

Amtssprache: Katalanisch ist wieder gleichberechtigt neben Spanisch Amtssprache auf den Pityusen. Der auf der Insel vorherrschende Dialekt wird »Ibizenkisch« bzw. »Formenterisch« genannt. Straßen- und Ortsnamen sowie Straßen- und Hinweisschilder sind mittlerweile alle wieder in Eivissenc ausgezeichnet.

Vorwahl: + 34 für Spanien, 971 für Ibiza und Formentera als fester Bestandteil jeder Telefonnummer. Beginnt eine offizielle Nummer nicht mit 971, handelt es sich um eine Mobilnummer.

Zeitzone: MEZ, es herrscht die gleiche Uhrzeit wie in Deutschland.

Jahresdurchschnittstemperatur: etwa 18,5 °C.

Durchschnittliche Lebenserwartung: 78 Jahre.

Bevölkerungswachstum: ca. 0,5 % pro Jahr.

Natur und Geografie

Die Balearen bilden die Fortsetzung der Beltischen Kordilleren, die sich ab der Kreidezeit von der Bucht von Cadiz bis nach Andalusien auffalteten. Die rund 150 Inseln der Balearischen Inselgruppe entstanden somit während der so genannten alpidischen Gebirgsbildung, die auch für viele andere mächtige Faltengebirge wie die Alpen, aber auch den Himalaya verantwortlich ist. Jahrmillionen nach ihrer Entstehung wurden die Kordilleren durch einen etwa 1500 m tiefen Meeresgraben in das spanische Festland und die Inselgruppe getrennt.

Die Pityusen haben, wie auch die übrigen Balearen, einen eigenen Festlandsockel. Ibiza ist eine im Inneren hügelige Insel mit zerklüfteter Küste, die durch meist sandige *calas* unterbrochen ist. Die einzigartige Kultur und biologische Vielfalt von Ibiza, darunter der Naturparks Ses Salines mit den Seegraswiesen zwischen Ibiza und Formentera, wurde 1999 zum Welterbe erklärt. Das fast kreuzförmige Formentera besteht aus zwei Plateaus, die durch eine 6 km lange und 1,5 km schmale »Taille« auf Meereshöhe miteinander verbunden sind.

Politische Gliederung

Die spanische Verfassung von 1978 öffnete Ibiza den Weg zu einer eigenen Regierung. 1983 erhielt die gesamte Inselgruppe der Balearen einen Autonomiestatus zur Bildung von drei *Consells Insulars* (Inselräten): für Menorca, Mallorca und Ibiza/Formentera. Die Insel selbst ist in verschiedene *municipios* (Gemeinden) geteilt, die in etwa noch den *quartóns* der Zeit der Rückeroberung durch die Katalanen entsprechen: Neben Eivissa sind dies die Gemeinden von Sant Josep de sa Talaïa, Sant Antoni de Portmany, Sant Joan de Labritja und Santa Eulària del Riu.

Formentera ist seit dem erstmaligen Zusammentreten des Inselrates am 10. Juli 2007 politisch von Ibiza unabhängig. Inselrat und Gemeinde sind dabei identisch – eine einmalige Konstellation in Spanien.

Städte und Infrastruktur

Ciutat d'Eivissa oder auch Eivissa ist die Hauptstadt Ibizas. Mit 50 000 Einwohnern ist Eivissa auch die größte Stadt der Insel. Ihren heutigen Namen erhielt die vormals Ibiza bzw. Ibiza-Stadt genannte Stadt im Zuge der Umsetzung des Gesetzes zur Sprachnormalisierung der Balearischen Inseln. Bei den *eivissencos* bzw. *eivissencas* heißt sie meistens Vila. International spricht man meistens noch immer von Ibiza. Bei dem Namen der Insel hat man es bei Ibiza belassen. Weitere große Städte auf Ibiza sind Sant Antoni de Portmany (18 000 Einwohner im Stadtgebiet) und Santa Eulària del Riu (16 000 Einwohner im Stadtgebiet). Viele Bewohner wohnen verstreut auf dem Lande, zum Beispiel in Fincas.

Politisch bildet Formentera eine einzige Gemeinde, Sant Francesc de Formentera (1500 Einwohner) ist jedoch Verwaltungssitz. Heute leben noch ca. 25 % Formenterer bzw. Formentererinnen auf der Insel, die restliche Bevölkerung stellen Spanier vom Festland und zu etwa 20 % Ausländer, darunter überwiegend Deutsche und Italiener.

Wirtschaft und Tourismus

Die Balearen halten dank dem in den 1970er-Jahren massiv einsetzenden Tourismus mit ca. 90 000 € das höchste Bruttonationaleinkommen Spaniens – er ist mit 95 % Anteil an der Gesamtwirtschaft die mit Abstand größte Einnahmequelle. Die einstigen Hauptwirtschaftszweige – Landwirtschaft, Vieh- und Schafzucht sowie Fischerei – liegen nur noch im einstelligen Bereich.

Den ersten Wohlstand verdankten die Pityusen der Salzgewinnung im Mittelalter unter der maurischen Herrschaft. Noch bis ins 19. Jahrhundert war jeder Einwohner verpflichtet, zur Bewirtschaftung der Salinen beizutragen. Bis vor dem Einsetzen des Tourismus in die 1960er-Jahre hinein gewannen die Bauern noch autark für den eigenen Gebrauch oder auch für den Export.

Geschichte im Überblick

Die Megalithkultur der Ureinwohner

ab 2000 v. Chr. Vermutlich erschließen iberische Hirtenvölker die Inseln Ibiza und Formentera als Erste. Zwischen 2000 und 1600 v. Chr. entwickelt sich auf den Baleareninseln Mallorca und Menorca die Talayotkultur. Die Höhlenmalereien in Ses Fontanelles bei Sant Antoni sowie das Megalithgrab von Ca Na Costa auf Formentera deuten darauf hin, dass auch die Pityusen zu dieser Zeit besiedelt sind.

Die Phönizier (7. bis 2. Jahrhundert v. Chr.)

um 700 v. Chr. Phönizische Karthager gründen auf Ibiza den Stützpunkt Sa Caleta im Südosten der Insel, der heute noch zu besichtigen ist.

654 v. Chr. Die Karthager ziehen aus strategischen Gründen um und gründen an der Ostseite der Hafenbucht von Eivissa eine Kolonie, die sie Ibes bzw. Ebusim nennen, möglicherweise nach dem phönizischen Gott Bes. Die Stadt hatte das Münzrecht und war ein wichtiger Handelshafen. Auch der Karthager Hannibal soll der Legende nach auf der kleinen, an der Küste vor Sant Antoni gelegenen Insel Sa Conillera geboren worden sein.

202 v. Chr. Mit der Niederlage in der Schlacht von Zama im Zweiten Punischen Krieg endet die karthagische Herrschaft auf Ibiza.

Die Römer

ab 123 v. Chr. Der römische Feldherr Quintus Caecillius Metellus erobert die Balearen. Die Römer nennen Eivissa Ebesus. Als konföderative Stadt kann sie sich eine gewisse Autonomie bewahren. So braucht sie zum Beispiel keinen Tribut zu zahlen und darf weiterhin das Münzrecht ausüben.

70 v. Chr. Ebesus wird unter dem Namen Flavia Augusta dem römischen Reich eingegliedert. Kaiser Vespasian lässt Wirtschaft und Infrastruktur der Insel ausbauen. Die Häfen Portus Salarius auf Formentera (heute La Savina) und Portus Magnus (heute Sant Antoni de Portmany) werden errichtet.

Einfall der Vandalen

5. Jh. n. Chr. Die Vandalen unter Gunderich dringen nach Ibiza vor.

426 Die Insel wird von den Vandalen komplett verwüstet.

533/534 Dem oströmischen Feldherrn Belisar gelingt die Vertreibung der Vandalen. Ibiza gerät unter die Oberherrschaft von Byzanz. Von dessen Einflüssen auf die Pityusen ist nur wenig bekannt.

Die maurische Herrschaft

711 Im Frühjahr 711 landet der Berber Tariq ibn Ziyad mit seinem Heer in der Region von Algeciras/Gibraltar, um das seit dem 5. Jahrhundert auf der Iberischen Halbinsel bestehende westgotische Reich zu unterwerfen. Die Westgoten werden im Juli in der Schlacht am Rio Guadalete geschlagen, wobei ihr König Roderich den Tod findet.

719 Die Mauren (*Moros*), aus Nordafrika stammende, islamische Berberstämme, erobern mit der Iberischen Halbinsel auch Ibiza und führen die arabisch geprägte Kultur ein. Sie nennen die Insel Yabisa (»die Trockene«).

859 Ibiza fällt einem Raubzug der Wikinger zum Opfer.

903 Die maurische Blütezeit auf Ibiza beginnt. Die Balearen gehören zum Kalifat von Córdoba und die Mauren – wissenschaftlich und technisch äußerst versiert – festigen ihre Macht, indem sie ihre Bewässerungstechniken und Nutzpflanzen wie Datteln, Zitronen, Aprikosen und Orangen einführen. Damit verhelfen sie der Bevölkerung zu einem gewissen Wohlstand.

1009 Die Balearen werden zusammen mit Denia unabhängiges Königreich. Um diese Zeit nehmen die Überfälle arabischer Piraten zu, die vor allem von Mallorca und Menorca aus operieren.

1114 Die Mauren sind als Piraten im Mittelmeer berüchtigt. Die Balearen sind deshalb Ziel einer pisanisch-katalanischen Strafexpedition. Palma de Mallorca wird dabei vollständig zerstört. Doch die islamische Herrschaft über Ibiza kann sich noch über Jahre halten.

Die katalanische Eroberung

1229 Die Christen erobern Mallorca im Zuge der Rückeroberung (Reconquista, Vertreibung der Mauren durch Spanien) zurück.

1235 Unter dem Befehl des Königs von Aragón, Jaume I., »der Eroberer«, wird die Medina Yabisa von Guillermo de Montgrí, dem Erzbischof von Tarragona belagert. Der 8. August ist heute noch der offizielle Termin der Einnahme und wird groß gefeiert. Der Legende nach konnten die Christen die Stadt sehr schnell einnehmen. Denn der regierende Sultan Yebusah hatte die Lieblingssklavin seines Bruders verführte und aus Rache öffnete dieser den spanischen Christen die Stadt. Als offizielle Sprache wird zu dieser Zeit auf der Insel Katalanisch eingeführt. Durch die Rechristianisierung erhalten die Orte die Namen von Heiligen.

Das Königreich Mallorca

1256 Jaume II. ruft das Königreich Mallorca aus, zu dem neben den Balearen auch Montpellier und Roussillon gehören.

1299 Jaume II. gründet auf Ibiza die *Universitat,* die Behörde zur Verwaltung öffentlicher Belange. Die Pityusen verfügen seitdem über eine eingeschränkte autonome Verwaltung, die bis ins 19. Jahrhundert bestehen bleibt.

1349 Die Balearen fallen an Aragón. Es brechen schlechtere Zeiten an.

1469 Durch die Ehe Ferdinands II. von Aragon mit Isabella von Kastilien wird Spanien vereinigt. Die Balearen werden Teil des Spanischen Königreichs – und wirtschaftlich sowie steuerlich ausgepresst. Die Bevölkerung verarmt. Auch die neu errichtete Schreckensherrschaft der Inquisition unter den »Katholischen Königen« macht dem Volk zu schaffen.

1492 Spanien entdeckt Amerika. Granada, die letzte Stellung der Mauren, fällt an Spanien zurück. Die über 500 Jahre währende Reconquista ist vorbei.

Die ibizenkischen Korsaren

16. Jh. Durch die Entdeckung der Neuen Welt verliert der Mittelmeerraum an wirtschaftlicher Bedeutung. Das Interesse der spanischen Krone an Ibiza und Formentera lässt nach. Die Inseln sind dadurch Piraten schutzlos ausgeliefert, die vor allem auf Menschenraub spezialisiert sind. Formentera wird in dieser Zeit vollkommen entvölkert und dient den Piraten als Stützpunkt. Zum Schutz gegen die Korsaren errichten die Ibizenker Wachtürme und Wehrkirchen.

1556 Philipp II. von Spanien, Sohn Karls V., beginnt mit dem Neubau der Stadtmauern von Eivissa. Die fortgesetzten Piratenangriffe sowie die spanische Inquisition bringen die Ibizenker dermaßen in wirtschaftliche Not, dass sie in die Offensive gehen und das Mittelmeer auf der Jagd nach feindlichen Schiffen durchkreuzen. Das Korsarentum blüht bis ins 19. Jahrhundert hinein.

1609 Die Morisken, bis dato tolerierte auf der Insel verbliebene Mauren, werden endgültig vertrieben. Diese Maßnahme Philipps II. führt zur Verwahrlosung der Bewässerungssysteme und anderer kultureller Einrichtungen.

1652 Die Hälfte der Bevölkerung der Hauptstadt Eivissa stirbt an der Pest.

um 1700	Formentera kann unter dem Schutz der ibizenkischen Korsaren langsam wieder besiedelt werden.
1701–1717	Im spanischen Erbfolgekrieg stehen die Balearen auf Seiten des Habsburgers Karl II., der von Philipp V. von Kastilien besiegt wird. Diese Unterstützung kommt Ibiza teuer zu stehen. Im Rahmen der *Nueva Planta* (Neuaufbau) schließt Philipp die *Universitat,* die die Regierung bildete. Kastilisch wird auf den Balearen zur Amtssprache, obwohl die Bevölkerung katalanisch spricht. Die Salinen, bedeutendste wirtschaftliche Quelle der Pityusen, werden beschlagnahmt.
1782	Eivissa erwirbt das Stadtrecht und wird Bischofssitz. Unter der Regierung Carlos' III. werden einige Reformen eingeführt. Neue Kirchen werden errichtet, die der verstreuten Landbevölkerung auch als sozialer Treffpunkt dienen.
um 1800	Ibiza unterliegt dem Schicksal der labilen Regierungen Spaniens.
1806	Durch die Vernachlässigung der Landwirtschaft kommt es immer wieder zu Bauernaufständen.
1827	Ende der Seeräuberzeit durch den Sieg der Franzosen über die türkische Flotte und die Eroberung Algeriens.
	Tourismus und Bürgerkrieg
1833	Die Balearen werden eigene Provinz, Ibiza wird in fünf Gemeinden eingeteilt.
1867	Der so genannte »erste Tourist«, der habsburgische Erzherzog Ludwig Salvator, verfasst ein mehrbändiges Werk über die Balearen. Zwar liegen der Schwerpunkt der Werks sowie Ludwigs Wohnsitz auf Mallorca, doch der Aussteiger, Naturfreund und Wissenschaftler löst erstmals ein reges Interesse an den Balearen in Europa aus.
1898	Aufgrund der wirtschaftlichen Not emigrieren zahlreiche Einwohner nach Kuba oder in die USA.
1914–1918	Durch die Neutralität Spaniens im Ersten Weltkrieg profitiert Ibiza vom stetigen wirtschaftlichen Aufschwung.
ca. 1930	Britische Reisende und Künstler entdecken die Insel. Unter ihnen der Dadaist Raoul Hausmann und der Philosoph Walter Benjamin.
1939	Die Francodiktatur verbietet die katalanische Sprache.

Moderne Zeiten

1958 Mit der Eröffnung des Flughafens setzt allmählich der Tourismus ein. Die Hippies entdecken – trotz des unangenehmen politischen Regimes – die politisch unbehelligteren Pityusen für sich.

1970 Die ersten Neckermannurlauber betreten Ibiza.

1975 Nach dem Tod des Diktators Franco wird Juan Carlos I. zum König von Spanien ernannt. Ibiza feiert.

1977 Die ersten freien Wahlen finden statt. Die katalanische Sprache darf wieder gesprochen werden.

1978 Das spanische Volk nimmt eine demokratische Verfassung an. Ibiza erhält eine eigene Regierung.

1983 Die Balearen werden eine autonome Region. Katalanisch, noch während der Francozeit verboten, wird wieder zur Amtssprache.

1986 Spanien wird Mitglied der EG.

ab 1990 Zunahme des Massentourismus und seiner Folgen.

1999/2000 Eine Links-/Grün-Regierung löst die konservative Regierung des *Partido Popular* ab. Die UNESCO erklärt Teile der Stadt Eivissa sowie die karthagische Nekropole Es Puig des Molins, die Siedlung Sa Caleta an der Südküste und die Neptungraswiesen im heutigen Naturpark Ses Salines zum Welterbe.

2003 Der *Partido Popular* gewinnt die Wahlen und schafft die Ökosteuer der linken Vorregierung wieder ab.

2007 Die links-grüne Koalition PSOE-GxF (Gent per Formentera), die sich beim Protest gegen den von der vorherigen Regierung begonnenen Straßenausbau gebildet hat, löst den Partido Popular als Regierung ab. Weitere Bauvorhaben – wie ein Golfplatz – werden gestoppt.

2009 Neben Briten, Spaniern und Deutschen werden mit sprunghaften Zunahmeraten gegenüber dem Vorjahr die Italiener die neue touristische Großmacht auf den Inseln, vornehmlich auf Formentera. Der sanfte Tourismus kehrt auf Ibiza ein – gut sichtbar an der Zunahme eines modern-eklektischen Stils, der von Weltreisenden geprägt ist und Stile aus aller Welt vereint, wie Yoga- und Zen-Studios, ökologische Restaurants oder Chill-outs.

Spätestens seit den 70er-Jahren zählen die Strände Ibizas und Formenteras zu den beliebtesten Europas – bei Hippies wie bei Pauschaltouristen

2011 Die konservative Partido Popular (PP) gewinnt in allen Bezirken der Insel die Wahl und stellt bis 2015 die Regierung. Die Bürger Formenteras wehren sich erbittert und bislang erfolgreich gegen die Verdoppelung der Hotelkontingente, einen Hubschrauberlandeplatz, eine Müllverbrennungsanlage und einen Golfplatz.

2013/2014 Eine von der Festlandregierung und dem Konzern Cairn Energy geplante Ölplattform direkt vor Ibiza löst einen Proteststurm bei den Einwohnern und zahlreichen internationalen Ibiza-Liebhabern aus. Die sozialdemokratische PSOE hatte zu ihrer Amtszeit auf Ibiza dem Projekt zugestimmt, das die Umwelt und damit Ibizas Status als UNESCO-Naturerbe und den Ibiza-Tourismus gefährdet.

2015 Ibiza wird erneut von einer Koalition dreier Parteien vom linken Flügel regiert, neben der PSOE auch eine lokale Ökopartei.

2016 Ibiza führt eine Übernachtungssteuer von 0,25–2 €/Nacht/Pers. ein.

2017 Die Frequenz der Kreuzfahrten steigt an – fast 200 Schiffe landen an. Die Zahl der Kreuzfahrtbesucher liegt jetzt bei 340 000 pro Jahr.

Ein Winter auf Ibiza

Ibiza im Winter bedeutet nicht, einsam zu sein. Viele Insider überwintern auf der Insel. Hier findet man Ruhe, Mandelblüten und, wenn es nicht gerade regnet, ein hervorragendes Licht zum Malen ...

Februar auf Ibiza: herrliches Frühlingswetter, rundherum grünt es und es gibt Blumen in allen Farben. Ich unternehme mit einem örtlichen Begleiter eine kleine Radtour.

»Kaum zu glauben, aber in Deutschland hat man heute Nacht die bisher tiefste Temperatur gemessen«, erzähle ich. »Minus acht Grad.«

»Bei uns auch, verdammt«, meint Bartolo. »Plus acht Grad.«

Mallorca im Winter war George Sand und Fréderic Chopin bekanntlich zu unangenehm. Der ewige Regen und die überall eindringende Feuchtigkeit sorgten für Krankheiten, Missmut und eine verfrühte Abreise. Mit Ibiza hätten sie vielleicht mehr Glück gehabt. Die Pityusen sind zwar nur 80 Kilometer von Mallorca entfernt, weisen aber schon ein wesentlich milderes Klima auf – deutlich sichtbar an der berühmten Mandelblüte. Schon früh im Januar tragen die Bäume ihre weiße Pracht – sie ist vor allem in den nördlichen Ebenen zu bestaunen.

Der vollkommene Wahnsinn ist es dann, bei Vollmond an einer Nachtwanderung teilzunehmen, was natürlich nur unter kundiger Führung zu empfehlen ist (s. S. 169). Da erstrahlen die weißen Mandelbäume, als trügen sie Schnee. Und auf den Feldern herrscht eine Blütenpracht, dass es eine Wonne ist. Auf den Feldern? Ganz recht. Die Bauern gönnen ihnen nach der Ernte Ruhe und Erholung und lassen sie einfach brach liegen, statt mit Dünger das Letzte aus ihnen herauszuholen. Deshalb grünt's so grün, wenn Ibizas Blüten blüh'n.

Stille wie im Spaghetti-Western

Auch wenn auf den Pityusen tagsüber Barfußtemperaturen herrschen können, zieht es am Abend natürlich an. Dann kommt auf jeden Fall der Pullover zum Einsatz. Ansonsten ist man mit Polohemd, Pullunder oder Steppjacke flexibel und gut bedient. Und Gemütlichkeit wird großgeschrieben. Zum Beispiel in Santa Gertrudis. Wo es im Sommer bis weit in den Abend hoch her geht, liegt nun, wie überall auf er Insel, eine angenehme, romantische Stille über der Szenerie. Die Restaurants, in denen man in der Saison reservieren muss, sind vernagelt, in ihren Außenbereichen liegen Äste und Laub. Rund um die weiße Wehrkirche ist es still und leer wie in einem Spaghetti-Western. Aber hier wird im Unterschied zum Film nicht mehr passieren, als dass vielleicht eine Katze oder ein Opa den Platz passiert. Und man spürt: Jetzt gehört Ibiza wieder denen, die hier leben. Das Angebot reduziert sich auf ganz natürliche Weise auf das, was man braucht: Dann gibt's keinen Schnickschnack, keine Event-Gastronomie, sondern den gemütlichen Kamin im Hinterraum von »Costa« und natürlich ein herrliches Schinkenstück und einen ordentlichen Schluck selbst gemachten Hierbas, der bekanntlich drohenden Erkältungen und Liebeskummer den Garaus macht. Viele Gastronomen geben zu dieser Jahreszeit ihren Gästen deutlich mehr ins Glas, wenn sie nicht gleich ungefragt einschenken. Noch ein Vorteil für Winterreisende.

Den Rest an Herzenswärme empfängt man von den Gleichgesinnten ringsum. Logischerweise ist bei dem knappen Angebot der Laden voll. Hier findet das Sozialleben statt, auch für die vielen *Expats,* die sich Ibiza als endgültige Wahlheimat auserkoren haben. Manche, wie Schriftsteller Martin Suter oder Musikproduzent Michel Cretu, finden zu dieser Zeit die nötige Ruhe zum Schreiben und Soundtüfteln, andere, wie der nette Herr am Tisch nebenan, einen Gesprächspartner, mit dem man sich angenehm ein Stückchen Zeit vertreiben kann. Er lebt den ganzen Winter über hier in seinem Haus, das andere Halbjahr verbringt er arbeitend in Hamburg. Wie er das hinbekommt, bleibt sein Geheimnis. Aber langweilen würde er sich hier nicht eine Minute. Diese Stimmungen, die hat man eben nicht im Sommer, meint er. Da wäre Ibiza für ihn unerträglich, die Menschen laut, die Straßen verstopft, die Luft voller Insekten, das warme Meer unter Umständen voller Quallen.

Ein Licht wie im goldenen Oktober

Jetzt sei die wahre Zeit zum Baden – man müsste ja nicht ewig im Wasser bleiben, sondern nur mal zum Untertauchen, meint der Tischnachbar. Beschäftigungstherapie wie Museen brauche er nicht, stattdessen erkunde er die Insel zu Fuß, was im Sommer ein Ding der Unmöglichkeit sei. Jeden Abend würde er woanders essen und mittlerweile hätten ja viele Kioscos das ganze Jahr über geöffnet, vor allem die guten. Zudem habe er mit dem Fotografieren und Malen angefangen, denn dieses Licht hier, das sei einfach der Wahnsinn: eine Stimmung wie bei uns nur in einem goldenen Oktober. Ansonsten gibt es eigentlich nur einen natürlichen Feind: den Regen. Der kann vor allem im November und Dezember auf Dauer nerven – gelinde gesagt.

»Stimmt's, Charlie?«, ruft er nach hinten in Richtung Chef. Klar, er ist hier Stammgast und nur solche dürfen Charlie Charlie nennen. Was im Sommer auch eher selten vorkommt.

Auf Formentera sieht die winterliche Szenerie etwas anders aus. Der Wind, der ohne natürliche Hindernisse ungebremst über die weite Ebene braust, und die Einsamkeit können dort Ausharrenden ganz schön zu schaffen machen. Der Ferienort Pujols oder der Hafen von La Savina mutieren außerhalb der Saison zu Geisterdörfern, in denen man für einen Kaffee auf die Pirsch gehen muss. Da sind Alkohol und Depressionen auch bei den Einheimischen ein ernsthaftes Problem. Die Grundschullehrer müssen meistens vom Festland rekrutiert werden und streichen oftmals nach einem Jahr die Segel. Das Krankenhauspersonal wurde zeitweise rein osteuropäisch besetzt, da in Spanien niemand zu finden war.

Aber auch hier haben die Kioscos mittlerweile ganzjährige Lizenzen. An den einschlägigen Kulttreffs an der Platja Migjorn, in Sant Ferran und Sant Francesc treffen sich die Stammgäste allabendlich zum Plausch bei einem Bier und einer Kulisse, die man im winterlichen Deutschland allenfalls aus Baywatch oder sogar von Fototapeten kennt. Und immer schwebt so ein angenehmes, melancholisches Gefühl mit, da man sich angesichts der vielen einsamen Buchten und so ruhigen Straßen ständig ausmalt, »wie es hier wohl im Sommer zugeht«. Eben: hektisch, heiß, grell und voll. Und dann fragt man sich unweigerlich, was man hier im Sommer soll.

Im Winter geöffnete Cafés und Restaurants – eine Auswahl

Bar **Cosmi,** Santa Agnès (S. 173). **Can Tixedo,** Forada (S. 226). Restaurant **Casa Colonial,** Santa Eulària del Riu (S. 217). Restaurant **El Sol de Siena,** Sant Josep (S. 142). Restaurant **Es Boldado,** Cala d'Hort (S. 146). **Cappucino Grand Café,** Eivissa, Botafoc (S. 110). Restaurant/Hotel **La Marina,** Eivissa (S. 105). Bar **Flotante,** Eivissa, Bucht von Talamanca (S. 110). Chill-out **Golden Buddha,** Sant Antoni (S. 161). Wenn die Kioscos nicht gegen Ende der Saison schließen, müssen sie – gemäß einer gesetzlichen Auflage – auch den Winter über durchgehend geöffnet bleiben.

José Padilla – Erfinder des »Café del Mar«-Sounds

»Ich weiß auch nicht genau, was gleich passiert.« – Der DJ José Padilla erfand den Sound des Café del Mar: millionenfach verkauft, oft kopiert, nie erreicht.

Die Lage des vielleicht berühmtesten Cafés der Welt ist eigentlich ein Desaster: In dem Urlaubsmoloch Sant Antoni und da kurz vor einem Brachland, auf dem ein paar Lastcontainer parken. Nur eine schrecklich heruntergekommene Mietskaserne begegnet dem Spaziergänger an der Promenade zwischen der Bucht Cala des Moro und der City. Aber die sorgfältig aufgestellten Mülleimer und Parkbänke suggerieren, dass hier einmal etwas ganz Tolles entstehen soll. Nur: Bisher ist davon nichts zu sehen. Der Grund dafür, überhaupt etwas in diese Gegend zu investieren, liegt auf der Hand, beziehungsweise direkt vor den Augen: der fantastische Sonnenuntergang, ein allabendliches Naturspektakel. Den gibt es zwar eigentlich schon seit ein paar Milliarden Jahren, doch es musste erst ein Kellner kommen, um ihn richtig In Szene zu setzen. Heute applaudieren Abend für Abend Tausende, wenn der letzte Zipfel von Mutter Sonne hinter dem Meeresrand verschwunden ist. Auf den Punkt abgemischt. Idee und Konzept: José Padilla.

Padilla gilt als »Erfinder des Sonnenuntergangs« (Süddeutsche Zeitung) und eines Genres, das unter dem Namen »Chill-out« eine ganze musikalische Entspannungskultur hervorgezaubert hat. Unmittelbar mit ihm verbunden ist das Café del Mar, das diese Ureigenheit Ibizas heute geschickt zu vermarkten weiß. Dabei hat alles so harmlos angefangen ...

Vom Kellner zum Sundowner-DJ

Es ist eine Szene wie in einem Hollywoodfilm, wenn man der Legende trauen darf: Im Jahre 1975 schmeißt der Hilfskellner José Padilla in Barcelona seine Serviette in die Ecke und nimmt im Hafen die nächstmögliche Fähre – und die fuhr nach Ibiza. Dort eröffnete er erst einmal einen eigenen Club und nannte ihn »Museum«. Das Diskoleben regte sich naturgemäß noch in bescheidenen Bahnen, war doch der Diskosound selbst gerade erst einmal »salonfähig« geworden.

Als im Jahr 1980 in Sant Antoni das Café del Mar eröffnete, stellten die Betreiber ein paar Boxen nach draußen. Beschallt wurde jedoch weniger der Sonnenuntergang – noch floss beliebige Pop- und Rockmusik aus den Boxen. Ambient-Sound gab es ja noch nicht! Dann kam das Jahr 1991. Padilla begann, in dem Jugendstilladen als DJ aufzulegen. Und je mehr er in dieser Tätigkeit versank, umso häufiger versank mit seiner Musik die Sonne. Schließlich machte sich Padilla einen Sport daraus, die Stimmung in seiner Musik aufzunehmen und adäquat wiederzugeben – sozusagen den musikalischen Sundowner zu servieren. Ein Klang war geboren. Butterweich, aber interessant. Und die Nachfrage stieg. Immer mehr Menschen stürmten abends zum Café del Mar. Immer häufiger verlangten sie nach der Musik.

Vom Café zur Marke

Padilla nahm Kassetten auf und nutzte sein DJ-Pult als Verkaufsstand. Diese Musik aber war eine Stimmung. Und das Café del Mar roch ein Geschäft.

1994 erschien der erste Sampler mit dem Titel »Café del Mar«. Und er konnte sich sehen und hören lassen. Neben Padilla selbst steuerten DJ-Größen wie Underworld und William Orbit Tracks bei. Auch Instrumentalisten wie Goldfrapp, Lamb, Pat Metheny und viele andere gesellten sich im Laufe der Zeit dazu. Dabei knallten sie nicht einfach los, sondern ordneten sich dem Soundstil, der die Sonne beschwört, unter. Schon ging ein Klang um die Welt, der Beiläufigkeit und Entspannung mit melodiösem Gestus und dem frei improvisierenden Konzept der Techno-DJs verband: Ibizaurlaub fürs Wohnzimmer, Musik auf modernem Kuschelkurs. Alles, was dann kam – Lounge und Chill-out –, findet im Café del Mar seinen Ursprung.

José Padilla allerdings hatte nicht viel davon. 1999 hatte er sich endgültig mit dem Haus überworfen und zog von dannen. Die Café del Mar-Kultur besteht nun über 30 Jahre und diverse DJs machen sich den Begriff zu eigen, um die musikalische Ausrichtung ihrer Produktion gleich klar zu kennzeichnen: »Café del Mar« ist kein Café mehr, sondern ein Stil und eine Marke, die heute in Sant Antoni zusätzlich eine Bar und eine Merchandising-Boutique betreibt.

Der Sound Ibizas

Padilla aber ist die Musik wichtiger als der Kommerz. Heute fährt er auf seinem eigenen Sender ab, was er gerade gut findet (www.ibizasonica.com, 95,2 FM). Keiner redet ihm rein. Alle hören zu. Denn er ist immer noch spontan. Was man merkt, wenn er zwischendurch mal sagt: »Ich leg' das jetzt mal auf, ich weiß auch nicht, was gleich passiert.«

Xiringuito und Chill-out – Herde der Strandkultur

Salz in den Haaren, Musikgeplätscher in den Ohren und Fisch auf dem Teller: Früher hießen sie »Strandbar« – heute ist der Kiosco bzw. Xiringuito ein fester Bestandteil des kulturellen und kulinarischen Lebens auf den Pityusen.

Sommer, Sonne, Strand, Handtuch an Handtuch, darauf Menschen wie Grillwürstchen, die sich zum Durchbraten ab und zu wenden, jeden Tag vom Hotel zum gegenüberliegenden Strand latschen und zum Abendessen wieder zurück, Tag für Tag: So war Spanienurlaub in den Siebzigern.

Kleine, möglichst schattige Buchten, weiße Matratzen auf den Felsen, Windspiele in den Bäumen, sanfte Mixe aus dem Popland – das Café

Keine Bucht, kein Strand, ohne ein schattiges Plätzchen zum Chillen

del Mar lässt grüßen – junge, hippe Kellner, die im Minutentakt leichte Gerichte wie frischen Fisch und Salate heraustragen, die zumindest nach Spitzenniveau aussehen, das Knallen von Champagnerkorken auf den dümpelnden Jachten und irgendwo die unvermeidliche Buddhafigur: Das ist Urlaub auf Ibiza heute. Und wieder einmal trifft man auf eine spezielle Erfindung dieser Insel, die sich sogar auf dem spanischen Festland nur selten findet.

Kleine Bude, große Wirkung

Ibiza weist offiziell 56 Buchten auf, die unterschiedlicher nicht sein könnten. Aber von der kaum zugänglichen, steinigen, kaum 30 Meter langen Bucht bis zum kilometerlangen Sandstrand an der Stadt haben sie außer Wasser und Land eines gemeinsam: den »Kiosco«, wie die Strandbude fast nur noch genannt wird. Doch das auch als »Xiringuito« geführte Etablissement macht unserer Vorstellung von »Kiosk« rein äußerlich eher die Ehre: eine kleine Strandbude, der man zunächst den Verkauf von Süßigkeiten und Erfrischungsgetränken zutrauen würde. Kaum zu glauben, dass in der Saison der Fischteller bis zu 80 Euro kostet.

Kein Wunder, denn die Lizenzen für einen Kiosco sind auf Ibiza etwa so begehrt wie diejenige für ein hübsches Baugrundstück direkt am Meer. Mit anderen Worten: Es ist so gut wie unmöglich, eine zu bekommen. Meistens liegen sie in der Hand alteingesessener Familien, deren Großeltern eben irgendwann einmal dort eine kleine Strandbude aufgemacht haben, wo heute die Jaguars und Maseratis in der Mittagshitze parken. Entsprechend handelt es sich um eine Lizenz zum Gelddrucken. Am besten wird man in eine solche Familie hineingeboren. Selbst dann muss man sich jedoch bewähren, da die Lizenzen offiziell jedes Jahr neu vergeben werden. Da

Das Leben genießen – an Ibizas Stränden kein Problem

tut man gut daran, sich übers Jahr auf der Insel sozial zu engagieren, zum Beispiel mit einem Kinderhilfsprojekt, der Unterstützung eines Sportvereins oder etwas Ähnlichem. Wem das Glück des Kioscobesitzes nicht in den Schoß gefallen ist, der muss über einen längeren Zeitraum in einem solchen gearbeitet haben. Und dann kommt natürlich noch Glück hinzu.

Seit 2008 müssen die Kioscos im Winter nicht mehr eingemottet und komplett abgebaut werden. Das bedeutet nicht nur enorme Einsparungen für die Betreiber, sondern je nach Wunsch auch eine Verlängerung der Saison auf das ganze Jahr – zu der sich die Kioscos dann allerdings verpflichten müssen. Diese Maßnahme ist ganz klar eine Richtungsweisung der Tourismuspolitik Ibizas, gleichermaßen die Saison zu verlängern als auch das touristische Niveau zu steigern – weg von der Disko, rein in den Natur-Hangout. Und statt Fritten und Bier gibt's eben Tapas, Schampus und frischen Fisch.

Hort der Reichen und der Schönen

Und siehe: Besonders an der Südküste zieht es die Reichen und die Schönen in die Buchten – wenn auch selten in einer Person. Sie ziehen die Exklusivität und Beschaulichkeit einer stillen Bucht dem plebejischen Strand voller tobender Kinder und junger Leute, die ihren Rausch ausschlafen, selbstverständlich vor. Dafür nimmt man schon einmal längere Touren über kurvige, holprige, ungeteerte Landstraßen in Kauf. Vor allem, wenn sich unten am Wasser plötzlich eine Szenerie öffnet, die man nach der langen Fahrt durch einsame Wälder und an bescheidenen Bauerngütern vorbei am wenigsten erwartet hätte. Das Restaurantambiente bietet Mutter Natur: Einfach ein paar Tische und Stühle zum Essen sowie Matratzen und bequeme Sofas zum Fläzen ans Wasser gestellt, fertig ist das Freiluftrestaurant. Das Meer ist dabei sekundär. Es dient weniger zum Baden denn als Kulisse.

Eines muss man den Kioscos lassen: Sie sind, von mancherorts gesalzenen und gepfefferten Preisen einmal abgesehen, durchgehend gut und warten mit einem generell hohen Standard auf – ausgenommen ein paar schwarze Schafe, die man leicht an Preisen wie 10 Euro für Pommes frites erkennen kann. Die Mischung aus Hautevolee, Millionären und Models ist es jedoch auch neureichen Herren aus München oder Wien wert, nur fürs Wochenende mit ein paar Freunden in »den Flieger« zu steigen, in Buchten wie »die Jondal« zu fahren, um dort ein hervorragendes Fischgericht mit Schampus zu bestellen und dann nach nebenan in den angesagten Chill-out-Club Blue Marlin zu wechseln.

In jeder Bucht ein Kiosco
Grundsätzlich ist in jeder offiziellen *cala* mindestens ein Kiosco anzutreffen, an den Stränden auch mehrere. Neben Erfrischungen und Essen werden meistens auch Liegen und diverse Services angeboten. Mittlerweile können die Kioscos eine Lizenz für das ganze Jahr erwerben. Haben sie über einen Stichtag im Herbst hinweg geöffnet (was früher mit ihrer »Closing Night« zusammenfiel), dann bleiben sie auch geöffnet. Auch wenn sie nicht wie Gourmettempel aussehen, ist das Essen meistens hochwertig.

Formentera
Guitars

Nach zwei Wochen Wohlfühlen auf den Pityusen steigt bei vielen Urlaubern leise die hypothetische A-Frage auf: Wie wäre es, an diesem Ort zu leben? Könnte man es schaffen? Und fühlt man sich hier auf Dauer wohl?

Aussteigen?

Die alte Dame in San Ferran am Cafétisch nebenan macht einen leicht merkwürdigen Eindruck. Sie ist wesentlich wärmer angezogen, als es die Temperaturen verlangen, trägt lange Strümpfe und einen altmodischen, bunten Rock. Sie wird wohl um die sechzig Jahre alt sein, kann aber auch älter wirken, weil sie offenbar schon seit geraumer Zeit hier lebt. Auf Englisch bestellt sie einen *café solo.* Als der Kellner den Kaffee bringt, holt sie plötzlich eine Dose Hundefutter aus der vollgestopften Korbtasche, öffnet sie umständlich – und beginnt den Inhalt zu verzehren. Als sie fertig ist, schleicht sie schließlich mit Sack und Pack in eins der Gässchen davon, die ein Tourist nicht unbedingt betreten würde.

Sven Heinrichs täglicher Weg zur Arbeit führt übers Meer. Morgens betritt er die Fähre von Eivissa nach Formentera. Vom Hafen La Savina steuert er Richtung Mola-Hochebene, kurz davor biegt er bei dem Schild »Pirata Bus« in Richtung Platja Migjorn ein, nimmt Holzverschläge vom »Pirata Bus«, hisst die Fahne mit dem Totenkopf und wartet auf eine Kundschaft, die nicht lange auf sich warten lässt. Schließlich ist der »Pirata Bus« internationaler Kult und liegt noch dazu an einem Strand, der viel Laufkundschaft garantiert. Einen harten Kern gibt es aber auch, der den »Pirata Bus« regelmäßig besucht: Stammgäste vom Strand und aus der Umgebung, deutsche Dauerbewohner, ab und zu auch Freunde aus dem Rheinland, das er vor einigen Jahren hinter sich gelassen hat, wahrscheinlich für immer. Schließlich hat Sven Heinrich mit seinem »Pirata Bus« unmittelbar vor dem ganz, ganz großen, türkisfarbenen Swimmingpool ein wunderbares Leben, neuerdings das ganze Jahr über, und wüsste nicht, warum er jemals wieder im Gewerbegebiet von Köln-Rodenkirchen sein Fachgeschäft für Inneneinrichtung eröffnen und vor feinen Leuten auf dem Boden herumrutschen sollte. Das hat er damals verkauft, mitsamt all dem Hab und Gut, das er auf Formentera nicht braucht. Dort braucht man bekanntlich nicht viel. Denn der »Pirata Bus« kann mittlerweile zwei Familien ernähren – seine eigene und die seines Onkels Pascual, dem Seniorchef, der nach wie vor das letzte Wort hat. Edith, Pascuals Frau, hat ebenfalls angeheuert, wie auch die Tante von Svens Frau,

Pirata Bus und Formentera Guitars – zwei Aussteigerunternehmen

die alles rund um Personal, Ämter und finanzielle Dinge regelt. Sven Heinrich selbst ist der Chef des »operativen Geschäfts«, wie man auf Neudeutsch sagt. Also ein Familienunternehmen der typisch spanischen Art.

Is life a beach?

Sven Heinrichs Onkel Pascual ist vor etwa vierzig Jahren ebenfalls aufgebrochen, nachdem er seine beliebte Disko auf dem spanischen Festland verkauft hatte. Auf Formentera hat er sich an der Platja Migjorn ein nettes Plätzchen gesucht, sich ein Bier aufgemacht, aufs Meer geschaut und sich wohlgefühlt. Als nach etwa einem Jahr der Erlös aus der Disko spürbar zur Neige ging – schließlich hatte er nicht gearbeitet, sondern der Freiheit gefrönt – beschloss er, wieder in Gastronomie zu machen und ersteigerte jenen ausgedienten Linienbus, um ihn zur Bar umzufunktionieren. Der Rest ist die Legende namens »Pirata Bus«. Den Originalbus gibt es nicht mehr, dafür eine feste Strandhütte, die Sven Heinrich nun das ganze Jahr über betreiben darf. Das bedeutet eine enorme Einsparung gegenüber dem Zwang, die flexible Holzhütte zu Saisonende komplett abzubauen, das gesamte Equipment samt Kühlschrank und Tapas-Theke über die Dünen zu transportieren und einzumotten, wie es früher der Fall war. Da arbeitete Sven Heinrich zusammen mit dem Team ein halbes Jahr sieben Tage die Woche komplett durch und hatte dann genug Gewinn für den ganzen Winter erwirtschaftet. Nun kann er es entspannter angehen lassen, zur Hochsaison Mitarbeiter beschäftigen und den »Pirata Bus« mit eigenen CDs, Plaketten und Klamotten vom Kult zur eigenständigen Marke entwickeln. Sven Heinrich war und ist eben ein Geschäftsmann, der rechnen kann. Ganz im Gegensatz zu der älteren britischen Dame, für die es nach Jahrzehnten auf den Pityusen offenbar kein Vor und kein Zurück mehr gibt.

Dabei sind sie alle einmal aus ähnlichen Motiven auf die Pityusen gekommen und geblieben: um ein einfaches Leben in Freiheit zu genießen. Doch genau darin steckt nun die Falle: Einerseits kann man auf den Pityusen auf vieles verzichten, andererseits wird das Leben von Luft und Liebe auf Dauer etwas mühsam. Der eine hat Glück und genug Geschäftssinn und wird vom Bierbusbesitzer zum Kiosco-Fachmann, der andere genießt die Freiheit, die keine mehr ist, wenn man sich kein Essen mehr leisten kann. Entscheidend ist, ob man den Schuss rechtzeitig gehört hat. Aber ist das Leben wirklich ein Strand, wie eine alte kalifornische Lebensweisheit lautet?

20 Prozent Ausländeranteil

Auf Formentera besteht ein Viertel der knapp 10 000 Einwohner aus Ausländern, die meisten davon Deutsche. Auch auf Ibiza stellen Ausländer 20 % der registrierten Einwohner. Die einladende Mentalität der Ibizencos und der Einwohner von Formentera machen es dem Neuling nicht schwer, sich willkommen und aufgenommen zu fühlen. So betrachtet, unterscheidet sich ein Umzug auf die Inseln wenig von einem Neuanfang in einer anderen Stadt, außer, dass man möglicherweise schneller sozial integriert ist als in Hamburg. Und dann hat der Wechsel selten berufliche Gründe. Fachkräfte aus Deutschland werden jedoch

Ekkehard Hoffmann, Ekki, hat es geschafft – von seinen Gitarrenworkshops kann er auf Formentera gut leben

nicht gerade händeringend gesucht, und wenn, dann fast ausschließlich im Umfeld des Fremdenverkehrs, der Hotellerie oder als Übersetzer. Vier Fünftel der arbeitenden Bevölkerung der Pityusen, so schätzt man, arbeiten in der Tourismus- und Servicebranche. Wer sich also nicht gerade als Makler in das Haifischbecken »Immobilienbranche« fräsen will oder anderweitig im großen Stil auftritt, wird sich mit aller Wahrscheinlichkeit als direkter Dienstleister für die Ibizaurlauber wiederfinden, der er selbst einmal war. Auf jeden Fall ist der Ausstieg, wie ihn die Hippies praktizierten, ohne Netz und doppelten Boden eines gut versorgten deutschen Sozialsystems, nicht mehr zu empfehlen – es sei denn, man spielt außerordentlich gut Gitarre.

Wie zum Beispiel Ekki von »Formentera Guitars«. Der kam, sah und baute seine eigene Gitarre zusammen – und war von dem Projekt so begeistert, dass er komplett einstieg. Heute leitet er die Gitarren-Schulwerkstatt, die man ohne weiteres eine Institution weit über die Landesgrenzen hinaus nennen darf. Mit seinen Schülern, die ihren eigenen E-Bass oder ihre E-Gitarre schreinern, lackieren und zusammenbasteln, wird die Siesta grundsätzlich am Strand verbracht, bis es am Nachmittag wieder in die Werkstatt zurückgeht. Und manchmal herrscht sogar hier regelrecht deutsche Hektik, wenn am Ende des Kurses die Zeit knapp wird und noch nicht alle Gitarren fertig sind. Dann wird Ekki zum Preußen und zimmert bis tief in die Nacht. Nicht eine Frage der deutschen Pünktlichkeit, sondern eher der spanischen Ehre. Und danach kann man ja wieder das Leben am Strand genießen.

»Chin-chin« statt »Prost«

Luxus ist auf Ibiza eine feste Größe. Aber nur die Armen unter den Reichen stellen ihn auch zur Schau.

»Urlaub auf Ibiza, das ist bei mir nicht drin. Ich kauf' mir 'ne Pizza und bleibe, wo ich bin«, hieß es in einem Schlager zu Beginn der Achtzigerjahre. Ein willkommener Hit für jeden, der sich mit »Balkonien« trösten wollte. Ibiza war allerdings zu dieser Zeit noch gar nicht so teuer. Zumindest nicht wie heute. Ein Ibizaurlaub muss in ökonomischer Hinsicht sorgfältig geplant sein, wenn man das Geld nicht aus dem Fenster werfen will. Sonst ist eine im Lokal bestellte Flasche Wein unter Umständen so teuer wie drei Übernachtungen. Andere wiederum haben es genau darauf abgesehen – und die wollen, dass man ihnen dabei zusieht. Sie verderben an vielen Orten die Essens- und Übernachtungspreise, und zwar ausnahmsweise nach oben. Damit löst die Chichi- oder auch Chinchin-Szene so manche ins Groteske gehende Szenerie aus.

Gerade, wo es einmal einfach und bescheiden zuging, hört man mittlerweile die 600-Euro-Pullen ploppen: in steinigen Buchten, die früher noch nicht einmal zum Baden geeignet waren und heute mit Kissen und Matratzen ausgeschlagen werden. Eigentlich eine schöne Sache – wären da nicht die Preise, die Jahr für Jahr steigen und nach oben hin keine Grenze zu haben scheinen, und Menschen, die teuren Champagner nicht deshalb bestellen, weil sie ihn zu schätzen wüssten, sondern um andere zu beeindrucken. Sie haben dazu beigetragen, dass bei Bretterbuden, an denen es früher eine Cola für ein paar Peseten gab, heute für

einen Fischteller, der durchaus etwas Geld wert wäre, bis zu 80 Euro bezahlt werden müssen. Das hat eine Spiralwirkung. Den Hype nehmen die Betreiber natürlich gerne auf und erhöhen regelmäßig ihre Preise. Verkehrte Welt: Wo es ganz einfach zugeht, ist der Billionaire's Club nicht weit.

Agroturismo mal anders

Die Begriffsverschiebung à la »Kiosco« treibt auch andere Blüten. Zum Beispiel Landhotels, die offiziell als »Agroturismo« geführt werden. Stellt man sich nun vor, dass es sich, wie etwa in Italien, um ein Anwesen eines Bauern handelt, der für wenig Geld ein bescheidenes Zimmer bieten kann und mit dem man abends zusammen bei einer selbst gemachten Bohnensuppe am Tisch sitzt, vertut man sich. Die wunderschön und abgelegenen Agroturismos Ibizas üben sich zwar in ländlicher Zurückhaltung und sind Aushängeschilder des modernen »Ibiza Styles«, die Übernachtungspreise liegen jedoch bei 180 Euro aufwärts.

Die Etablissements sind ihren Preis durchaus wert, haben aber mit »Agrotourismus« nicht viel zu tun. Und die Gäste müssen bestimmt nicht bei der Ernte mithelfen. Was aber »Hotel« heißt, hat generell keine Doppelzimmer unter 100 Euro im Angebot. Eine Ausnahme machen da nur einige Strandhostals, die ihren Charme noch aus den Sechziger- und Siebzigerjahren beziehen und dann 60 Euro die Nacht kosten. Aus diesem Grund sind Wohnapartments und Fincas, die man sich zu mehreren teilen kann, im Allgemeinen beliebter.

Neureiche sind out

Die gute Nachricht: Der Neureichen-Style funktioniert in München und in Moskau, aber nur bedingt auf Ibiza. Was man mit einem Harley Davidson-Chopper auf einer Insel soll, die an der breitesten Stelle gerade einmal 35 Kilometer beträgt und wo sich das Ibizagefühl ohnehin nur auf dem Motorroller erschließen würde, bleibt ohnehin ein Rätsel. Das Granhotel an Eivissas Millionenmeile Botafoc, mit fünf Sternen opulent gestartet und geschmacklich auf Neureiche eingerichtet (bunte postmoderne Fassade), hatte kurz nach seiner Eröffnung wohl mangels Nachfrage erstmal wieder dichtgemacht. Die in den Siebzigerjahren als »Rolexstrand« bekannte Platja d'en Bossa versucht heute, ihr Trash-Image abzustreifen. Apropos Abstreifen: Die so genannten »Rolexbanden«, die ihren Opfern in Sekundenschnelle die Uhr vom Arm reißen, schauen erst später nach, ob sie denn original ist oder nachgemacht. Schon aus diesem Grund sollte man meinen, der Achtzigerjahre-Zeitgeist des »Zeigen-was-man-hat« sei überholt. Aber jene, die wirklich meinen, ihren Wohlstand heraushängen lassen zu müssen, sind – wenn auch in der Minderheit – nicht zu übersehen.

Wer Geld hat, bleibt normal

Die meisten reichen Menschen verbringen auf Ibiza aber ihren Urlaub, weil sie hier im Unterschied zu Marbella ungestört in Jeans und T-Shirt herumrennen können. So, wie viele von ihnen es vor dreißig Jahren getan haben, als sie zum ersten Mal an Land gingen. Mit Cowboystiefeln, Sandalen, ein bisschen Gras und einer Gitarre. Es handelt sich um die *new class* der zu Geld gekommenen Kreativen aus Kultur und Medien, die heute im Range Rover die Bar Cosmí in Santa Agnès ansteuert, weil die Tortilla dort immer noch so schmeckt wie vor dreißig Jahren, als sie sich einen Kilometer weiter an der Felsküste auf die eine oder andere Art mit der Natur vereint haben. Die schlau genug waren, zur richtigen Zeit am richtigen Ort zu sein und sich auf Ibiza einzukaufen, als die Wohnungspreise noch nicht ins Obszöne geschossen waren. Die auf ihre Art immerhin Geschmack beweisen, ihr Geld nicht mit Spekulationen verdienen und keine Föhnfrisuren spazierenfahren.

Nicht zuletzt haben auch viele Prominente ein Haus auf Ibiza, weil sie nicht das geringste Interesse daran haben, aufzufallen und sich hier relativ ungestört wähnen dürfen. Das Magazin »Ibiza&Formentera Style« berichtet auf Hochglanzseiten, welche prominente Besetzung das Inselchen gerade wieder gehabt hat. Dann sind die Supermodels, Hollywoodschauspieler und Weltfußballer längst wieder weg. Und nur ein paar Wenige versuchen, sich mit Kameras oder Anbiederungsversuchen an deren Fersen zu heften.

Die Reichen und Neureichen sind etwa in der Bucht Es Bol Nou zu finden. Der Kiosco dort bietet frischen Fisch und empfängt Gäste, die zu einem Teil im Ferrari ankommen. In der Bucht Sa Caleta gleich nebenan haben Einheimische wie seit Jahrhunderten ihre Bootsschuppen in die Felsen gebaut. Am Wochenende wird dort immer irgendwo der frisch gefangene Fisch gegrillt, Wein getrunken und ein bisschen gefeiert. Warenwert: ein paar Euro. Wasser, Wind, Wärme, Küste: kostenlos. Wohl dem, der einheimische Freunde hat. Denn echte Freunde sind unbezahlbar.

Die Fahrradinsel

Wer hätte es gedacht: Kaum eine Insel ist so gut für Fahrräder erschlossen wie Ibiza. Mountainbike- und Rennradfahrer finden hier ein ideales Trainingsgebiet.

Gary Fisher kam, sah und siegte zwar nicht, gab sich aber von den Fahrbedingungen auf der Insel vollkommen überzeugt. Gary Fisher muss auch nicht mehr Erster werden, auch wenn es sich um ein ihm gewidmetes Mountainbikerennen handelt: Der Erfinder des Mountainbikes gelobte aber, wiederzukommen. Auf die Frage, welche der Bedingungen denn auf Ibiza toller seien als in seiner Heimat Kalifornien, meinte er in seiner lockeren Art: »Geh da mal ins Wasser. Der Pazifik ist wesentlich kälter als das Mittelmeer. Das hältst du nicht lange aus.«

Selbst echte Radprofis kommen um Ibiza nicht herum

Kein Sport ohne Fiesta

Jedes Jahr finden auf Ibiza zwei »Vueltas« statt, die von dem spanischen Fahrrad-Event-Anbieter »Mammoth Rutas y Aventuras« in Zusammenarbeit mit dem Fremdenverkehrsamt und den Gemeinden Ibizas veranstaltet werden: die im April ist auf Mountainbikes spezialisiert und die Herbst-Vuelta ist ein Event für Rennradfahrer. Da war als Pendant zu Gary Fisher sogar schon der legendäre Tour de France-Sieger Miguel Indurain am Start. »Event« ist dabei keine Übertreibung. Nach der mehrtägigen Fiesta rund um drei Touren inklusive eines Kurzrennens finden Eröffnungs- und Abschlussveranstaltungen sowie Barbecues statt – die Fahrradgemeinde feiert sich und ihre Leistungen. Und sie wächst stetig. Ziel der Veranstaltung ist es nicht nur, zahlreichen Fahrradfreunden auf Ibiza etwas zu bieten, sondern ihnen auch zu demonstrieren, dass Ibiza und Formentera die perfekten Inseln für Zweiräder sind.

Keine Frage, Ibiza ist eine Sportinsel. Aber Fahrrad?! Bislang galt eher noch Formentera als die Fahrradinsel, weil sie schön flach ist, Fahrradwege hat und nicht allzu lange Distanzen aufweist. Aber auch hier sollte man das Fahrradfahren sportlich nehmen: Gegenwind, sommerliche Hitze und das Hochplateau von La Mola lassen auch geübte Fahrer ins Schwitzen kommen. Wer Radsport betreibt, der meint vielleicht, Ibiza sei zu klein – und fliegt nach Mallorca, wo man sich im Frühling und Herbst über die Füße fährt.

Berg, Wald, Wiese, Tal

Aber langsam: Nach dem Startschuss der Mountainbike-Vuelta in Eivissa zuckeln die knapp 1000 Teilnehmer frohgemut los. Es ist nicht wirklich warm und sieht ein bisschen nach Regen aus, herrliches Mountainbikewetter also. Nach ein paar Kilometern steht Gary Fisher an der Seite und lässt sich mit Fans fotografieren. Dann geht es in den ersten Berg Richtung San Josep.

Berg? Ganz recht, wie man schon bald zu spüren bekommt. Wie ein Stoßtrupp quälen sich die Teilnehmer über steile Feldwege und durch Wälder hinauf, um naturgemäß gleich wieder herunterzustürzen. Am steilsten Anstieg sieht man viele schieben. Oben wartet jedoch die Crew mit Erfrischungen. Man lässt sich erleichtert ins Gras fallen, keiner hat es eilig. Und irgendwann düst man weiter, den Berg herunter, bei leicht einsetzendem Regen durch Feld, Wald und Wiese, bis das Tal schließlich Sant Antoni freigibt, das Tagesziel.

Im Ibiza-Flow

Glücklich und verdreckt kommen wir am (fahrradfreundlichen) Hotel an, waschen unsere Bikes und dann uns selbst. So geht es nun drei Tage lang, bis zur großen Pastaparty zum Abschluss vor dem »Bambuddha Grove«. Dann haben wir an drei Tagen etwa 250 Kilometer zurückgelegt, teils über Strecken, die alpin anmuten. Zum Beispiel auf der »Schwarzen Strecke« zwischen Sant Joan und Cala de Sant Vicent, die wir gerade noch hinter uns gebracht haben, oder rund um Sa Talaïssa bei Sant Josep, mit seinen 475 Metern die höchste Erhebung Ibizas (wo die ganz Harten im Frühjahr auch noch das Mountainbikerennen »Sant Josep Extreme« mitnehmen). Was besonders berauscht, ist der Achterbahneffekt: Ständig rauf- und runterfahren statt stundenlang gegen ein- und denselben Berg anzutreten. Der erste Berg mag noch wehtun, beim dritten ist man im Ibiza-Flow – und nach dem dritten Tag erleichtert, dass die Party erst einmal vorbei ist.

Aber man kann es ja auch ruhiger angehen, und zwar ganz für sich. Denn auf Ibiza kann man sich nicht vertun. Erfahrene Radler wissen nur zu gut, dass nichts blöder ist, als sich an jeder Kreuzung erneut zu fragen, wo es denn wohl lang geht. Ibiza hat gegenüber anderen Radgegenden einen unschlagbaren Vorteil: Die Routen sind bestens ausgeschildert. Sowohl Straßen- als auch Wanderwege erschließen sich daher mit dem Fahrrad von selbst – wenn nicht gerade jemand ein Hinweisschild umgenietet hat. Spätestens im nächsten Dorf aber findet sich eine Hinweistafel, auf der alle Routen eingezeichnet sind, so dass man schnell wieder auf Kurs ist.

Alles nach Plan: Routen über die ganze Insel

Auf den Fremdenverkehrsämtern Ibizas und Formenteras erhalten sowohl Mountainbike- als auch Rennradfahrer kostenlos eine umfassende Radkarte, die mit den Strecken in natura synchronisiert sind. Und da ist für jeden etwas dabei: vom gemütlichen Abstecher am Meer entlang bis zum Hardcore-Trail durchs Hinterland. Die Strecken sind unterschiedlich lang und unterschiedlich anspruchsvoll, was ihre Höhen und Tiefen anbetrifft. Aber auch da ist man vorgewarnt: Grün markiert die Kategorie »leicht«, lila mittel, rot schwer und schwarz? Richtig, schwarze Piste. Die Hinweisschilder, die wirklich an jeder Ecke und jeder Kreuzung stehen, tragen die jeweilige Nummer, die die Route beschreibt (nach der Spitze des Dreiecks orientieren, nicht nach dem Schild selbst – es hat einen merkwürdigen Wimpel!). Auf den Handzetteln, die man in der Mappe mitbekommt, sind zusätzlich die Höhenmeter und Sehenswürdigkeiten eingetragen.

Wer denkt, er würde Ibiza kennen, und noch nie durch seine hügeligen Landschaften, auf Trampelpfaden hoch über dem Meer, an versteckten Fincas und Wasserquellen vorbei oder durch dichte Wälder gebraust (oder gewandert) ist, der hat noch nicht alles gesehen.

Möchte man Ibiza aus dem Sattel erleben, kann man bei Transibiza geführte Tagestouren rund um die Insel buchen – wahlweise in drei oder fünf Etappen. Das Gepäck wird transportiert, die vorreservierten Unterkünfte liegen in der Mittelklasse (www.ibizasport.com)!

Infos rund ums Fahrrad

Radbroschüren und Karten kann man bei den Verkehrsämtern unter www.ibiza.travel bestellen (auch zum direkten Downloaden).

Radsportevents aktuell: www.ibizabtt.com, www.viajesmammoth.com (Mountainbike).

Mountainbike-Verleih (Trek), geführte Touren, Übernachtung im Radhotel: Ibizasport, Carrer Soledad, 36, Sant Antonio, Tel. 971 348 949, www.ibizasport.com.

Eine liebenswerte Gesellschaft

Die Hippies Ibizas sind jetzt Alt-Hippies. Und anständige Mitglieder der offenen Gesellschaft Ibizas.

Das Restaurant »Vista Alegre« in Sant Joan ist über jeden Verdacht erhaben, eine Rauschgifthöhle oder ein Hangout für Gestrandete zu sein. Nein, es handelt sich um eine anständige gastronomische Einrichtung, von der klassischen Tapas-Theke bis zum Kellner in Schwarz-Weiß, der Bodenständiges wie Tortilla und Linsensuppe aus einer Durchreiche hervorzieht und serviert. Nur das Publikum ist zu einem großen Teil etwas anders, als man sich das in solch einem Ambiente möglicherweise vorstellt. Im Hintergrund dösen einige ältere Herren mit Dreadlocks – oder zumindest langhaarig – vor Laptops und rauchen. Direkt an der Heizung steht ein Indianer und wärmt sich auf.

Ein Indianer? Zumindest sieht der ältere Herr von Kopf bis Fuß so aus: Wildlederstiefel, ein buntes, fantasievolles Kostüm aus ähnlichem Material, über der breiten Gürtelschnalle leicht theatralisch eine rote Robe geworfen. Braungebrannt, schwarzes Haar, Stirnband, fertig ist der Winnetou. Seine Verabredung samt Kindern ergänzt ihn wunderbar unmodisch mit knalligem Öko-Look, bunten Pannesamtkleidern, Rüschenbluse, Zöpfen und, ja, Blumen im Haar. Die Kleine rennt gleich ganz aufgeregt zum spanischen *patrón* – und der nimmt sie liebevoll in die Arme.

»How are you today, my little lady?«, begrüßt der spanische Kellner das Mädchen mit den komischen bunten Klamotten. Man scheint sich zu kennen. Und zu mögen. Kein Wunder, die Kinder der beiden gehen in die gleiche Klasse und Alicia spricht so fließend Katalanisch wie Englisch, ihre angebliche »Muttersprache«. Hätten Sie etwas Anderes vermutet? Geben Sie's ruhig zu. Zum einen gelten Hippies ja als ausgestorben, zum anderen nicht gerade als gesellschaftlich anerkannt. Auf Ibiza ist eben alles anders.

Längst haben sich die Hippies auf Ibiza etabliert

Schöner Wohnen im Norden

Els peluts (die Langhaarigen), wie man sie auf Ibiza nennt, sind auf dieser Insel auch ohne den Marsch durch die Institutionen in der Gesellschaft angekommen. Denn längst sind die Zeiten vorbei, als sie mit Haschisch im Stiefelabsatz nach Eivissa kamen, dort im Hafen schliefen und ansonsten freie Liebe praktizierten. Mit der Diskosause, die man durchaus als ihr (eher unwürdiges) Erbe ansehen kann, haben sie nichts am Hut, schon gar nicht kommerziell. Aber es gibt sie auf Ibiza, nach wie vor. Und sie sind keineswegs »zurückgeblieben«. Die heutige Hippiekultur auf Ibiza, nicht zu übersehen, ist selten ein schnorrendes Retrorelikt aus den wilden 60er- und 70er-Jahren, sondern integrierter Teil der Gesellschaft geworden. Dies ist einmal mehr dem Umstand geschuldet, dass die Einwohner dieser Insel ihre Besucher nicht nur dulden, sondern auch respektieren, wenn nicht gar fördern.

Besonders im Norden der Insel haben die Hippies sich niedergelassen. Und auch das hat seinen Grund. Damals standen viele Fincas in der Gegend verlassen da, weil es zu viele Bauern auf zu engem Raum gab, die Ländereien für den einzelnen ökonomisch nicht mehr genug hergaben, die Besitzer ausgewandert oder in die Stadt gezogen waren. So waren sie nach Bedarf billig zu mieten. Globetrotter und »Gammler«, deren Leben aus Urlaub bestand und die kein Bedürfnis hatten, ihr Mittelmeer-Arkadien für das ungemütliche England oder Deutschland aufzugeben, machten sich lieber auf der Finca breit. Buchstäblich. Hatte einer erst einmal beim Bauern einen Mietvertrag unterschrieben, war die Hütte schnell voll. Sit-ins, Bed-ins und andere Formen des fröhlichen Kommunenlebens fanden selbstverständlich ihre begeisterten Mitbewohner, so dass schnell über ein Dutzend »Leute« unter einem Dach lebten. Die *Guardia Civil* war überfordert, Franco weit weg, die Liebe frei. Und man darf davon ausgehen, dass dieses oder jenes Pflänzchen draußen in den Bergen wucherte, das in anderen Ländern damals noch als verboten und seine Nutzung als hochkriminell angesehen wurde. Wen stört's? Nicht den Ibizenco.

Ein einträgliches Geschäft: Trommeln auf dem Hippiemarkt

Stolze Finca- und Boutiquenbesitzer

Leute, die für die Gesellschaft nicht von Nutzen sind, werden in den meisten sozialen Strukturen fast automatisch ausgeschlossen. Aber auf Ibiza gilt für den Nachbarn der kategorische Imperativ: »Rede nicht schlecht über ihn, damit es dir nicht genauso ergeht.« Der Hippie an sich war ein solcher Nachbar und hatte sich nichts genommen, was ihm nicht gehörte. Sein friedliches Dasein entsprach wahrscheinlich eher der genügsamen Mentalität der Einwohner der Pityusen. Und mit dem Ende der Hippie-Ära in den Siebzigern trennte sich schnell die Spreu vom Weizen: in die einen, die blieben und merkten, dass Herumhängen nicht alles ist, und in jene, die zurückgingen, in der Heimat einen »anständigen« Beruf ergriffen und, wenn sie es zu etwas gebracht haben, vielleicht heute ein schickes Apartment auf Ibiza ihr Eigen nennen, das örtliche Anbieter von der Armatur bis zum Yoga-Raum einrichten. Schnorrer gibt es kaum. Erstaunlich viele der ehemaligen Hippies sind auf der Insel geblieben. Ihre gegerbten Gesichter sind in dieser Hinsicht genauso aussagekräftig wie ihre altmodische Art, sich zu kleiden oder über die Insel zu trampen – eine Fortbewegungsart, die in Deutschland fast ausgestorben ist.

Neue Geschäftswege gehen

Irgendwann hat auch der letzte Hippie gemerkt, dass man ganz ohne Geld langfristig nicht auskommen kann. Wer heute seit nunmehr dreißig, vierzig Jahren auf Ibiza weilt, ist entweder Erbe oder findig. Leder, Schmuck und Ringe, die typischen Hippie-Accessoires, waren die ersten Produkte, die man anfertigte und auf den Märkten anbot. Ganz zu schweigen von der rüschigen Adlib-Mode, Haarbändern und Unterröcken, die noch heute in einigen Läden angeboten werden. Auf eine interessante Art und Weise näherten sich auch die kreativen Ideen schnitzender, einschmelzender und töpfernder Hippies dem traditionellen Kunsthandwerk Ibizas an, was man heute noch an dem einen oder anderen Stand der legendären Floh- und Trödelmärkte sehen kann. Auch das eine Hippietradition: Heute heißen sie »Hippie«- oder »Hippymarkt«, wenn sie auch längst Ramsch anbieten. Trotzdem bilden sie eine wichtige Touristenattraktion. Und wer es auf diesem Gebiet zu etwas Anständigem gebracht hat, der verkauft heute Hochwertiges in einer Boutique oder einem Antikshop in Eivissa. Hat sich beim Hippie der Geschäftssinn erst einmal durchgesetzt, dann gibt es nach oben natürlich keine Grenzen mehr: Schmuck, Kunsthandwerk, Räucherstäbchen, Windspiele, Fincavermietung, ökologisch korrekte Bewässerungssysteme und Swimmingpools, Yogakurse – alles direkt gegenüber dem Restaurant »Vista Alegre« zu haben, im E.C.O., das ist der Laden mit den bunten Nepal-Fähnchen.

Ob kommerziell oder nicht: Wer sich auch immer hier niederlässt, der hat am besten Blumen im Haar und Flausen im Kopf. Wenn nicht Erich Honecker den Begriff der »friedlichen Koexistenz« zu seinen Zwecken missbraucht hätte – auf Ibiza wäre er angebracht. Und das macht diese Gemeinschaft liebenswert. Auch wenn es den Touristen in den Fingern juckt, bei »Winnetou« die Kamera zu zücken.

Pleasure Island – Leitfaden für die größte Partyinsel der Welt

Vom Klassiker »Pacha« bis zur größten Disko Europas – Ibiza lohnt sich für Fans großer DJ-Events schon zum Einfliegen übers Wochenende. Aber gewusst wie: Welche sind die besten Partytage? Wie komme ich am schnellsten rein? Wo steigt die beste Party – und was hat Sven Väth damit zu tun? Die Partykultur hat ihre eigenen Gesetze; von Promotern bis zu Drogenkonsum gilt es einiges zu beachten.

Trachten, Folklore, Sombrero: Es gibt im Urlaub an jedem Ort Dinge, die man vor Ort witzig findet, sich zu Hause aber nie im Leben anlachen würde. Genauso verhält es sich mit lokalspezifischen Gegebenheiten, die in der fernen Heimat eine untergeordnete Rolle spielen. Zum Beispiel ein Diskothekenbesuch. Das liegt zum einen daran, dass es außer auf dem Land kaum noch »Diskos« im traditionellen Sinne gibt. Dass es sich dann zweitens meist um Ü-Partys handelt, die man vielleicht noch als Ü-30-Party mitmacht, auf keinen Fall aber als U-100-Veranstaltung. Und dass drittens das Phänomen, das sich auf Ibiza abspielt, in unseren Breitengraden nur noch selten veranstaltet wird, weil es sich um ein Relikt aus den 90er-Jahren handelt, damals »Techno« genannt wurde und so manchem den Diskothekenbesuch für alle Zeiten versaut hat.

Abgesehen eben von Urlaubszeiten: Denn wie durch ein Wunder (oder durch den Umstand eines mit ausschließlich Freunden des gleichen oder nicht präferierten Geschlechts zu verbringenden Ferienaufenthaltes) steht immer wieder abends zur Debatte, ob man heute nicht mal »in die Disko« geht. Wenn es nicht sogar der primäre Grund ist, nach Ibiza zu fliegen. Auf Ibiza ist es schwierig, sich diesem Ritual vollständig zu entziehen, was allein die Promoter für sich zu nutzen wissen. Und die sind nicht die einzige Besonderheit, die man in der speziellen Diskokultur Ibizas vorfindet. Hier ein kleiner Leitfaden:

1. Ibiza im Ganzen ist in Diskotheken aufgeteilt: Space, Amnesia, Privilege, Paradis, Eden, Ushuaïa, das DC-10 und natürlich die Mutter aller Diskotheken auf Ibiza – das Pacha. Das Space heißt jetzt Hï und lag bis zuletzt wie schon seit Jahren auf Platz Eins der besten Diskotheken der Welt, Ushuaïa und Pacha in den Top-Ten, DC-10 und Amnesia in den Top-20 (Quelle: djmag.com).

2. Das Pacha entstand, wie die meisten oben genannten Diskos, aus einer Finca (oder Fincaruine), in der Musik gespielt wurde.

3. Dem britischen DJ Paul Oakenfold soll es zu verdanken sein, dass es heute diese Diskos auf Ibiza gibt. Sein Aufenthalt mit Freunden 1987 soll der Startschuss für die ibizenkische Disko- und House-Revolution gewesen sein.

4. Natürlich gibt es noch viel mehr Diskotheken auf Ibiza, aber bei diesen handelt es sich um Großraum-Diskotheken, und dort ...

5. ... geht man nicht einfach hin, klingelt und hat Angst vor dem Türsteher, denn unter Umständen ist dort an dem Abend gar nichts gebacken.

6. Das liegt daran, dass die ganz große Sause gerade in einem der anderen Läden abgeht, denn wie auf Europas Festland handelt es sich nicht um feste Institutionen, sondern um Party-Events, wie etwa die legendäre Schaumparty im Amnesia.

7. Entsprechend sind die Besitzer der Etablissements keine Betreiber, sondern vermieten ihre Immobilie an Veranstalter, die zusehen müssen, wie der Laden voll wird ...

8. ... wie zum Beispiel der deutsche DJ Sven Väth, der seinen Frankfurter »Cocoon Club« in der Saison jeden Montag ins Amnesia verlegt.

9. Deshalb ist es für viele sinnvoll und zweckmäßig, zu bestimmten Veranstaltungen, Billigfliegern sei Dank, auf die Insel einzufliegen ...

10. ... zum Beispiel auf die Opening-Partys, die jeweils zu Saisonbeginn, meist am Wochenende Ende Mai/Anfang oder Mitte Juni, steigen.

11. Regelmäßig sind es angeblich 15 000 Menschen, die zu Opening Partys aus aller Welt einfliegen (man kann es auch so sehen: immerhin ist es auf der Welt noch möglich, 15 000 Techno-Zappler zusammenzukratzen).

12. Womit wir bei den Rekorden wären: Nirgendwo auf der Welt gibt es wohl solch eine Anzahl an Großraumdiskos wie auf Ibiza.

13. Das Privilege ist aber nicht mehr die größte Disko der Welt, sondern nur noch die zweitgrößte: Sie wurde von einem Laden in Dubai abgelöst.

14. Wie das Privilege, sind auch die anderen hippen Schuppen außerhalb Eivissas zu finden. Innerhalb der Stadt gibt es die Institutionen El Divino und natürlich das Pacha, und dort gehen außerhalb von besonderen Events die Älteren und die ganz Jungen hin. Der Papa begleitet die junge Tochter zu ihrem ersten Besuch und zeigt ihr zugleich, was er früher für ein wildes Leben geführt hat.

15. Trotzdem, nichts gegen das Pacha, die Mutter aller Diskotheken!

16. Apropos, was der Opa noch wusste: Falls Ihr immer noch total flippiger Onkel aus Detmold Ihnen etwas vom KU, dem DC-10 oder ganzen durchtanzten Diskotagen vorschwärmt: Das DC-10 gibt es noch. Das KU ist heute das Privilege. Aber offiziell ist jetzt die Diskonacht um 6 Uhr morgens vorbei.

17. Wie man zu den Diskos außerhalb Eivissas gelangt? Schließlich will man im Verlauf des Abends alkoholische Getränke und andere Dinge zu sich nehmen! Dafür gibt es eine weitere spezielle Institution Ibizas, den »Diskobus«. Er fährt ab Mitternacht jede halbe Stunde ab Eivissa-Hafen bzw. Sant Antoni (3–12 €, www.diskobus.es).

18. Wer um Punkt zwölf in den Diskobus steigt, wird sich vielleicht einsam fühlen. Die Party steigt nicht vor zwei, drei Uhr!

19. Was tun bis dahin? When in Spain, do as the Spaniards: Um neun essen gehen, um elf ein paar Drinks nehmen, um eins so gaanz langsam überlegen, ob man es noch in die Disko schafft.

20. Am leichtesten fällt das in La Marina, unterhalb der Dalt Vila in Eivissa, wo man an allen Ecken und Enden angebaggert wird. Nicht nur von Disko-Promotern, sondern auch von den zahllosen Kneipiers – und entsprechend alkoholisch versorgt und finanziell ausgeblutet wird, bevor man sich's versieht.

21. Jetzt aber mal zu den Promotern: Das sind die schrillen, schrägen Vögel, die in jedem Führer und jedem Flyer abgebildet sind und deshalb suggerieren, sie seien das Diskopublikum. In Wirklichkeit handelt es sich meist um gut gebautes fahrendes Schauspieler- und -stellervolk, das zur Saison für die Partybetreiber Tickets verkauft, ...

22. ... die es bei den Promotern oft billiger gibt als in den Ticketläden, die es in jeder größeren Stadt für jede Disko gibt – schließlich sind Kontingente von mehreren Tausend Besuchern pro Abend zu bewältigen –

23. woraus man den Schluss ziehen kann: Wer sich erst abends vor der Disko in die Schlange vor der Kasse einreiht, hat zu viel Zeit und zu viel Geld. Ein reguläres Ticket kostet gut und gerne 60 Euro.

24. Außerdem kann man die meisten Tickets schon vor der Abreise im Internet buchen (s. jeweilige Disko-website).

25. Endlich drin, wird man feststellen, dass es in der guten, alten Zeit mal harte Türsteher gab, die nicht jeden eingelassen haben ...

26. ... und dass einem viele DJ-Namen bekannt vorkommen: Guetta, Villalobos, Morillo...Viele mischen als Hitlieferanten im Hintergrund des Popbetriebes mit.

27. Dress-Code: Entspannt elegant. Gerne auch in Weiß. **Hippie-Kettchen und -armbänder** gibt's auf der Insel vor Ort.

28. Endlich drin. Wahnsinn. Dieser Groove. Diese Stimmung. Diese vielen Menschen. Nach zwanzig Minuten haben Sie alles erfasst. Mit anderen Worten: Es wird sich unterhaltungstechnisch in den nächsten Stunden nicht mehr viel tun. Dagegen hilft: Tanzen, Tanzen, Tanzen.

29. Wenn das nicht hilft, wird man Ihnen das anmerken. Schon sind Ihnen Pillendreher auf der Spur. Deshalb sollten Ihre Kopfschmerztabletten immer mit einem Logo der pharmazeutischen Industrie versehen sein. Smileys auf Tabletten werfen Fragen auf.

30. Sich mit Alkohol abzuschießen, ist nicht mehr angesagt. Gehen Sie auf jeden Fall nur in nüchternem Zustand im Poolbereich spazieren. Wenn Sie hineingeschubst werden, ist Ihr Humor gefragt!

31. Warum hatten Sie auch Ihr Handy dabei? Falls Mutti anruft? Mitzunehmen ist ein wenig Handgeld und sonst nur das Nötigste.

32. Kein Witz: Wer kamikazemäßig einen Voll-die-Disko-Pauschalkurztrip gebucht hat, sollte sich mit Edding den Namen seines Hotels auf den Arm schreiben. So etwas vergisst man ja mal leicht in dem ganzen Trubel.

33. Wer meint, mit Drogen kommen zu müssen, ist des Wahnsinns. Die werden ohnehin tonnenweise aus Afrika eingeschleppt. Und in den Gefängnissen Spaniens kommt so viel Tintenfisch auf den Tisch wie in Deutschlands Knästen Gulasch.

34. Und bitte nicht den Jan Ullrich machen und sich unversehens lustige Pillen unterjubeln lassen.

35. Überhaupt, hier ein wichtiger Sicherheitshinweis: Lassen Sie Ihren Drink nicht unbeobachtet herumstehen. Neuerdings kippen Spaßvögel gerne K.-o.-Tropfen hinein – manchmal auch nur, um zu beobachten, wie Sie sich dann nicht mehr auf den Beinen halten können.

36. Informieren Sie sich vorher nach dem Charakter der Veranstaltung – eine Gay-Night ist ja nicht jedermanns Sache.

37. Auch auf »I will Survive« werden Sie vergebens warten. Hier wird keine Radiomusik gespielt – außer jene wie auf dem Endlosschleifensender »Radio Global«. Das ist die Frequenz, die vermutlich in Ihrem Mietauto eingestellt war, als Sie ihn abgeholt haben (97,6 FM, www.ibizaglobalradio.com).

38. Wer davon nicht lassen kann oder ohne Diskobesuch mitreden will: Jeder anständige Diskobetrieb unterhält seine eigenen CD-Sampler, bequem im Internet abrufbar.

39. Wer über den Tellerrand hinausschauen kann, sprich: Wer Ibiza auch außerhalb der Diskozeiten kennen lernt (und nicht nur den Strand zum Ausschlafen sieht), der wird ganz schnell feststellen: Ibiza ist keine Partyinsel.

40. Das sieht auch die Inselverwaltung so. Die hat genug mit eigenen, sozialen Problemen zu tun. Zum Beispiel mit hübschen, jungen Bürgerinnen und Bürgern, die nach der großen Sause in Ermangelung von Glückskeksen, -pillen oder -gefühlen zusehends depressiv werden. Das ist nicht lustig. Irgendwann muss man einsehen, dass die Party vorbei ist.

Natur und Kultur – Prädikat ausgezeichnet

Die UNESCO ist auf Ibiza besonders gut vertreten – von der Festungsstadt »Dalt Vila« über die Posidonia- bzw. Neptungrasfelder von Ses Salinas zwischen Ibiza und Formentera und den »Mühlenhügel« Puig des Molins mit der punischen Totenstadt bis hin zu Sa Caleta.

»Marrakesch, den 4. Juni 1999« ist ein Datum, mit dem man auf Ibiza etwas Bedeutendes verbindet. Damals wurden gleich vier Kultur- bzw. Naturschätze von 21 Mitgliederländern der UNESCO zum so genannten »gemischten Welterbe« ernannt. Damit ist Ibiza einer von 23 Orten auf der Welt, die auf Grundlage der Kriterien, die 1972 im Rahmen der Konvention zum Schutz des Welterbes deklariert wurden, sowohl als Natur- als auch als Kulturerbe der Menschheit gelten. Seitdem sind folgende Zonen der Insel geschützt:

Kulturerbe Dalt Vila

Die Oberstadt Eivissas ist die besterhaltene Festungsanlage aus der Zeit der Renaissance in Europa und ein einzigartiges Beispiel einer befestigten Akropolis. Die Befestigungsanlagen aus dem 16. Jahrhundert wurden in der Amtszeit Philipps II. erbaut, sind ein Dokument der spanisch-italienischen Militärarchitektur dieser Zeit und wurden für viele Städte zum Vorbild. Dalt Vila wurde außerdem im Jahr 1946 zum Spanischen Nationaldenkmal erhoben. Die Auszeichnung der UNESCO schließt übrigens auch die Stadtteile Sa Penya, Es Soto sowie – zum Ärger der Bauspekulanten – das schöne, weite Feuchtgebiet Ses Feixes hinter dem Strand von Talamanca ein, in dem schon die Karthager kleine Mäuerchen zum Ackerbau zogen und das über Jahrhunderte die Kornkammer der Stadt war.

Kulturerbe Sa Caleta

An der Südküste in der Bucht Es Bol Nou befinden sich die gut sichtbaren Ruinen der frühesten karthagischen Siedlung. Sie ist ein außergewöhnliches Beispiel einer Stadtanlage, wie sie in den phönizischen Kolonien des 8. und 7. Jahrhunderts v. Chr. im westlichen Mittelmeerraum üblich waren.

Kulturerbe Puig des Molins

Die karthagischen Grabstätten liegen unterhalb des »Mühlenhügels« gegenüber der Dalt Vila. Der Name stammt von einstmals zahlreichen Windmühlen am Bergkamm, die bis ins 15. Jahrhundert in Betrieb waren. Heute erinnern immerhin einige sehr gut sichtbare Mühlenhäuschen daran, die ein harmonisches Ganzes bilden. Das Wichtigste für die meisten Besucher des Mühlenhügels ist jedoch die punische Totenstadt. Die Nekropole ist die größte Anlage ihrer Art auf der Welt und umfasst eine Fläche von ungefähr 50 000 m². Sie verfügt über etwa 3500 Grabkammern, von denen etwa die Hälfte einsehbar ist. Sie ist somit die größte der Welt und war das Hauptargument für die UNESCO, Ibiza in das Weltkulturerbe aufzunehmen. Das neue Monografische Museum (Via Romana 31, Tel. 971 301 771) vermittelt einen interessanten Überblick über Kultur und Geschichte.

Naturerbe Posidonia-Rasen in Ses Salines

Das einzige Naturerbe Ibizas. Zwischen dem Kap Punta de ses Portes in der Nähe des Strands Ses Salines und Formenteras Südküste existieren auf sandigem Meeresboden neben wertvollen Korallenriffen auch ausgedehnte Bestände an Posidonia oder auch Neptungras genannten Seegraswiesen. Diese Unterwasserpflanzen kommen nur im Mittelmeerraum vor. Selten sieht man so klares Wasser wie in diesem Gebiet, denn Neptungras ist ein Sauerstoffspender par excellence. Deshalb sind sie die angestammte Heimat vieler seltener Tierarten. Barrakudas, Seeschildkröten, sogar Delfine und Mönchsrobben finden aufgrund der üppigen Vegetation ihren idealen Lebensraum: insgesamt 220 Tierarten. Die Wiesen bilden eine natürliche Barriere, die die Küste schützen und die Instandhaltung von Stränden und Dünen ermöglichen. Auch tragen sie zur Reinigung des Wassers bei.

Auszeichnungen verpflichten – in diesem Fall zu Erhaltung. Das hat auch einen interessanten Nebeneffekt. So wird in den Neptungraswiesen nicht mehr gefischt. Und auch Urlauber sind angehalten, Respekt vor dem Welterbe zu bezeugen. Denn wie einzelne Fälle beweisen, kann ein Kulturerbetitel auch wieder entzogen werden. Deshalb ist man auf Ibiza auch sehr darauf bedacht, den Massentourismus einzudämmen. Denn auch dieser kann die Kultur Ibizas bedrohen.

Geschützes Naturgut: die Neptungrasfelder zwischen Ibiza und Formentera

Einmal Eivissa und zurück

Ibosim, Ebusus, Yebosah, Madina Yabisah, Eivissa, Ibiza-Stadt: Eine Stadt mit vielen Namen, die trotz historischer Veränderungen stets »die Alte« geblieben ist.

Am obersten Punkt der Dalt Vila, dem Stadtkern des heutigen Eivissa, hat man einen schönen Überblick. Was man jedoch nicht sehen kann, sind die Spuren der Geschichte, die überall auf Ibiza zu finden, aber verstreut oder verwischt sind.

Dort zum Beispiel, wo heute die Kathedrale steht, wurde je nach Eroberung zerstört, was man vorfand, um zu bauen, was man selbst verehrte. Und Eroberer hat Ibiza wirklich genug gesehen: von den alten Karthagern über Römer und Mauren bis zu den modernen Touristen.

Mit dem Fahrstuhl in die Karthagerzeit

Fünfhundert Jahre lang bildete »Ibosim« für die Punier einen wichtigen strategischen Stützpunkt, bis die Römer im Zuge der Vernichtung Karthagos auch deren Stellungen im Mittelmeer eroberten. 123 n. Chr. war Ibiza an der Reihe und bald hieß der Ort »Ebusus«. Aber von römischem Einfluss fehlt heute nahezu jede Spur. An der Stelle der Kathedrale soll früher ein Merkurtempel gestanden haben. Nach dem Untergang des römischen Reiches fiel die Stadt in die Hände der siegreichen Vandalen sowie der Byzantiner. Auch aus der Zeit von »Yebosah« ist nicht viel bekannt, außer, dass es relativ turbulent zugegangen sein muss,

Über 2000 Jahre ibizenkische Geschichte spiegelt Eivissas Dalt Vila wider

was Eroberungen und Rückeroberungen angeht. Im 10. Jahrhundert kamen schließlich die Mauren und Yebosah erlebt eine neue Blüte. »Madina Yabisah«, die Oberstadt der Anlage, wird mit einem dreifachen Mauerwerk rund um die Zitadelle »Almudaina« ausgestattet. 1235 eroberten die Katalanen die Stadt. Aus Yabisah wird »Eivissa«. Die Katalanen machen Eivissa 1299 zur *Universitat*, was so viel wie Sitz der Gemeinderegierung bedeutet, und unterteilen den Rest der Insel in vier »Viertel« (*quartóns*). 1782 erhält Eivissa das Stadtrecht und wird Bischofssitz. Auch wenn die Stadt heute wieder diesen Namen trägt, findet nochmals eine Namenszäsur statt.

Das 20. Jahrhundert: Comeback des Català

Zu Beginn des 20. Jh. entwickelt sich Eivissa langsam als Metropole. Der Hafen wird entscheidend ausgebaut, die Stadt wächst und zu Beginn der Dreißiger werden die ersten Touristen gesichtet. Nach dem Ende des Spanischen Bürgerkrieges 1939 unterbindet der neue Diktator Francisco Franco sämtliche regionalistische Tendenzen, so auch das Català. Und aus Eivissa wird Ibiza beziehungsweise Ibiza-Stadt. Ibiza erlebt eine große Zeit. 1958 wird schließlich der Flughafen eröffnet, und die Insel wird ein beliebtes Ziel des Tourismus. Im Zuge des Massentourismus ist die Stadt seit den Sechzigerjahren massiv gewachsen: Hatte Ibiza-Stadt 1969 noch 11 000 Einwohner, so zählte »Eivissa« – so ihr neuer Name – 2008 insgesamt 47 000 Bürger. Denn seit 1991 wird die Stadt nach offiziellem Erlass wieder nach ihrem katalanischen Ursprung benannt, so wie sie mit einer historisch kurzen Unterbrechung seit Jahrhunderten hieß: Eivissa. Allerdings nur offiziell. Die Einwohner sprechen eingedenk ihrer Altstadt oft nur von der »Vila«. Und international spricht es sich erst langsam herum, dass »Ibiza-Stadt« – im Unterschied zur Insel – längst wieder Eivissa heißt. Eigentlich wurde auch die Insel selbst in Eivissa zurückgetauft – doch mittlerweile hat man sich, um Irritationen zu vermeiden, auf jenen Namen geeinigt, unter dem man sie in aller Welt kennt: Ibiza.

Unterwegs auf Ibiza und Formentera

Versteckte Buchten, eine üppige Vegetation und ein strahlendes Meer – das ist Ibiza

Das Beste auf einen Blick

Die Hauptstadt Eivissa

Highlight!

Historische Altstadt Dalt Vila: Die Altstadt Eivissas, UNESCO-geschütztes Kulturdenkmal, ist von einer der größten Festungsanlagen im Mittelmeerraum umschlossen. Neben den bedeutendsten Museen Ibizas finden Besucher in den Gässchen bunte Häuser und ein fröhliches Treiben. S. 89

Auf Entdeckungstour

Eine alte Stadt erzählt – in den Gassen der Dalt Vila: Kulturgeschichte in der Nussschale – man kann durch die Dalt Vila laufen und die Atmosphäre genießen – oder auch Häuser und »kleine Ecken« entdecken, die Geschichte atmen und Geschichten erzählen – vor allem im Carrer de Pere Tur 11 ... S. 96

Auf alten Wegen – mit dem Rad von Eivissa nach Sant Antoni: Wollen Sie einmal wissen, wie der Weg von und nach Eivissa vor wenigen Jahrzehnten noch aussah – und wie er sich anfühlte? Über Stock und Stein, durch heiße *serras*, über alte Pferdepisten, auf schmalen Pfaden durch dunkle Wälder? Dann folgen Sie uns – der »Bequemlichkeit« halber per Rad. S. 118

Kultur & Sehenswertes

Nekropole auf dem Puig des Molins: Der größte Friedhof der karthagischen Epoche mit Tausenden von Gräbern wurde erst vor ein paar Jahrzehnten zufällig entdeckt. 17 S. 101

Lune Rouge und Art Projects Ibiza: Die beiden sehr interessanten Ausstellungsorte zeigen aktuelle Kunst, manchmal arbeiten die Künstler sogar vor Ort. 18 S. 109

Aktiv unterwegs

Shoppen in der City: Mode- und Fachgeschäfte, Zeitungen und mondäne Cafés gibt es am Boulevard Passeig de Vara de Rey, Adlib-Mode in La Marina. S. 101, 106

Genießen & Atmosphäre

Plaça del Parc: An dem ruhigeren Örtchen etwas abseits vom großen Rummel am Passeig de Vara de Rey spielen noch die Kinder auf der Straße und bieten Restaurants, Cafés und Bars eine Atmosphäre zum Genießen. 16 S. 101

Abends & Nachts

Pacha: Die Mutter aller Diskotheken Ibizas ist bei Weitem kein historischer Ort, sondern immer noch edle Abspielstätte einiger der besten Techno- und House-DJs der Welt. 11 S. 112

Zwischen maurischer Festung und Schickeriahafen

Schon bei der Anfahrt vom etwa 8 km entfernten Flughafen zur Hauptstadt Ibizas fällt ihre historische Altstadt markant ins Auge, wie sie dort oben auf dem Hügel thront. Je näher man Eivissa kommt, desto größer wird die Stadt, denn nun kommen auch die ganz normalen Vorstädte ins Blickfeld, die fast alle Besucher nur durchqueren, um ins eigentliche Zentrum zu gelangen: die u-förmigen Hafenbucht mit ihrem Fähranlegern nach Formentera in der Mitte, aufs Meer blickend zur Linken dem Nobel-Jachthafen Marina de Botafoch, zur Rechten dem Stadtviertel La Marina und Sa Penya und darüber – die Dalt Vila.

Residiert dort oben in den Hotels und Eigentumswohnungen der herausgeputzten Dalt Vila eher das gesetzte Publikum (gerade wird dort auch Ibizas erster Parador fertig restauriert), so tobt direkt unterhalb der Festungsmauern in den Altstadtvierteln La Marina und Sa Penya das pralle Leben. Im Sommer ist es der Anziehungspunkt für das bunte Multi-Kulti-Völkchen, das Jahr für Jahr

Infobox

Infos im Internet
www.eivissa.es
www.e-ibiza.de/04a-ibiza-stadt
www.marinabotafoch.com

Touristeninformation
Oficina de Información Turística: Carrer Antoni Riquer, 2, Tel. 971 30 19 00, Juni–Okt. Mo–Fr 8–20, Sa 9.30–19.30, Nov.–Mai Mo–Fr 8–15, Sa 10.30–13 Uhr. Karten, Hotel- und Restaurantlisten und andere Infos gratis.
Weitere Informationsstellen: »unten« am Hauptplatz, dem Passeig de Vara de Rey Nr. 13, »oben« in der Dalt Vila neben der Kathedrale, und am Strand Ses Figueretes (nur in der Saison).

Infos zum Diskobus:
www.diskobus.es
www.ibizabus.com

Parken
In Eivissas City ist freies Parken eine Herausforderung. Am besten steuert man generell die Stellplätze am Parkplatz Es Soto an (an der Festungsmauer) oder die inoffiziellen Parkplätze gegenüber der Fähre nach Formentera. Dort parken viele (kostenlos) an der Seite, die Fahrzeuge rutschen aber gerne am Schlamm ab und kippen dann in das Schilf. Formentera-Reisende sollten Zeit für einen guten Parkplatz einplanen. Innerhalb des Hafengebietes ist das Parken nur Mitarbeitern erlaubt.

Kurzparken ist an den mit Parkautomaten versehenen Stellen möglich (Höchstparkdauer zwei Std., Abschlepper sind flott zur Stelle). Wer »sich ein wenig verspätet« hat, hat bis zu einer Stunde nach Ablauf die Chance, mit dem AD-Knopf am Automaten an Ort und Stelle eine Strafgebühr zu zahlen.

wieder auf Ibiza einfällt und sich Abend für Abend amüsiert. Seit jeher ist dort schräg chic und viele kommen, weil es hier so herrlich politisch korrekt zugeht wie selten in der Welt: Dragqueens, Homos, Heteros und die besonders kreativ gekleideten Promotionteams, die Werbung für die Riesendiskos machen, aber auch ältere Menschen in nostalgischen Adlib-Klamotten – jeder lebt den »Ibiza-Style« in den lang gezogenen Straßenzügen unterhalb der Dalt Vila auf seine Façon aus. Doch so wild es auch zugeht, mit Ballermann hat das Treiben wenig gemein.

Weiter westlich wird es dann ruhiger: Das Viertel Vara de Rey ist bürgerlicher, sein Mittelpunkt ist der gleichnamige Boulevard. Hier findet das »ganz normale« Innenstadtleben statt, mit Fachgeschäften, Restaurants und Unterhaltungsangeboten.

Gegenüber, auf der Nordseite der Bucht, liegen die Hafenviertel Eivissa Nova mit der berühmten Disko »Pacha«, gefolgt von dem Sporthafengebiet Marina de Botafoch, mit weitläufigen Anlegestellen für Jachten sowie einer Geschäftszone. Gemeinhin wird das Ufer nur noch als »Botafoch« geführt. Dort residieren die Wohlhabenderen – deutlich sichtbar an der Promenade mit Casino, Sternehotel und Wohnsilos der teuersten Sorte, inklusive Eivissas erstem Projekt eines renommierten Stararchitekten: ein Wohngebäude mit begrüntem Dachgarten nach Plänen des Franzosen Jean Nouvel. Wer hier wohnt, genießt Balkonblick auf die Dalt Vila und die edelsten Jachten des Mittelmeeres: Kleinste Einheiten der hier angereihten Komplexe sind teurer als eine Finca. Dazu passen benachbarte Edelläden, vor denen die letzten Yuppies dieser Welt krampfhaft versuchen, ihren Luxus-Pick-up so zu parken, dass alle Gäste ihnen dabei zusehen können.

Das Nachtleben in Eivissa ist das mitunter bunteste und schillerndste in ganz Europa. Nicht ohne Grund kommen neben den Freunden gepflegter Housemusik aus aller Welt auch Amüsiertouristen und vor allem die größte Gay-Szene neben Sitges Jahr für Jahr in die Stadt. Es beginnt im Viertel La Marina, das einem Freiluftzirkus gleicht, in dem Diskopromoter ihre Touren und den Passanten Tickets andrehen, wo man an jeder Ecke zu einem Drink eingeladen wird, den man mit dem zweiten bezahlt, und man erst spät den Weg in die berühmten Diskos ansteuert – vor zwei Uhr ist da nämlich nichts gebacken. Nur das Divino und das Pacha liegen übrigens im unmittelbaren Stadtbereich, aber dann gibt es ja noch den Diskobus, der einen vom Hafen in alle großen Diskotheken der Insel karrt. Vielleicht ist man aber auch längst versackt oder schon zufrieden, bis es richtig losgeht – ansonsten heißt es Durchhalten.

Eivissa ist auf dem besten Weg, das Nizza der Balearen zu werden: edel, teuer und gut, aber auch bodenständig, schön und schillernd. Aber ob Abendrot in der Dalt Vila mit Blick auf Formentera oder Diskospaß bis zum Morgengrauen – für Stimmung aller Art ist gesorgt. Willkommen in der Hauptstadt!

Dalt Vila ! ▶ F 6

Eivissas von einem gigantischen Mauerwerk umschlossene Altstadt, die Dalt Vila, ist eines von mehreren Denkmälern Ibizas, die zum Weltkulturerbe gehören. Zu Recht. Auch wenn manche, die schon mal in Malta waren, von imposanteren Bauwerken im Mittelmeer zu berichten wissen: Nach dem Aufstieg und einer zwei Kilometer langen Umrundung des ge-

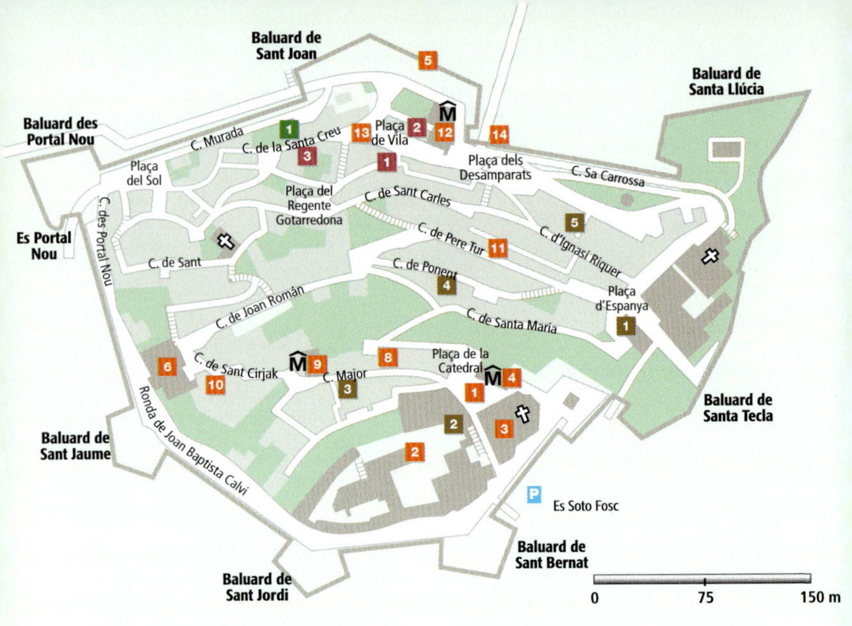

samten Bau- bzw. Bollwerks hat sich dieser Eindruck meistens verflüchtigt. Stattdessen gibt die Dalt Vila Einblicke in eine faszinierende und facettenreiche Stadtgeschichte und Ausblicke wie jenen auf die weite See und Formentera. Besonders ganz oben gibt der Blick ringsum einen Eindruck von Macht und Pracht. Der Nachteil: viel Kletterei, sowohl nach oben als auch rund um die Festungsmauer.

Wer sich nicht viel bewegen will, fährt am besten um die Rückseite der Mauern bis nach oben (Auffahrt über Carrer Joan Xicó vom Passeig de Vara de Rey, Parkplätze in Es Soto) und schaut sich das Geschehen von dem obersten Punkt aus an, der Plaça de la Catedral. Zumindest ein kleiner Marsch durch die Gassen unterhalb der Kathedrale sollte drin sein (wobei die teilweise holprigen, steilen Wege nicht gerade barrierefrei sind), da die Dalt Vila trotz ihrer Trutzigkeit und Geschichtsbeladenheit die idyllische Atmosphäre eines typischen spanischen Dorfes ausstrahlt und viele Ecken eine kleine Stadtgeschichte zu erzählen haben (s. S. 96). Alternativ sollte man einen Rundgang über die Stadtmauer absolvieren, von hier aus hat man schöne Aussichten auf den Hafen, die Stadt und die Insel. Bei dem Rundgang sind viele mehrsprachige Tafeln aufgestellt, die Informationen zur Geschichte der Festung, der Stadtmauer und zu historischen Hintergründen geben. Im Sommer treten sich die Touristen in der Stadt gegenseitig auf die Zehen, während es im Winter in der Dalt Vila extrem ruhig wird. Außer dem Betrieb in einigen Luxushotels und ein paar Restaurants findet kaum Stadt- oder Dorfleben statt, zumal die Stadt vom öffentlichen Verkehr abgeriegelt ist, die meisten Straßen nicht befahrbar sind und wenige Menschen das ganze Jahr über hier wohnen.

Im Zuge der Erwerbung der Bezeichnung »Kulturgeschütztes Denk-

Dalt Vila

Sehenswert
1 Plaça de la Catedral
2 Castell Almudaina
3 Catedral Santa María de les Neus
4 Museu Arqueológic d'Eivissa
5 Renaissance-Stadtmauer
6 Convent de Sant Cristòfol
7 s. Karte S. 102
8 Centre d'Interpretació Madina Yabisa
9 Museu Puget
10 Capella de Sant Ciriac
11 Carrer de Pere Tur
12 Museu d'Art Contemporani d'Eivissa
13 Plaça de Vila
14 Portal des ses Taules
15 – 17 s. Karte S. 102
18 s. Karte S. 109

Übernachten
1 Mirador de Dalt Vila
2 Parador Almudaina
3 La Torre del Canónigo
4 El Corsario
5 La Ventana
6 – 7 s. Karte S. 102
8 – 10 s. Karte S. 109

Essen & Trinken
1 La Plaza
2 El Olivo Mio
3 La Oliva
4 – 14 s. Karte S. 102
15 – 17 s. Karte S. 109

Einkaufen
1 Divina
2 – 7 s. Karte S. 102

mal« wurden auch die Wohnhäuser der Dalt Vila ordentlich herausgeputzt, sodass es heute wesentlich gepflegter aussieht als früher. Das hat seinen Preis. Wäscheleinen, spielende Kinder und spanisches Dorfleben trifft man nur noch im westlichen Teil der Dalt Vila an. Durch die zunehmende »Gentrifizierung« des Stadtteils werden es sich diese letzten Ureinwohner wohl nicht mehr lange leisten können, hier zu leben.

Besonders empfehlenswert ist die Besichtigung am späten Abend, wenn die Oberstadt erleuchtet wird, die Touristenströme versiegen und es vielleicht sogar etwas abkühlt. Alternativ bei Regenwetter, denn die Dalt Vila ist auch etwas für Museumsfreunde.

Plaça de la Catedral 1

Ibizas in jeder Hinsicht prominentester Platz ist umringt vom Kastell Almudaina, in dem gerade ein typischer Parador entsteht, der alles überragenden Kathedrale Santa María de les Neus, dem Archäologischen Museum, der Touristeninformation und der offenen Seite mit Blick auf den Hafen. Von hier aus führen mehrere Gassen hinunter durch die historische Altstadt.

Castell Almudaina 2

Ronda de l'Almudaina/Carrer Universitat d'Eivissa

Das Kastell steht auf dem ehemaligen Platz der punischen Akropolis und eines maurischen Palastes. Dieser prachtvolle **›Ses Voltes‹-Palast** mit sechs Arkadenbögen stammt aus dem 16. Jahrhundert. Demnächst eröffnet in dem bestehenden Gebäude das erste Parador-Hotel der Balearen – eines jener spanischen Edelhotels, die in historischen Gebäuden eingerichtet werden. Der Turm **»Torre del Homenaje«** bildet zusammen mit dem Kirchturm nebenan die charakteristische, weit sichtbare Silhouette der Dalt Vila.

Kathedrale Santa María de les Neus 3

Plaça de la Catedral, Kirche: Di–Sa 9.30–13.30 und 16–19, So 10.30 Uhr (Messe). Diözesanmuseum: Mo 9.30–13.30, Di–Sa 9.30–13.30 und 18–21 Uhr, 1,50 €

Das Patronatsfest der »Maria Schnee« (5. August) findet nur drei Tage vor dem großen Feiertag der Rückeroberung durch die Katalanen statt. An jenem 8. August 1235 schworen die Einwohner Ibizas aus Dankbarkeit über den Sieg vor Gott, sie würden die maurische Moschee an diesem Ort sofort vernichten und eine christliche Kathedrale bauen.

Die »Kathedrale der heiligen Jungfrau vom Schnee« steht deshalb auf dem gleichen Grund und Boden wie ihre geweihten Vorgänger, ein Tempel der Karthager, ein römischer Merkurtempel sowie eine maurische Moschee. Letztere wurde von den christlichen Nachrückern sorgfältig ausgelöscht und unmittelbar durch die Kirche ersetzt, die den Namen der Schutzheiligen Ibizas trägt – wobei die maurischen Grundreste vermutlich die Basis des ersten Entwurfs bildeten. Vor dem Bau der Stadtmauern diente das Gebäude auch als Wach- und Wehrturm. Im 14. Jahrhundert entstand die gotische Kirche, die heutige Version dagegen – mit Ausnahme des Glockenturms, der als einziger nicht einer umfangreichen Renovierung zum Opfer fiel – im ausgehenden 18. Jahrhundert. Hier residierte ab 1782 der Bischof. Ein wunderbares Rosettenfenster mit fast 12 m Durchmesser dominiert den Innenraum. Das **Museu de la Catedral** beherbergt den Kirchenschatz sowie Gemälde aus dem 14. und 15. Jahrhundert.

Museu Arqueològic d'Eivissa 4

Plaça de la Catedral

In dem Gebäude neben der Kathedrale war einst das archäologische Museum untergebracht. Obwohl das Schild neben dem Portal noch hängt, ist das Haus geschlossen. Ob es je wieder eröffnet, ist bislang unbekannt. Ein Teil der Exponate ist im **Museu Monogràfic** (s. S. 103) zu sehen.

Die Renaissance-Stadtmauer 5

auf mittlerer Höhe um die Dalt Vila

Im 16. Jahrhundert fuhren die maurischen Piraten immer schwerere Ge-

schütze auf. Daher erhielt 1554 der italienische Architekt G. B. Calvi zum Schutz auch der »unteren Chargen« der Stadt von Spaniens König Philipp II. den Auftrag zum Neubau der Festungsmauer, wie sie heute noch steht – seit 1959 auch unter Denkmalschutz. Sie ist so stabil gebaut, um einerseits den Kanonen der Piraten standzuhalten, andererseits auch selbst Kanonen tragen zu können – was heute noch demonstriert wird. Die Stadtmauer hat insgesamt sieben Bollwerke (*baluard*), die meistens einen unvergleichlichen Blick bieten, sei es über die Stadt (Baluard de Santa Llúcia) oder hinüber bis Formentera (Sant Jordi, Sant Bernat). 1999 wurde sie im Zuge der Eingliederung in das UNESCO-Weltkulturerbe komplett restauriert. An der offenen Plaça Sa Carrossa

Er ist einmalig – der Blick von der oberen Stadtmauer hinab auf Eivissa

vor der Stadtmauer begegnet man Ibizas »Kulturbotschafter« Isidoro Macabich i Llobet: Er sitzt in Bronze gegossen vor dem Baluard Santa Llúcia, hat gerade seine »Historia de Ibiza« zur Seite gelegt und lässt den Blick in Richtung Norden schweifen. Macabich (1883–1973) war Kaplan, Historiker, Dichter und Archäologe, der sich um die ibizenkische Heimatkunde verdient gemacht hat. Sein vierbändiges Geschichtswerk ist ein Meilenstein der Kulturgeschichte der Pityusen. Und wer mal besonders originell sein will, lässt sich neben ihm fotografieren ...

Plaça de Vila 13

Der belebte Platz, unmittelbar hinter dem Haupteingangsportal, ist Hauptanlaufort für Touristen und bietet im Sommer neben zahlreichen Restaurants auch einige Boutiquen sowie die Galerie Paco Polenghi – ehemals die renommierte Galerie van der Voort – die Ausstellungen internationaler Künstler zeigt: Ibizas bedeutendste Galerie.

Portal des ses Taules 14

Das beeindruckendste Stadttor auf Höhe des Alten Markts ist heute noch der offizielle Eingang in die alte Oberstadt. Die Zugbrücke wurde 1989 rekonstruiert. Oberhalb ist das Wappen der Stadt eingemeißelt, markant hierin besonders das Lamm, Wahrzeichen der Bourbonen. Direkt hinter dem Tor liegt der rechteckige Waffenhof. An den Kanonen sind Soldatenattrappen aufgestellt, die den militärischen Alltag dokumentieren sollen. Diese Pappkameraden wirken allerdings ziemlich billig. ▷ S. 99

Lieblingsort

Eintritt in eine andere Welt

Ein berührender Moment erwartet im Carrer de Sant Ciriac den höflichen Besucher des **Convent de Sant Cristòfol** 6. Hier beten und arbeiten neun Augustinerinnen, die das Kloster niemals verlassen. Unter anderem backen sie Kuchen und Pizza und bieten beides zum Verkauf. Ist sonst kein Besucher da, klingelt man und bekommt durch die Durchreiche einen Schlüssel, um die Tür zum Verkaufsraum zu öffnen. Und, bitte, es geht nicht um das Stillen des Hungers oder die Qualität der Ware (der Kuchen ist teilweise ausgezeichnet!), sondern darum, dass diese Menschen gerade den einzigen Moment erleben, in dem sie Kontakt zur Außenwelt haben – mit Ihnen (tgl. 10–15 und 16.30–18.30 Uhr).

Auf Entdeckungstour: Eine alte Stadt erzählt – in den Gassen der Dalt Vila

Man kann durch die Dalt Vila laufen und die Atmosphäre genießen – oder auch Häuser und »kleine Ecken« entdecken, die Geschichte atmen und Geschichten erzählen – vor allem im Carrer de Pere Tur ...

Cityplan: S. 91, 102
Planung: Fußmarsch von der Plaça de la Catedral durch den Carrer Major, den Carrer de Sant Ciriac, Carrer de Joan Roman, Carrer de Pere Tur und anschließend wieder hinauf oder hinunter zur Plaça de Vila (man kann die Tour auch abkürzen).

Dauer: Ca. 1 Stunde, ja nach Wahl der Gassen (Schlenderfaktor) länger.

Termine zu Eivissa Medieval: www.ibiza.travel.

Auch Ibiza hat seinen »Braveheart«

An der Plaça d'Espanya steht er am höchsten Punkt der Dalt Vila und schaut über Eivissa weit ins Land hinein. Das gute Gefühl, hier oben ganz Ibiza im Griff zu haben, teilt man sich mit den Einwohnern, die 1806 an der gleichen Stelle live zuschauten, wie ihr Held, der Korsar Antonio Riquer Arabí (1773–1846) direkt vor ihren Augen ein englisches Schiff, das zehnmal größer als sein eigenes gewesen sein soll, in unmittelbarer Nähe zum Hafen untergehen ließ. Hunderte von Schiffen soll er auf diese Weise aufgebracht haben. In Sichtweite seiner größten Heldentat, direkt vor dem Fährhafen in La Marina, wurde ihm mit dem **Obelisc als Corsaris** 7 ein Denkmal gesetzt.

Auch das Haus mit der Adresse Carrer Major Nr. 2 ist beinahe ein Nationalheiligtum: Die **Casa de la Cúria** ist zwar ein eher unauffälliges Gebäude mit Wappen über der schönen Holztür, aber sie ist nicht nur die ehemalige Kurie und erster Sitz der Gerichtshöfe, sondern vor allem auch der ehemalige Sitz der *Universitat.* Heute beherbergt das Gebäude den **Centre d'Interpretació Madina Yabisa** 8 (Di–Fr 10–13.30 und 17–20 Uhr, Sa/So nur vormittags), ein Dokumentationszentrum mit dem Schwerpunkt auf der maurischen Phase Eivissas mit audiovisuellem Führungskonzept.

Bei der *Universitat* handelte es sich nicht etwa um eine Universität, sondern um die erste Selbstverwaltung der Pityusen. Von hier aus wurde vor allem die einträgliche Salzwirtschaft gesteuert, zu der jeder Einwohner einen Beitrag leisten musste. Das Gebäude – Symbol für Ibizas ursprünglich wirtschaftliche Autonomie im spanischen Königreich – wirkt dafür sehr bescheiden.

Prächtige Höfe im Dorfidyll

Die verwinkelten steilen Gassen, in denen man sich leicht verlaufen kann, muten heute an wie eine perfekte spanische Dorfidylle: uralte Türen, Natursteinpflaster oder auch ein Baum, der in einem der prächtigen Hinterhöfe durch ein Fenster gewachsen ist – solche kleinen Eindrücke erschließen sich überall.

Gelegenheit, alte Häuser einmal von innen zu sehen, gibt es ganz offiziell: Das **Museu Puget** 9 im Carrer de Sant Ciriac 18 (Tel. 971 392 137, Di–So 10–13.30, Di–Fr 17–20 Uhr, im Winter Di–So 10–13.30 und Di–Fr 16–18 Uhr) ist zwar als Museum nicht unbedingt von großer Bedeutung – Vater und Sohn Puget stellen sich mit Bildern von Ibiza selbst aus. Wer jedoch einmal ein schönes spanisches Herrenhaus von innen erleben will, sollte sich die Austellung unter diesem Aspekt anschauen.

Die **Capella de Sant Ciriac** 10 im Carrer Major, etwas unterhalb des Museu Puget, ist ein beachtenswertes, offenes Nischenkapellchen in einer Hausmauer. Die zurückgesetzte Kapelle des Schutzpatrons der Stadt geht auf das 18. Jahrhundert zurück – und auf eine große Legende: Bei der *Reconquista,* der Rückeroberung Eivissas durch die Katalanen, soll an diesem Ort der erste Soldat über einen Laufsteg in die Stadt eingedrungen sein. Seine Kameraden folgten ihm, eroberten Eivissa zurück und vertrieben die Mauren ein für alle Mal aus der Stadt. Ein kleiner Schritt für den Soldaten, ein großer für das Katalanentum.

Wanderung durch die Jahrhunderte

Ein besonderes Augenmerk verdient auch der **Carrer de Pere Tur** 11: eigentlich ein ganz normaler Carrer, aber gespickt mit der Architektur der vergangenen vier Jahrhunderte. Deshalb sollte man buchstäblich einen großen Bogen um den Tunnel machen, durch den man geradewegs herunter in die anderen Viertel der Stadt käme. »Tur« ist übrigens einer der gängigsten Nachnamen auf Ibiza, vergleichbar mit Schmitz in Köln oder Krause in Berlin. Viele der in dem Carrer de Pere Tur stehenden Häuser sind Wahrzeichen ihrer Zeit – oft sogar benannt nach seinen Dynastien. Besonders ins Auge fallen das Gebäude **Casa Fajarnés-Cardona,** errichtet im Neokolonialstil zu Beginn des 20. Jh. (gegenüber der Casa Consistorial, heute Kulturzentrum).

Auch die Häuser Nr. 1 (die **Casa Montero** aus dem 17. Jahrhundert), Nr. 5 (die **Casa Mariano** Tur, aus dem 18. Jahrhundert), die Nr. 6 (die **Casa Vedova** aus dem 17. Jahrhundert), Nr. 7 (die **Casa Llobet** aus dem 19. Jahrhundert) sowie an der Ecke Carrer Sant Carles die **Casa Tuells-Wallis** (19. Jahrhundert) sind sehr beeindruckend und vermitteln einen intensiven Überblick über die Architekturgeschichte Eivissas. Bezeichnenderweise befindet sich hier auch die Architekturschule der Stadt.

Die Macher des **Museu d'Art Contemporani d'Eivissa** 12 (MACE, Carrer Ronda Narcís Puget, am Baluard de Sant Joan, www.mace.eivissa.es, April–Juni, Sept. Di–So 10–14, Di–Fr 17–20, Juli/Aug. Di–So 10–14, Di–Fr 18–21, Okt.–März Di–Fr 10–16.30, Sa/So 10–14 Uhr, Mo und Fei geschl.) rücken das lebendige Kunstschaffen auf der Insel in den Fokus, mit Ausstellungsplakaten aus den Sechzigern oder Ausstellungen etwa über die Künstlerenklave Grupo Ibiza 59. Ein Teil des Museums ist das nun renovierte Apartment des deutschen Ibiza-59-Gründers Erwin Bronner, der auf Ibiza rund 50 Häuser im Bauhaus-Stil entwarf. Außerdem sind in einer archäologischen Zone freigelegte Fundamente der Kulturen bis zum 6. Jh. v. Chr. zu sehen (das Urgebäude stammt aus dem 18. Jh.).

Wen das nicht interessiert, der aber immer noch nicht genug Gebäude von innen gesehen hat, für den lohnt sich der Besuch in jedem Fall. Das Museum ist sehr schön untergebracht in einem Gebäude aus dem 18. Jahrhundert.

Das Mittelalter live erleben

Aus dem Mittelalter gibt es aufgrund der Überbauung und Zerstörung alter Bestände kaum erhaltene Gebäude. Aber wer wissen will, wie Eivissa damals funktionierte, kommt zum spektakulären **Festival Eivissa Medieval** nach Ibiza, das seit der Ernennung der Dalt Vila zum Weltkulturerbe veranstaltet wird. Am zweiten Wochenende im Mai wird diese Tatsache in Eivissa mit einem dreitägigen Fest ausgiebig gefeiert. Der gesamte Bereich innerhalb der Stadtmauern verwandelt sich dann in einen mittelalterlichen Markt, es wimmelt überall von Gauklern, Künstlern und Handwerkern, die in authentisch mittelalterlichen Kostümen auftreten und so tun, als wäre das etwas ganz Normales.

Manchmal wird es jedoch auch eher skurril: Dann kommt einem eine Prozession von Trommlern, Priestern und Wachen mit Gefangenen an Ketten entgegen, andere sind einfach als Monster verkleidet – als seien sie einem Gemälde von Hieronymus Bosch entsprungen. Ziel des Umzugs ist die große Plattform auf den Mauern der Dalt Vila. Auf dem Carrer Major wird es dann teilweise richtig eng, denn Hexen, Teufel, Monster, Drachen versperren den Weg, sie beschwören Dämonen oder »opfern Säuglinge« – was so manchen Touristen schon hat die Flucht ergreifen lassen. Wem dagegen das Glück eines solchen Spektakels nicht vergönnt ist, der kann vielleicht bei Ibizas Fremdenführer-Organisation einer »theatralische« Tour durch die Dalt Vila beiwohnen (s. »Mein Tipp« S. 99).

Eine weitere dramaturgische Führung verläuft durch die Nekropole Puig des Molins (jeden zweiten Samstag im Monat, im Frühjahr 17 Uhr, im Sommer 20 Uhr, im Winter 12 Uhr, Anmeldung und Info Tel. 971 30 17 71).

Beide Führungen kosten jeweils für Erwachsene 10 €, Kinder und Jugendliche ermäßigt, Gruppen bis zu vier Personen 25 €, ab vier Personen 30 €.

Mein Tipp

Dalt Vila hautnah

Kirchen, Museen, Bollwerke, Treppen, Aufgänge und Tunnels, alles schön und gut ... aber wie muss man sich das Leben in dieser Stadt vorstellen – sagen wir mal im Mittelalter? Mit seinen Bürgern, seinen Herrschern, seinen Ängsten vor Pest und Piraten? Diese Vorstellung geben Profischauspieler Ibizas in einer **Führung,** die wirklich unter die Haut geht: Gerade erzählt Touristenführer Miguel auf der Plaça noch ganz normal etwas von Kabale und Liebe, da springt eine verzweifelte Verliebte in Rüschenkleidern aus einem Hauseingang, klagt dem erschrockenen Publikum ihr Leid und läuft weinend davon. Und so geht es »in einer Tour« weiter – mit verschlafenen Schmieden, verschmitzten Ratspolitikern und vielen weiteren Überraschungen rund um die Dalt Vila. Wenn es terminlich nicht klappt, führt Sie die spanische Schauspielerin Paz Vega (»Lucia und der Sex«). Miete und Rückgabe der Audioguides: an der Touristeninformation oben an der Plaza de la Catedral oder in der Touristeninformation unten am Paseo de Vara de Rey (auf Spanisch und Englisch). Termin der szenischen Führung: samstags 21 Uhr. Anmeldung (obligatorisch): über ibiza.travel, Tel. 971 399 232 oder über informacioturistica@eivissa.es. Dauer: 1,5 Stunden. Treffpunkt: am alten Markt vor dem Portal de ses Taules, Plaza de la Constitució.

Übernachten

Vom Allerfeinsten – **Mirador de Dalt Vila** **1**: Plaça d'Espanya, 4, Dalt Vila, Tel. 971 30 30 45, www.hotelmiradoribiza.com, ganzjährig, DZ 285–475 €. Erstes 5-Sterne-Hotel in Dalt Vila, 13 individuelle Zimmer. Einziger Pool der Oberstadt, dann aber gleich mit Gegenstromanlage. Ideal – natürlich auch wegen des Preises – für Honeymooner und Geschäftsreisende. Das Restaurant ist ein kulinarischer Knaller.

Nagelneu – **Parador Almudaina** **2**: Plaça d'Espanya, Dalt Vila, zurzeit noch im Bau, (nähere Infos unter www.parador.es). Das Kastell hoch über der gesamten Stadt mit 72 Zimmern und Suiten, zwei Pools, Spa und Fitness-Center ist Ibizas erster offizieller Parador. Für jene von Staatsseite getragenen Luxushotels werden historische und denkmalgeschützte Gebäude restauriert und zu (prachtvollen) Unterkünften umgebaut, um so ihre Instandhaltung zu finanzieren.

Von oben herab – **La Torre del Canónigo** **3**: Carrer Mayor, 8, Dalt Vila, Tel. 971 30 38 84, Fax 971 30 78 43, www.elcanonigo.com, April–Dez., DZ 180–480 €. Boutique-Designhotel in schönem Gebäude aus dem 14. Jahrhundert, mit Pool, liebevoll gestalteten Zimmern und zwei Apartments. Weit oben über der Stadt gelegen, direkt neben Kirche und höchstem Punkt Eivissas. Kleine Außengastronomie. Einige Zimmer mit Hafenblick.

Altbewährt – **El Corsario** **4**: Carrer Ponent, 5, Tel. 971 30 12 48, Dalt Vila, www.ibiza-hotels.com/CORSARIO/index.esp. html, ganzjährig geöffnet, DZ 100–160 €. Schon von weitem sichtbar in einem 1642 erbauten Korsarenpalast

Mein Tipp

Blick von den Stadtmauern auf Eivissa – hier ist es am stimmungsvollsten

Direkt neben dem **Rathaus,** gegenüber dem mondänen **Hotel Mirador** 1, schaut man unter schattigen Bäumen je nach Lust und Laune entweder in die Vegetation, auf das brandende Meer oder über den viel fotografierten Ausläufer des ehemaligen Fischerviertels Sa Penya. Das Rathaus selbst ist ein ehemaliges Konvent, das einen Blick lohnt, vor allem des Kreuzgangs und der Deckenmalereien wegen.

untergebracht. Und ja, Onassis hat hier mit Jackie genächtigt, was aber schon etwas her sein dürfte. Trotz dieser Art der Behäbigkeit Zimmer im klassischen spanischen Stil, etwas spießig, aber im Winter mit gemütlichen Kaminfeuern beheizt. Viele Zimmer haben Blick auf den Hafen, vor allem Nr. 15. Ansonsten lädt das kleine edle Bistro zum Essen ein, denn auch hier ist der Hafenblick spektakulär (20–24 Uhr).

Klassiker – **La Ventana** 5: Avinguda Sa Carrossa, 13, Dalt Vila, Tel. 971 39 08 57, www.laventanaibiza.com, ganzjährig geöffnet, DZ 90–240 €. Schönes, postmodern renoviertes Hotel in der oberen Altstadt an dem vielleicht schönsten Platz der Dalt Vila gelegen. Mit hellen, luftig eingerichteten Zimmern. Und auch der Koch versteht sein Handwerk. Kann allerdings in der Saison etwas laut werden.

Essen & Trinken

In Eivissa hat sogar der McDonald's am Hafen im Winter geschlossen! Von daher ist es zwischen Oktober und April auch mit dem Gastro-Angebot vergleichsweise mau. Im Sommer ist die Auswahl an Restaurants so gewaltig, dass man in Touri-Lokalen immer noch einen Platz bekommt, zumal wenn man früher als die Spanier (gegen 22 Uhr) essen geht. Um Enttäuschungen zu vermeiden, ist es sinnvoll, vorher einen Tisch zu reservieren. Gegessen wird an der Plaça de Vila bei hohem Fußgängerverkehrsaufkommen – aber nicht unbedingt, was auf den Tisch kommt. Hier drei Besonderheiten:

Erstes am Platze – **La Plaza** 1: Plaça de Vila 18, Dalt Vila, Tel. 971 30 76 17, tgl. 20–24 Uhr, Winter geschl., Hauptgerichte 14–25 €. Eines der Gourmetrestaurants der Stadt mit internationaler Küche, von Ibiza interpretiert. Klein, fein – wirklich nichts Touristisches.

Französisch ange'aucht – **El Olivo Mio** 2: Plaça de Vila 9, Dalt Vila, Tel. 971 30 06 80, www.elolivoibiza.org, Mo–Sa 19–1 Uhr, Nov.–März geschl., Hauptgerichte 20–25 €. Edles Restaurant mit mediterranem Einschlag in bester Lage im kulinarischen Zentrum der Altstadt.

Zum Verwechseln – **La Oliva** 3: Carrer Sa Creu, Dalt Vila, Tel. 971 30 57 52, Hauptgerichte 18–20 €. Schon aus dem Grunde erwähnt, damit Sie sich bei Verabredungen nicht verpassen – die anderen warten vielleicht im »El Olivo Mio«, dem Restaurant fast nebenan! Nicht zu verwechseln ist jedoch, was serviert wird. Sehr beliebt sind die Salzmantel-Gerichte, allen voran der Fisch.

Einkaufen

Mode Ibiza Style – **Divina** 1: Carrer Santa Crue, 7, Dalt Vila, tgl. 10–1 Uhr, im Winter geschlossen. Roy Black is back: Jeden Frühling geschieht wieder das »weiße Wunder«: Unabhängig von internationalen Modetrends kleiden sich die Menschen auf Ibiza »ganz in

Weiß«. In luftigen Klamotten schweben sie barfuß an den angesagten Kiosco-Stränden entlang. Für Männer: Luis Ferrer 8 (Plaça de Sant Elm).

Vara de Rey

Zentrum des bürgerlichen Stadtviertels ist der gleichnamige mondäne Platz, der nach einem großen Kriegsheld Ibizas benannt ist: Joaquín Vara de Rey trotzte in der Schlacht um Kuba 1898 den Amerikanern bis zur letzten Kugel – die traf ihn im Kopf. Grund genug für das Volk Ibizas, zu Ehren ihres gefallenen Helden für eine pompöse Statue zu sammeln – und für König Alfonso XIII. von Spanien den Boulevard **Passeig de Vara de Rey** 15 persönlich einzuweihen. Hier findet man einige Markenboutiquen, das offizielle und sehr elegante Fremdenverkehrsamt, die Llibrería Vara de Rey mit einer hevorragenden Auswahl tagesaktueller internationaler Presse und diverse Sitzgelegenheiten mit Heißgetränkeausschank sowie Snackzubereitung. Ein Klassiker ist Eivissas Kaffeehaus Nummer 1, die Caféteria Montesol (Haus-Nr. 2), sowie das Restaurant Ca N'Alfredo (Nr. 16), eines der ältesten und besten der Insel, 1934 von einem vor den Nazis geflüchteten Emigranten gegründet, und das nostalgische Forn Café ein paar Häuser weiter. An dem verkehrsumtosten Boulevard ist das Draußensitzen jedoch ein leicht geschmälertes Vergnügen. Das Sozialleben Eivissas spielt sich auf der verkehrsfreien **Plaça del Parc** 16 ab. Rund um den »Parkplatz« liegen Cafés, Shops sowie Restaurants und Bars, die dafür sorgen, dass abends noch mal richtig was geht. Das ehrwürdige Teatro Pereyra um die Ecke strahlt noch etwas vom Glanz vergangener Tage aus und ist heute noch ein beliebter »Social Club« mit hervorragender Livemusik an jedem Abend.

Nekropole auf dem Puig des Molins 17

Via Romana, 31, im Sommer Di–So 10–14, 18–20, im Winter Di–Sa 9–15 Uhr, Fei geschl., 2,40 €

UNESCO-geschützte Totenstadt auf dem Mühlenhügel

Vara de Rey, La Marina und Sa Penya

Sehenswert

1 – 6 s. Karte S. 91
7 Obelisc als Corsaris
8 – 14 s. Karte S. 91
15 Passeig de Vara de Rey
16 Plaça del Parc
17 Nekropole auf dem Puig des Molins
18 s. Karte S. 109

Übernachten

1 – 5 s. Karte S. 91
6 Hostal marblau
7 Hostal La Marina
8 – 10 s. Karte S. 109

Essen & Trinken

1 – 3 s. Karte S. 91
4 Ca N'Alfredo
5 Pastis
6 Sa Vida
7 Locals Only
8 Out of Time
9 Vine & Pasta
10 La Brasa
11 Es Tap Nou
12 Miretti
13 Café Mar y Sol
14 Ibiza Food Studio
15 – 17 s. Karte S. 109

Einkaufen

1 s. Karte S. 91
2 Aniseta Fábrica de Licores
3 Llibrería Vara de Rey
4 Ibiza Delta Diskos
5 Mercat Veill
6 Sombrereria Bonet
7 Holala

Aktiv

1 Fähre nach Es Canar
2 s. Karte S. 109

Abends & Nachts

1 The Dome
2 Incognito
3 Angelo
4 Anfora
5 Bar Show Samsara
6 Bar La Muralla
7 – 11 s. Karte S. 109

Der von der Dalt Vila gut sichtbare und vom Boulevard Passeig de Vara de Rey über die Via Romana erreichbare »Mühlenhügel« bezieht seinen Namen von den zahlreichen Windmühlen, die einst den Bergkamm säumten. Heute wirkt die Kulisse der vier Mühlenhäuschen mit ihren Segelrädern trotzdem noch beeindruckend.

Der Ort wurde von der UNESCO zum Weltkulturerbe ernannt. Allerdings nicht wegen der Mühlen, sondern wegen eines Fundes, den ein Maultier im Jahr 1946 ganz unfreiwillig machte: Es stürzte in ein vermeintliches Loch, das sich als phönizisches Grab entpuppte. Eines von etwa 3500 Gräbern, wie Experten schätzen, und damit die größte karthagische Totenstadt überhaupt. Ganz nach ihren Gesetzen lag die »Nekropolis« getrennt, aber nicht weit entfernt von der »Akropolis« der heutigen Dalt Vila. Im 5. und 4. Jahrhundert nutzten die Karthager den Bestand an natürlichen Kleinhöhlen zur Beerdigung ihrer Toten. Als alle belegt waren, ging man an die Ausschachtung von Hypogäen, künstlichen Höhlengräbern, die auch die nachfolgenden Römer noch lange nutzten. Später setzte man Kulturpflanzen in die Löcher, weshalb die ursprüngliche Nutzung späteren Kulturen nicht weiter auffiel. Bis das Maultier kam ...

Einige der schönsten Reliquien, die hier gefunden wurden, sind im sehr sehenswerten **Museu Monogràfic,** über das man die Nekropole betritt, untergebracht. Auf dem Gelände selbst kann man die beleuchtete Grabkammer »Hipogeos de la Mula« mit mehreren Sarkophagen besuchen, sie ist aber wegen ihrer Skelette nichts für Kleinkinder und schwache Nerven. In den niedrigen Kammern bekommt man einen guten Eindruck vom Totenkult der Antike.

Übernachten

Original – **Hostal marblau** 6: Puig de Molins, Tel. 971 30 12 84, www.marblauibiza.com, im Winter geschl., DZ 50–80 €. 500 m vom Zentrum versteckt hinter einer alten Mühle liegt Ibizas erstes Hostal mit unbezahlbarem Blick: Das einfache Familienhotel mit langer Tradition hoch oben über dem Meer hat 28 Zimmer, davon zehn Apartments mit Blick auf die Platja d'en Bossa und das Castell.

Essen & Trinken

Ganz vorne – **Ca N'Alfredo** 4: Passeig de Vara de Rey, 16, Vara del Rey, Tel. 971 31 12 74, Di–Sa 13–16, 20.30–24, So 13–16 Uhr, Hauptgerichte 20–25 €. Jubiläum: 1934 von »Alfred« eröffnet, nachdem er erfolgreich aus Nazideutschland geflüchtet war. Die Rezepte hat er zum

Glück dagelassen: Es gibt ibizenkische und spanische Spezialitäten. Das älteste Restaurant weit und breit – und eines der besten noch dazu.

Gleich beim Wildschwein – **Pastis** 5: Carre Avicenna, 2, Vara del Rey, Tel. 971 39 19 99. Gemütliches Bistro mit Zeitungsauslage und einem ausgestopften Wildschwein am Eingang. Wie der Name schon sagt, mit französischem Einschlag. Für das Gebotene vielleicht einen Tick zu teuer.

Preiswerte Passion – **Sa Vida** 6: Carrer del Bisbe Carrasco, 14, Vara del Rey, Tel. 971 07 18 43, http://sa-vida.es. Raffinierte, leidenschaftliche Küche zum kleinen Preis – kein Wunder, dass die Bude von Chefkoch Anatoli Goranov und Sommelier Angel Ruiz zu jeder Tageszeit gut besucht ist.

Hipster Style – **Locals Only** 7: Plaça des Parc, 5, Vara del Rey, www.localsonlyibiza.com. Fast schon wie in Berliner Hipsterkreisen eingerichtetes Café mit moderaten Preisen.

Vegan – **Out of Time** 8: Carrer Jaume I, Vara del Rey, keine Website. Ja, das gibt es auch schon auf Ibiza – und ist obendrein lecker.

Italienische Leidenschaften – **Vine & Pasta** 9: Carrer Miquel Caietà Soler, 12, Vara del Rey. Niedlich eingerichtetes Lokal mit spanischem Einschlag und italienischen Gerichten.

Roman-Tisch – **La Brasa** 10: Carrer de Pere Sala, 3, Vara del Rey, www.labrasaibiza.com. Süßes Restaurant in wunderschönem Garten unter Palmen.

So eine Frischheit – **Es Tap Nou** 11: Carrer de Madrid, 18, Vara del Rey, www.estapnou.es. Die *fruteria,* dt. Obsthandlung, serviert leckere Säfte und Smoothies aufs Allerfrischeste!

Einkaufen

Hierbas – **Aniseta Fábrica de Licores** 2: Avinguda Santa Eulària, 19 (gegenüber der Fähre nach Formentera), Mo–Fr 9–13.30, 16–21, im Winter bis 19.30 Uhr: Die Kräuter, die vielen nach einem Ibiza-Urlaub ans Herz gewachsen sind, nebst anderen Ibiza-Schmankerln.

Deutsche Zeitungen – **Llibrería Vara de Rey** 3: Passeig de Vara de Rey, 22, Vara del Rey, tgl. 8–23, im Winter 8.30–21.30 Uhr. Bestsortierter Papier- und Buchladen mit internationalen Zeitungen, Postkarten, Büchern, Wörterbüchern und Literatur zu Ibiza.

Der Klang einer Insel – **Ibiza Delta Diskos** 4: Av. d'Espanya, 7, Vara del Rey, und C. de la Creu, 32, tgl. 10–13.30, 17–21 Uhr. Wer es trotz Diskoangebot und »Radio Global« nicht bis zu Hause aushält: Hier gibt's die CDs zum Tanzlokal Ihrer Wahl zu kaufen – sprich: die begehrten und gute Laune machenden Amnesia- und Et Cetera-Mixes.

Aktiv

Zum Flohmarkt schippern – **Fähre nach Es Canyar** 1: Port d'Eivissa, von April bis Oktober steuert die Fähre den Hippiemarkt Es Canyar direkt an (zwischen 10.30–18.30, zurück ab Es Canyar 9–17 Uhr). Das ist sinnvoll, weil die Straße an diesem Tag regelmäßig verstopft ist. Ansonsten verkehren hier auch die Boote zwischen Eivissa und Santa Eulària (stdl. 10.30–17.30) und zur Platja d'en Bossa (9–18.30 Uhr, alle 30 Min.).

La Marina und Sa Penya

Die beiden Altstadtviertel direkt am Meer unterhalb der Dalt Vila sind traditionell die ersten Anlaufstationen für den abendlichen Tanz- und Trinktourismus. In dem Richtung Osten auslaufenden ehemaligen Matrosenviertel **La Marina,** größtenteils als Fußgängerzone angelegt, tobt ab der Dämmerung das pralle Leben. Ein kolonialer Baustil hat sich hier in der Architektur erhalten. In den rechtwinklig zum Hafen angelegten Straßen und Gassen geht es heiß her. Auf dem Carrer d'Enmig sind viele Schmuck- und Kleidergeschäfte, Restaurants und Tattoo-Shops. Im Carrer de Barcelona macht sich die Diskoszene klar für die Nacht. Der Carrer de la Verge, die »Jungfrauenstraße« (läuft auch unter Carrer de la Mare de Déu) ist die Gay-Gasse. Das Ganze ist aber erst das Aufwärmprogramm für den Marsch in die Tanztempel, in denen die große Sause erst gegen 2 Uhr beginnt.

Tendenziell wird es nachts etwas ruhiger, je weiter man sich in Richtung **Sa Penya** bewegt. Das alte Fischerviertel ist gerade im Begriff, das neue In-Viertel der Stadt zu werden, nachdem man sowohl dem Drogenhandel als auch dem mafiösen Immobilienkauf Einhalt geboten hat. Hier befindet sich zum Beispiel der heiße Kulinaria-Treff Ibiza Food Studio (s. rechts).

Die Gelegenheit, per Minifähre nach **Marina de Botafoch** »rüberzumachen«, sollte man nutzen – die Fähre legt neben der zweiten Fährstation links vom Korsarendenkmal ab und wird auch gerne zu Disko-Stoßzeiten genutzt. In der Saison schippert sie regelmäßig zum Amüsierlokal Lío hinüber – wo das Nachtleben Eivissas einen anderen Lauf nimmt.

Übernachten, Essen

Wer inmitten des sogenannten »Bermudadreiecks« logieren will, muss seine Gründe dafür haben. Seine Ruhe findet man eher anderswo. Aber bitte ...

Auffangbecken – **La Marina** **7**: Carrer Barcelona, 7, Tel. 971 31 01 72, www.hostal-lamarina.com, ganzjährig geöffnet, DZ 65–125 €. Traditionelles, kleines und gay-freundliches Hotel am Hafen. Zum Wasser hin ein typisches Hafenrestaurant, tgl. 8.20–16 und 19–1 Uhr geöffnet, Hauptgerichte 9–30 €. Ein traditionelles Fischrestaurant aus dem 19. Jahrhundert, aber der Fisch ist trotzdem immer noch frisch, wie man an der Auslage sieht. Sehr beliebt, wahrscheinlich wegen der bierbankartigen Einrichtung und dem jungen Service. Das Marina führt noch drei weitere Hotels in den umliegenden Gassen. Reservierungen für alle vier Hotels über die zentrale Rufnummer s.o. (**Hotel Los Caracoles:** Carrer Barcelona, 10; **Hotel La Aduana:** Carrer Barcelona, 6; **Hotel Ebusitana:** Carrer Bisbe Huix, 17).

Essen & Trinken

Beste Eiscreme – **Miretti** **12**: Avinguda Andanes, 14, La Marina, tgl. 12–1.30 Uhr. Das beste italienische Eis der Insel und dazu noch die größte Auswahl. Filiale in Santa Eulària am Jachthafen.

Legendär – **Café Mar y Sol** **13**: Avinguda Ramon Tur/Carrer Llus Tur i Palau, La Marina. Daran kommt keiner vorbei bzw. jeder. Der Klassiker unter den Szenetreffs befindet sich genau in der rechten Ecke der Hafenzeile an der Kreuzung zum Passeig de Vara de Rey und verschafft dem immer vollzählig versammelten Völkchen den besten Überblick über Szene und Szenerie.

Friends only – **Ibiza Food Studio** **14**: Carrer Alt, 2, Sa Penya, Tel. 971 31 21 90, keine Website. Hier verwirklicht sich der Kopenhagener Sternekoch Boris Buono in seiner Heimküche. Die erste harte Tür, die man knacken muss, ist Facebook (am besten dort schon mal ›Freundschaft schließen‹), die zweite aus Stahl und liegt in einer weniger besuchten Ecke. Eine Filiale gibt's in Sant Joan (nur für ›Freunde‹).

Einkaufen

Marken von Welt – In den **Straßen des Marina-Viertels** findet man neben originellen und kreativen Shops ebenso die angesagten internationalen Modeläden – wie Mango (Carrer de la Creu, 26) und Custo Barcelona (Carrer Bisbe Torres, 3, www.custo-barcelona.com).

Nostalgisch – **Mercat Veill** 5: Plaça de la Constitució, Sa Penya, Mo–Sa 7–20.30 Uhr, im Winter nur bis 15 Uhr geöffnet. Der alte überdachte Gemüse- und Obstmarkt wirkt schon beinahe gestellt. Schräg gegenüber liegt die Markthalle für Fisch und Fleisch (Di–Sa 8–14 Uhr).

Mein Tipp

Opening- und Closing-Partys

Jeweils Ende Mai/Anfang Juni und Ende September kommen sie aus aller Welt eingeflogen, die Freunde des House und des unnachahmlichen Ibiza-Clubbing-Styles. Denn die inoffiziell ersten und letzten Veranstaltungstage der Diskosaison sollen auch die besten Diskotage überhaupt sein. Kein Wunder, hat man im tristen Winter schließlich lange genug gewartet, dass die Tore wieder öffnen. Oder es steht die öde Pause noch bevor, sodass ein letztes Mal ausgiebig gefeiert werden sollte. Im Winter zeugt dann nur noch die Werbung für die letzten Events auf den überdimensionalen Plakatflächen, die die Veranstalter den Winter über mieten müssen, von dem großen Spaß. Bis es endlich, endlich, endlich wieder losgeht.

Urlaub wie früher – **Sombrereria Bonet** 6: Carrer Conde Rosellón, 6, La Marina, und Carrer del Bispe Azara, 7, Mo–Fr 9.30–13.30, 17.30–20.30, Sa 9.30–13.30 Uhr. Urlaub machen wie weiland Walter Benjamin? Fehlen noch der elegante Strohhut, ein spanischer Fächer (*abanico*) oder Spazierstock. Das hat Stil.

Außen hui – **Holala** 7: Plaça Mercat Vell, 12, Sa Penya, tgl. 11–14, 17.30–23.30 Uhr, www.holala-ibiza.com. Fachgeschäft für den spontanen Kauf von Disko-Bedarf für wenig Geld. Hier gibts viele abgelegte Glamour-Klamotten, mit denen man locker noch »bella figura« macht.

Abends & Nachts

In La Marina besondere Empfehlungen auszusprechen, bedeutet, Nachteulen nach Athen zu tragen. In viele der zahllosen Kneipen wird man ohnehin mehr oder weniger hineingezogen. Lassen Sie sich treiben, aber nicht hereinlegen.

Pre-Club – **The Dome** 1, Carrer Alfons XII, 5, Sa Penya, tgl. ab 23 Uhr: Traditioneller Aufwärmladen für aufgeweckte Nachteulen. Hier treffen sich Voyeure und Exhibitionisten, Dragqueens, Gays, um vor allem die Zeit zwischen Dessert (0 Uhr) und Diskoteca (ab 2 Uhr) auf sinnvolle Art zu überbrücken.

Eivissa Nova und Marina Botafoch

Die eigentliche Bucht zwischen den lebendigen Vierteln Eivissas verläuft entlang der Avinguda de Santa Eulària und ist nicht besonders schmuck, wie auch die Wohngegenden dahinter nicht. Die Hafenmauer dient vor allem als Anleger für die verschiedenen Fähren nach Formentera und den

Gayvissa ...

Eivissa ist nach Sitges die spanische Gay-Hochburg, das Zentrum liegt in La Marina. Die »Jungfrauengasse« Carrer de la Verge ist fest in homosexueller Hand, einige Klassiker dort und drumherum sollte man nicht unerwähnt lassen:

Cocktails zum Vorglühen – **Incognito** 2: Carrer Santa Lucìa, 47, Sa Penya, tgl. 22–3.30 Uhr; **Angelo** 3 Carrer Alfonso XII, 11, Sa Penya, tgl. 22–3.30 Uhr, nur im Sommer. Direkt unterhalb der Stadtmauer zwei benachbarte, gut besuchte Bars, die vor allem zwischen Mitternacht und 2 Uhr zum Antrinken vor dem Sturz ins Nachtleben dienen – dann geht es für viele in die nahe Disko Anfora in der Dalt Vila.

Gay-Disko – **Anfora** 4: Carrer Sant Carles, 7, Dalt Vila, tgl. 24–6 Uhr, Eintritt 7 €, ab 2 Uhr 12 €, im Winter geschl. Einzige schwule Disko auf Ibiza. Verschiedene Bars, Tanzfläche und Dark Room.

Drag&Schräg – **Bar Show Samsara** 5: Carrer de la Virgen, 44, Sa Penya, Tel. 971 19 16 92, tgl. 21–3, Show 0.30 Uhr, Transvestitenshow Dauer 1,5 Std., Eintritt 21 € (inkl. Getränk).

Klassiker – **Bar La Muralla** 6: Sa Carrossa, 3, Dalt Vila, tgl. 23–3.30 Uhr (im Winter Fr–So), ganzjährig geöffnet. Eine der ältesten Schwulen-Bars von Ibiza, nahe der Stadtmauer.

Nahverkehr (in der Saison in die Cala Llonga, nach Santa Eulària und Platja d'en Bossa, alle am Ende der Avinguda de Santa Eulària).

Ein Großteil davon ist eingezäunt, sodass man nur an der stark befahrenen Straße entlanglaufen kann, und von einem langen Parkplatz zu den Fähren hin gesäumt, der offiziell nicht einmal beparkt werden darf. Dahinter fügt sich das Hafengebiet von Eivissa Nova, wo Privatbootbesitzer ihre schönen und teuren Jachten ins Wasser lassen, betanken und übers Jahr liegen lassen können. Daneben führt am Kreisverkehr die Straße Passeig Joan Carles I bis zum Ende des lang gezogenen Jachthafens, besser bekannt als »Marina Botafoch«. Mittlerweile wird die ganze Meile mehr oder minder als »Botafoch« geführt, obwohl es sich geografisch nur um ihr Ende handelt.

Die marine Meile entlang der schönsten und teuersten Jachten verläuft auf der Nordseite gegenüber der Altstadt und bietet einen entsprechend genialen Blick auf dieselbe. Sie ist mittlerweile das Schickeria-Gegenstück zum trubeligen Marina-Viertel und der gediegenen Altstadt – hier alt und arm, dort neu und reich. Die teuren Hotels zeugen nicht immer von Stil, aber nirgends sind die Mieten so hoch wie hier. Die Attraktivität speist sich aus dem Blick auf die Stadt und reichen Menschen, die hier ihre Jach-

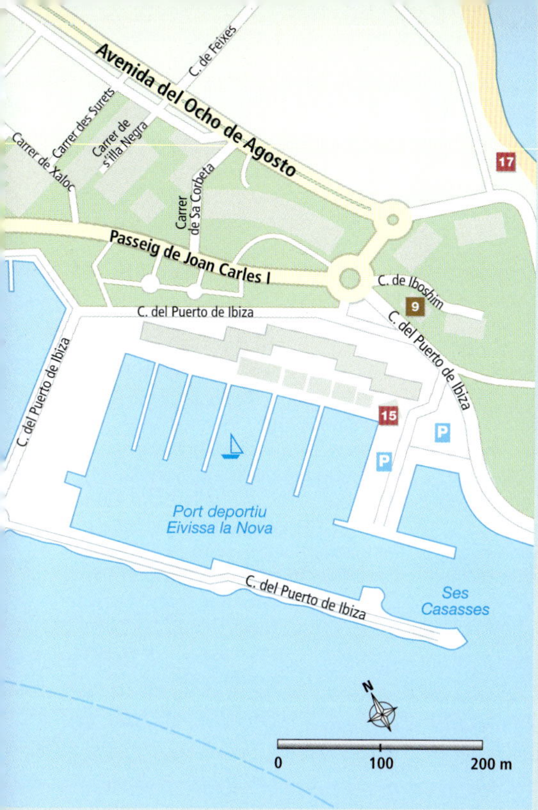

Eivissa Nova und Marina Botafoch

Sehenswert
1 – 17 s. Karten S. 91, 102
18 Lune Rouge und Art Projects Ibiza

Übernachten
1 – 5 s. Karte S. 91
6 – 7 s. Karte S. 102
8 Ibiza Granhotel
9 the ocean drive
10 El Hotel Pacha

Essen & Trinken
1 – 3 s. Karte S. 91
4 – 14 s. Karte S. 102
15 Cappuccino Grand Café
16 Blue Marlin Marina
17 Bar Flotante

Aktiv
1 s. Karte S. 102
2 Club Nautico

Abends & Nachts
1 – 6 s. Karte S. 102
7 Casino de Ibiza
8 Heart Ibiza
9 Lío Ibiza
10 Veto Social Club
11 Pacha

ten anlegen und abends an Land gehen. Aus diesem Grund gibt es an der »Botafoch« neben Fachgeschäften für Luxusbedarf wie Motorboote einige gute Läden vom Frühstück bis zur Disko. Aber schon auf der Rückseite, auf die man durch den Verkehr zurückgelenkt wird, bietet sich zur Seite nach Talamanca ein Naturschutzgebiet, das die Gebäude trostlos wirken lässt. Weiter hinaus ist die Straße für den Durchgangsverkehr gesperrt, dort gelangt man zur neuen Kaimauer, an dem die Riesenfähren zum Festland anlegen, und zum Kap »Far de Botafoch«.

Lune Rouge und Art Projects Ibiza 18

Carrer Alcalde Bartomeu Rosello'Sala, 7 und 9B, http://lunerougeibiza.org, http://artprojectsibiza.com, beide Di–So 15–21, Okt.–April 12–18 Uhr

Mein Tipp

Genügsame Schönheit – Bar Flotante 17
Fluchende Köche, Bierzeltatmosphäre, Plastiktische auf Sand, barfuß die beste Paella genießen (wenn am Nebentisch nicht gerade merkwürdige Sachen geraucht werden) oder auch nur einen kleinen Bocadillo essen, ohne dass jemand mit der Wimper zuckt – wo hat man das noch in dem sich sonst aufbrezelnden Umfeld? Richtig, gleich um die Ecke am Strand von Talamanca, in der Bar Flotante! Die Tische reichen in der Saison bis hinunter ans Wasser und auch im Winter ist geöffnet.

Nur wenige hundert Meter von der Marina entfernt, haben sich zwei sehr interessante Ausstellungsorte für zeitgenössische Kunst, das **Lune Rouge** und **Art Projects Ibiza,** etabliert, die beide dem Museu d'Art Contemporani d'Eivissa (MACE, s. S. 98) nahestehen. In den Galerien arbeiten Locals mit renommierten ›Artists in Residence‹ vom Schlage Jenny Holzer oder Cindy Sherman in hervorragend kuratierten Projekten zusammen. Wenn Sie Glück haben, findet während Ihres Aufenthalts ein Kunstfrühstück statt, wo Sie leicht mit Kuratoren und Direktoren ›in touch‹ kommen.

Übernachten

Pompös – **Ibiza Granhotel 8**: Passeig Joan Carles I 17, Eivissa Nova, Tel. 971 80 68 06, www.ibizagranhotel.com, DZ 350–600 €. 5-Sterne-Hotel. Eröffnet, direkt wieder geschlossen, wieder eröffnet, groß, prächtig und Geschmackssache. Immerhin mit Kunstsammlung und aufwendig gestaltetem, riesigem Spa-Bereich. Dazu gibt es auch Zimmer mit Badewanne in der Mitte und freiem Blick auf die Dalt Vila. Mit Konferenzräumen auch für Business-Meetings geeignet.

Designerisch – **the ocean drive 9**: Marina Botafoch, Tel. 971 31 81 12, www.ayrehoteles.com, ganzjährig geöffnet, DZ 200–400 €. Das luxuriös umgebaute Hotel mit Art-déco-Fassade und gehobener Atmosphäre zieht das betuchte junge Szenepublikum an. Fast alle Zimmer haben Blick auf den Hafen und die Altstadt. Sonnenliegen gibts auf dem Dach, allerdings keinen Pool. Wird auch gerne für internationale Poker-Events gebucht.

Das Hotel zur Disko – **El Hotel Pacha 10**: Carrer Historiador Joan Marí Cardona, Eivissa Nova, Tel. 971 31 59 63, www.elhotelpacha.com, ganzjährig, DZ 120–270 €. Sehr cooles Hotel, natürlich fast »next door« zur Pacha-Disko, und oft von »Stars« gebucht. Madonna war auch schon da.

Essen & Trinken

Für Angeber und Ausgeber – **Cappuccino Grand Café 15**: Marina Botafoch, Tel. 971 19 27 26, www.grupocappuccino.com. Wieder eimal manifestiert sich ein entspannter Lifestyle, hier in Gestalt der weltweit operierenden Cappuccino-Gruppe: durchgehend Haute Cuisine von opulentem Breakfast über hochwertiges Essen bis zum Cocktail zum Sonnenuntergang – und natürlich mit eigener Musikkollektion.

Chillig und angesagt – **Blue Marlin Marina 16**: Passeig Joan Carles I, 1, Port d'Eivissa Nova, Tel. 971 19 37 06, http://marina.bluemarlinibiza.com, Espresso 2,50 €, Detox-Säfte 8 €. Die Stadt-Dépendance des berühmten Beachclubs bietet Cocktails und peruanische Küche direkt am Hafen – und natürlich das hauseigene Blue-Marlin-Flair mit chilliger Musik, auch schon zum Frühstück.

Einkaufen

Shoppen und Schauen – In der **Geschäftszone von Marina Botafoch** befinden sich 60 Etablissements, die sich in modern-ibizenkischem Baustil um drei Plätze gruppieren, wo man ein reichhaltiges Angebot an nautischen Firmen finden kann, sowie eine attraktive Zone mit Bars, Restaurants, Cafeterias, Geschäften und Shops.

Aktiv

Segeln lernen – **Club Nautico** 2: Puerto de Ibiza, Muelle s/n, Tel. 971 31 33 63, www.clubnauticoibiza.com. Auch mit Kindern interessant. Die Profis können Regatten fahren. Besonders hervorzuheben sind die therapeutischen Sportprogramme für Blinde und Behinderte unter professioneller Aufsicht: Kajak, Segeln und aktives Strandprogramm.

Abends & Nachts

Spielplatz – **Casino de Ibiza** 7: Avinguda Joan Carles I (Neben Ibiza Granhotel), Eivissa Nova, www.casinoibiza.com, tgl. 18–5, im Winter bis 4 Uhr. Automaten- und Spielsaal. Besonderheit: Karibisches Stud-Poker.

Pomp, Molekular und Circumstance – **Heart Ibiza** 8: Passeig Joan Carles I, 17, Eivissa Nova, Tel. 971 93 37 77, www.heartibiza.com, 21–4 Uhr. Ein Fest der Sinne, vom Eiswagen bis zum Dancefloor: Das Gemeinschaftsprojekt der Kochpäpste und alten Ibiza-

Wo die Kirschen des Pacha auftauchen, ist das Vergnügen nicht mehr weit

Partyfreaks Ferràn und Albert Adrià mit ›Cirque du Soleil‹-Gründer Guy Laliberté ist »ein einzigartiges Erlebnis, das jede Nacht im Heart zur Party werden lässt – nicht nur für unsere Gäste, sondern auch für uns selbst«. Vom innovativen Street-Food auf der Open-Air-Terrasse bis zum gepflegten Dinner oder heftigem Inhouse-Clubbing ist alles drin, sogar Auftritte internationaler Funkbands wie George Clintons Parliament/Funkadelic. Dresscode: gut angezogen.

Cabaret – **Lío Ibiza** **9**: Passeig Joan Carles I, Port d'Eivissa Nova, Tel. 971 31 00 22, www.lioibiza.com, tgl. 20.30–5 Uhr, Boottransfer vom Fährhafen alle 20 Min. (1–3 Uhr). Gleich an der Anlegestelle der kleinen Fähre von La Marina gibt es im von der Pacha-Gruppe geführten Etablissement Cabaret, Shows und Burlesken *at its best*. Der Club mit einer Kapazität von 1500 Besuchern bietet seinen Gästen ein Dinner und frivole, teilweise laszive und witzige Showeinlagen für beiderlei Geschlecht, bis hin zur DJ-Party oder dem Bad im Pool.

Botafoch ohne ChiChi – **Veto Social Club** **10**: Avenguda 8 de Agosto, Eivissa Nova. Der Club für Einheimische direkt neben dem Pacha ist genau das Gegenteil – puristisch und indie, was DJ Hell und andere nicht vom Auflegen abhält.

Kult – **Pacha** **11**: Avinguda 8 d'Agost s/n, Eivissa Nova, www.pacha.com, tgl. 23–7 Uhr, im Winter nur Fr/Sa, Eintritt 25–50 € (online bei www.clubtix.co.uk, 38 €). Der berühmte Club mit den zwei roten Kirschen: Eine der besten Megadiskos der Welt (Kapazität: 3000) ist inzwischen weltweit vertreten. Hier mit tropischer Gartenterrasse, vier Ebenen und Restaurant. Legenden wie Erick Morillo, David Morales oder Mitglieder von Faithless legen regelmäßig auf.

Die Strände Eivissas

Platja Talamanca ▸ F 6

Der nördliche Hausstrand von Eivissa liegt in jeder Hinsicht günstig: Der über einen Kilometer lange Sandstrand – nur wenige Minuten von der Stadt entfernt – liegt in einer entsprechend weitläufigen, aber geschlossenen Bucht. Der Wind kommt meist von der Küste, sodass die See ruhig ist. Hier stößt man trotz der idealen Lage aufgrund seiner Länge nicht überall auf Menschenmassen, findet aber Zufahrtsrampen für Behinderte vor. Wegen seiner geringen Wassertiefe ist dieser Strand besonders für kleine Kinder geeignet. Sand, Seegras, teilweise starke Erhebungen im Wasser sorgen für Abwechslung.

Aufgrund der Größe der Bucht eignet sich die Platja Talamanca ideal zum Segeln oder Jetskifahren. Am Kap vor der Punta de s'Andreus liegt der Kiosco Sa Punta, der im Sommer extrem beliebt ist, obwohl er nicht einmal über einen Wasseranschluss verfügt.

Übernachten

Vom Bett ins Meer – **Hostal Talamanca**: Playa Talamanca, Aptdo.103, Tel. 971 31 24 63, www.hostaltalamanca.com, DZ 70–150 €. Wohl dem, der ein Bett in dem ehrwürdigen, charmanten Strandhotel ergattert hat; denn schneller geht es kaum aus dem Zimmer in die Wellen. Wem dies nicht beschert ist, der erfreut sich auch gerne an der lebendigen gastronomischen Abteilung des Hauses mit Blick auf das muntere Strandleben.

Recht posh – **Destino Ibiza Pacha Resort:** Avenida Cap Martinet s/n, Tel. 971 31 74 11, http://destinoibiza.com, DZ ab 231 € inklusive Frühstück. Auf den Klippen des Cap Martinet nahe

Talamanca bietet das 2013 eingeweihte Resort einen spektakulären Blick auf Meer, Hauptstadt und die Nachbarinsel Formentera.

Essen & Trinken

Frisch aus dem Wasser – **The Harbour Club**: C/Ses Feixes s/n, Tel. 971 19 33 80, http://theharbourclub.es. Frische Fischgerichte und Sushi, erstklassiger Service direkt am belebt-beliebten Endlosstrand.

Good vibrations – **Sa Punta:** Es Pouet de Talamanca, Tel. 971 19 34 24, www.sapuntaibiza.com. Für Lunch und Dinner der gehobenen Sorte im Vintage-Stil eingerichtete Location, wo sich der Jetset im ›Über-Chic‹ eines Chill-outs direkt an der Felsküste trifft. Es gibt gleich mehrere Restaurants, die sowohl libanesisch geprägte (Patchwork) als auch asiatische Küche (Ginger) bieten. Auch als Sunset-Chill-out geeignet.

Essen zum Singen – **El Chiringuito:** Sa Punta, am Ende der Bucht, Tel. 971 30 23 47, www.ecoibiza.com. Im inoffiziellen, klassisch hausgemachten *chiringuito* (dt. Büdchen) der Öko-Kette Ecoibiza singen die Kellner das Fischangebot des Tages, immer frisch gegrillt und mit Salat serviert.

Aktiv

Abtauchen – **H2O**: Im Hotel El Corso, Talamanca, Tel. 971 31 35 24, und Ibiza Sub-Vellmari Center Buceo, Marina Botafoch, Tel. 971 19 28 84.

Westlich von Eivissa

Hinter einer recht unattraktiven Chemiefabrik, die oft einen gelben Schleier in die Luft abgibt, verläuft die »Autobahn« C 731 Richtung Sant Antoni, an der links und rechts Gewerbegebiete liegen. Keine attraktive Gegend, aber rechts findet man die einschlägigen, nützlichen Supermärkte und einige Möbelzentren.

Einkaufen

Töpfer-Tupper – **Alfarería Sa Taulera:** an der C 731 Sant Antoni–Eivissa auf Höhe km 2, Mo–Fr 9–13, 16–19, im Winter bis 18 Uhr, Sa 9–13 Uhr. Und Fábrica Alfarería Ibicenca (Mo–Sa 9–20, im Winter bis 19 Uhr): Keramik Ibiza-Style und Importware. In der »Fabrica« kann man beim Herstellen zusehen. Im Umkreis findet man auch die großen Supermärkte für den täglichen Bedarf.

Abends & Nachts

Voll die Disko – **Amnesia:** außerhalb an der Straße C 731 Richtung Sant Antoni bei km 6, www.amnesia. es, tgl. 24–7 Uhr, Eintritt 30–60 € je nach Party. Mo Cocoon-Party, Mi/So Schaumpartys, Mi beliebter Gay-Abend. Im Winter geschlossen. Experten halten das Amnesia für einen der besten Clubs der Welt. Zum Beispiel DJ-Ikone Sven Väth, der an den Montagen im Sommer immer sein Frankfurter Cocoon-Domizil hierher verlegt. Trotzdem ist im Amnesia für Abwechslung gesorgt. Neben der großen Halle, die etwa 5000 Tanzwütige aufnimmt, gibt es eine zweite, akustisch gut abgetrennte kleinere Tanzfläche.

Ses Figueretes und Platja d'en Bossa

Südwestlich der Stadt, zwischen Flughafen, Salinen und dem Meer schließen sich die Hausstrände Eivissas an, die in der Stadtbucht selbst nicht existieren: Ses Figueretes und Platja d'en

Bossa. Um sie herum haben sich große Touristenzentren gebildet, die vor allem englischen und deutschen Touristen alles bieten, was sie von zu Hause gewohnt sind.

Der Vorteil dieser Enklaven besteht darin, dass sie infrastrukturell hervorragend aufgestellt sind – von der Vorort-Stranddisko bis natürlich zu den großen Hotelanlagen und einem ausgiebigen Vorabend-Amüsierprogramm. Wer keine weiteren Ansprüche hegt, Party machen will und vom Flughafen aus nicht noch längere Wegstrecken auf sich nehmen möchte, ist hier gut bedient. Die Clubs sind teilweise astronomisch teuer – das Restaurant Sublimotion im Hard Rock Hotel ist sogar das teuerste der Welt!

Ses Figueretes ▶ F 6

Der südliche Stadtstrand von Eivissa ist – wie die nördliche Platja Talamanca – nur ein paar Minuten vom Zentrum entfernt. Der etwa 80 m und 25 m breite lange Strand mit goldgelbem, mittelkörnigem Sand besteht aus mehreren Buchten, die durch Felsen-

Am Hausstrand Eivissas: die Promenade von Ses Figueretes

dämme verbunden sind und sich auf diese Weise im Wasser fortsetzen. Der Einstieg ist relativ flach, daher auch für Kinder geeignet.

Eine Palmenpromenade macht den Spaziergang entlang des Strandes angenehm. Er befindet sich direkt am gleichnamigen Stadtviertel von Eivissa, Figueretes. Vor starkem Wind und Wellengang geschützt, ist die Platja Figueretes ein ruhiger Strand, der sich ideal zum Sonnen oder für ein gefahrloses Bad im Meer eignet.

Übernachten

Die Hotelburgen liegen aus naheliegenden Gründen direkt am Strand – und auch in der Einflugschneise des Flughafens. Im Unterschied zu Platja d'en Bossa weist Figueretes aber noch die Grundzüge und den Charme des alten Badeortes auf.

Geräumig – **Los Molinos:** Carrer Ramón Muntaner 60, Tel. 971 30 22 50, www.thbhotels.com, ganzjährig geöffnet, DZ 110–200 €. Bewährt und renoviert, macht das Hotel einen aufgeräumten Einruck. Die schönsten Zimmer liegen natürlich zum Meer und bieten einen direkten Blick darauf. Ein großer Pool unter Bäumen über dem Meer verleiht dem Hotel einen mondänen Touch. Inklusive Heizung, Sauna und Fitnessraum.

Hier ist oben – **Hotel Cenit:** Carrer Archiduque Luís Salvador, s/n, Tel. 971 30 14 04, im Winter geschl., DZ 52–102 €. Nomen est omen: Über das Hotel auf dem Puig des Molins geht nichts hinaus. Die großen, angenehm spärlich möblierten Zimmer bieten entsprechend eine grandiose Aussicht. Dem vornehmlich jungen Publikum ist das reduzierte Mobiliar egal. Die Aussichten machen's.

Rockt das Haus – **Es Vivé:** Carrer Carlos Roman Ferrer 8, Tel. 971 30 19 02, www.hotelesvive.com. Lassen wir es mal für sich sprechen: »Im Es Vive schäumt die Stimmung über wie die Cava-Sangría am Pool. In diesem angesagten Hotel können die – ausschließlich erwachsenen – Gäste bei sanftem Neonlicht unter schwankenden Palmen die beiden Hauptattraktionen Ibizas genießen: vollkommene Erholung und pure Sinneslust. Hier ist Schüchternheit fehl am Platz! Der imposante weiße Palast mit Art-déco-Highlights und dem Pool mit Sonnendeck sowie der berühmten Smirnoff-Experience-Bar hat ein modernes, lässiges und sexy Ambiente. Die 52 Zimmer und drei Suiten sind im coolen Retro-Style gehalten.« Also für jede MTV-Party-Übertragung ideal.

Infos

Ein Infokiosk der offiziellen Touristeninformation Eivissas direkt am Strand.

Busverbindung nach Eivissa: Linie 14 Eivissa–Figueretes–Platja d'en Bossa: Juni–Sept. tgl. 7–23.40 Uhr alle 20–25 Min., Okt.–Mai Mo–Fr 7.30–22.30 Uhr alle 30 Min., Sa, So 9–13, 16–20 Uhr stdl.

Platja d'en Bossa ▶ E 6

Der mit 2,7 km längste Strand Ibizas mit hellem, feinem Natursand reicht von der Gemeinde Eivissa bis zur Gemeinde Sant Josep de sa Talaïa. Er entfaltet jedoch erst in Richtung Süden seine wahre Blüte. Seine Windausrichtung und offene Formung machen ihn geradezu ideal für Wassersport jeglicher Art. Aufgrund seiner Größe und Lage nahe Eivissa ist der Strand sehr gut besucht, sowohl von Touristen als auch den Anwohnern der Umgebung. Familien schätzen ihn wegen seiner geringen Tiefe – bis zu 50 m ins Meer hinein kann man noch auf dem mit einigen Felsenpartien versetzten Sandboden stehen. Der Ort hat ausnahmsweise einmal ein paar rein touristische

Straßenzüge, wie man sie sonst nur in Port d'es Torrent bei Sant Antoni vorfindet: Luftmatratzen und schlechte Restaurants für die schnelle Abfertigung – wären da nicht der Strand und die nächtlichen Verlockungen, allen voran das Ushuaïa, Nassau Beach oder das neue Hï (ehemals Space) und der Beachclub Bora Bora, wo bis ins Morgengrauen gehottet wird ...

Dem unbeschränkten Vergnügen ist mittlerweile ein Riegel vorgeschoben: Morgens um sieben ist die Welt wieder in Ordnung: Da machen nur die Kleinfamilien Rabatz, denn die Clubs müssen schließen. Am Südende heben mehrere neue Beachclubs das Niveau. Auf dem Weg liegt der Durchgangsort Sant Jordi, in dem der Hippiemarkt die größte Attraktion darstellt.

Übernachten

Hotels sind zwar gerade hier zahlreich vertreten, aber es handelt sich fast ausschließlich um Bettenburgen, die pauschal gebucht werden. Wer hier das charmante Ausnahmehotel sucht, macht etwas falsch: Nach Platja d'en Bossa fährt man nicht, um zu schlafen.

Zum Durchmachen – **Jet Apartamentos:** Tel. 971 30 59 72, www.jetibiza.com, im Winter geschl., Apt. klein 50–205 €, Apt. groß 80–260 €. Explizit zum Leutekennenlernen ausgelegtes Riesen-Apartmenthotel. Wer von der »Bora Bora«-Beachparty ins Bett fallen will und tagsüber den Vorhang zuzieht, liegt hier richtig – es gibt ohnehin kein Meer zu sehen, dafür jede Menge Fleisch. Nach dem Aufwachen kann man etwa zum Friseur gehen, um sich nach jeder Couleur zu stylen.

Für Familien – **Fiesta Club Palm Beach:** Tel. 971 39 67 17, DZ ab 50 €. Riesenanlage der Fiesta-Kette, wegen seinen kinderfreundlichen Einrichtungen besonders für Familien geeignet. Für Kinder ist in der Nebensaison die Halbpension gratis.

Long live Rock'n'Roll – **Hard Rock Hotel:** Carretera Playa D'en Bossa s/n, Tel. 971 31 42 10, www.hardrockhotels.com/ibiza.aspx. Das technofreie Luxushotel unter den Eventschuppen. Das erste Etablissement der Gastro-Marke mit den Insignien von (mehr oder weniger) Sex, Drugs and Rock'n'Roll hat eine urtypische Heimstatt gefunden. Denn an der Platja d'en Bossa geht es schließlich fast rund um die Uhr ums Partymachen. Die Palladium Hotel Group und die Marke Hard Rock International lassen bitten: Die 480 Zimmer, das Rock Spa oder der Rock Shop spiegeln das Thema des Hotels wider: Überall trifft der Gast auf Musik. Und dann wäre da noch das Sublimotion, das teuerste Restaurant der Welt, ein Sinnestempel des Zwei-Sterne-Kochs Paco Roncero (www.sublimotionibiza.com).

Essen & Trinken

Nix für Nassauer – **Nassau Beachclub:** Tel. 971 39 65 35, www.nassaubeachclub.com, tgl. 12.30–0 Uhr. Stilbewusstsein gibt es auch am Partystrand: Hier serviert das Personal in eigens geschneiderten Kleidern von Roberto Cavalli die Cocktails an das Sonnenbett, man schlürft genussvoll Hummerbeine aus oder genießt den abendlichen Cocktail zu permanenter Chill-out-Live-Musik. Beliebt für Hochzeitspartys.

Opulent – **Ushuaïa:** Carretera Playa den Bossa, vor dem Hotel Fiesta Don Toni, Tel. 675 73 43 70, www.ushuaiaibiza.com. Der neue Hotspot am Beachclub-Himmel, opulent eingerichtet und dem Niveau des Strandes entsprechend: Billig-Techno vom Frühstück bis zum Morgengrauen. Totempfähle und Elefantenstatuen weisen den Weg.

Einkaufen

Legendär – **Flohmarkt Ibiza Rastrillo:** im Hipódromo Sant Jordi, am südlichen Ende der Platja d'en Bossa, beim Kreisverkehr zum Flughafen und den Salines-Stränden, Sa 9–14 Uhr, ganzjährig. Selbst Nachtschattengewächse finden oft den Weg zum Hippiemarkt ins Reitstadion. Wer seine Radkappen vermisst, oder auch wertvollere Gegenstände – wer weiß, vielleicht findet man sie hier irgendwo in einem Kofferraum wieder! Dort liegen sonst auch Trödel, Schallplatten, Bücher und vieles mehr ausgebreitet. Zwischendrin steht auch mal ein Bäuerchen und verkauft seinen selbst gepflückten Delikatessspargel für einen Euro. Außerdem gibt's hier jede Menge echter Hippies zu sehen.

Aktiv

Kindgerecht – **Wasserpark Aguamar:** nicht zu übersehen, in der Saison tgl. 10–18 Uhr, Erw. 12 €, Kinder 2–12 Jahre 6,50 €. Alles, was Kinder zum Plantschen und Toben animiert.

Gepflegt – **Sirenis Vital Spa:** Avinguda Pedro Matutes Noguera, s/n, nahe Hotel Goleta, Tel. 971 39 11 76, Mo–Sa 8–22, So 11–20 Uhr, www.sirenishotels.com. Ganzjährig geöffnetes, modernes Wellness-Center mit Schwimmbad, Sauna und großem Angebot an Gesichtsbehandlungen und Massagen.

Tauchen, Segeln, Windsurfen – **Anfibios:** Tel. 971 30 39 15, mobil 665 13 91 98, www.anfibios.com. Oder Rumbo Azul: Carrer Rosa 2, Sant Jordi, Tel. 971 34 82 42, www.rumboazul.com, ganzjährig geöffnet. Dependancen in Port d'es Torrent (Sant Antoni) und der Cala Llonga. Bei schlechten Windverhältnissen wird dorthin ausgewichen.

Jet-Ski – **Sirenis Club Hotel Tres Carabelas:** Avinguda Pedro Matute Noguera, s/n, Tel. 971 30 24 50, www.sirenishotels.com. Verleih.

Köstlich – **Vins de Tanys Mediterrans:** Carrer del Tudó 13, Sant Jordi, Tel. 971 19 39 00 (Besichtigungstermin vereinbaren). Zwei Freunde taten sich im Jahr 2001 zusammen, um in einer der kleinsten Kellereien Europas aus der Monastrell-Traube einen hervorragenden Ibiza-Landwein zu erzeugen. Schauen Sie mal vorbei, um zu sehen, wie weit der Versuch mittlerweile gediehen ist!

Abends & Nachts

Bum Bum – **Bora Bora:** direkt neben dem Jethotel, von der Hauptstraße bei Murphy's Pub links, Tel. 971 30 37 86, www.ibiza-spotlight.com/bora-bora, openair Nachmittag bis Mitternacht. Echter Strandclub, beliebt als preiswerte Alternative zu den großen Clubs (Eintritt frei, Getränke bis zu 50 % billiger), Pre-Club oder auch Chill-out, je nach Tageszeit. Seit 1997 wird in der ehemaligen Strandbar auf den Tischen und halb stehend im Wasser getanzt. Dabei werden die überfliegenden Düsenjets begrüßt, Schandi-Limón getrunken (Radler mit Fanta-Zitrone) und wer nackt tanzt, bekommt Bonuspunkte. Bei den Behörden und der Konkurrenz nicht beliebt.

Der neue Space – **Hï Ibiza:** Platja d'en Bossa, www.hiibiza.com, Tickets um 50 €. Die neue Diskothek in den alten Räumen des legendären Space-Clubs mit einer Kapazität von 2500 Personen gehört zur Ushuaïa-Gruppe. Neben Theatre- und Clubarea gibt es drei Open-Air-Bereiche, VIP-Tipis und sogar eine DJ-Kabine im Unisex-WC. DJ wie Martin Garrix, Black Coffee und Kölsch sollen den Laden wie zu Space-Zeiten zum Kochen bringen. Der neue Betreiber behält sich skurrilerweise vor, bei Misserfolg den Club wieder in Space umzubenennen …

Auf Entdeckungstour: Auf alten Wegen – mit dem Rad von Eivissa nach Sant Antoni

Wollen Sie einmal wissen, wie der Weg von und nach Eivissa noch vor wenigen Jahrzehnten aussah – und wie er sich anfühlte? Über Stock und Stein, durch heiße serras, über alte Pferdepisten, auf schmalen Pfaden durch dunkle Wälder? Dann folgen Sie uns – der Bequemlichkeit halber per Rad.

Reisekarte: ▶ F 6–D 4

Start und Ziel: die Dalt Vila in Eivissa
Dauer: Die Gesamtlänge der Strecke beträgt 45 km, die bei 14 km/h Durchschnittstempo in etwas mehr als drei Stunden bewältigt würden.
Planung: ausführliche Informationen s. S. 121
Schwierigkeitsgrad: mittelschwer; Ausdauer und Fahrsicherheit auf unwegsamem Gelände sind Voraussetzung

Die umstrittene »Autobahn« C 731 zwischen Sant Antoni und Eivissa verbindet die West- und Ostseite Ibizas auf kürzestem Wege. In knapp zwanzig Minuten kann man die Strecke mit dem Auto absolvieren. Unsere Tour demonstriert, wie es aussieht, wenn man sich die Schnellstraße wegdenkt und Wege befährt wie früher.

Danach wissen Sie auch, was Sie alles verpassen, wenn Sie über die Autobahn flitzen.

Der Aufbruch in Eivissa

Aber erst einmal aus Eivissa heraus: Nehmen wir mal an, wir befinden uns am **Kirchplatz der Dalt Vila** mit ihrem Rundumblick und wollen uns nach dem Kirchgang wieder nach Hause nach Sant Antoni begeben. Also fahren wir durch die Gassen bis zum **Passeig de Vara de Rey** hinab und von dort auf dem **Carrer Ignasi Wallis** geradeaus, bis wir einen **Kreisverkehr** erreichen. Dort geht es zunächst weiter geradeaus, dann nehmen wir die **erste Abzweigung nach rechts.** Wir fahren an mehreren Kreuzungen und einem Kreisverkehr weiter immer geradeaus **nach Puig d'en Valls.** Ganz oben an der Straße liegt dort die berühmte **Likör-Fabrik Marí Mayans,** die so mancher Ibizaurlauber aufgrund ihrer Herstellung von Hierbas, Frigola und Palo, den Urgetränken Ibizas, nach einer gewissen Zeit ins Herz geschlossen hat. Das Unternehmen hat nahezu Monopolstatus.

Auf dem alten Weg Richtung Sant Mateu

Hier oben beginnt nach rechts der **Camí Vell de Sant Mateu,** der alte Weg nach Sant Mateu, den wir eine Weile verfolgen. Schnurgerade, wellig und stur verläuft die Strecke. Es ist inzwischen leise geworden. Kaum ein Auto passiert die Straße, die ehemals die Hauptverkehrsader in den Norden bildete. Es ist kaum zu glauben, dass man bei dieser Ruhe der Straße so nah ist.

Eine unbeachtete Statue

Und dann begegnet man Jesus. Zur Linken erhebt sich der **Montecristo,** der mit einiger Fantasie an den Zuckerhut in Rio erinnert. Im Dunkeln ist die **Jesusstatue** beleuchtet. Und trotzdem – oder wegen seiner von Hauptstraßen nicht einsehbaren Lage – dürfte er die bekannteste Sehenswürdigkeit Ibizas sein, die niemand beachtet. Entweder, wir folgen nun dem Weg Nr. 10 und schlagen uns »durch die Büsche«, auf Pfaden und an Trockenmauern vorbei direkt nach Sant Rafel, oder wir bleiben weiter auf dem alten Weg, bis es richtig ländlich und ruhig wird und das **Hipódromo de Sant Rafel** vor unseren Augen erscheint: eine weitere Eigenheit Ibizas, von der kaum ein Ibizaurlauber Notiz nimmt.

Wieso eigentlich nicht? Allein das schöne, bunt beflaggte Stadion sieht von außen aus wie aus einem Kindermalbuch. Manchmal kann man von außen beobachten, wie die Pferde geputzt oder gar zum Rennen in die Sulkys eingespannt werden. Denn jeden Sonntag ist hier *trotrones*, das Trabrennen, angesagt, ein Sport, den die Ibizenker lieben und der ihnen eine bemerkenswerte Hengstzuchtkultur beschert hat. Außerdem kann man bei den meisten Rennen Wetten abschließen und gewinnen! Baden-Baden auf ibizenkisch!

Mit oder ohne Umweg?

Nun können wir auf dem Drahtesel direkt auf der ausgeschilderten Straße nach **Sant Rafel** reiten und uns am **Kirchplatz** mit einem spektakulären Blick durchs tiefe Tal bis hinüber zur Dalt Vila von unserer bisherigen Leistung überzeugen (und dann auf direktem Wege zurückreiten, wer keine Lust mehr hat oder müde ist). Oder man nimmt noch den etwas malerischeren Schlenker durch die Wälder, der mit der **Nummer »21«** ausgeschildert ist, um nun ebenfalls auf dem Kirchplatz von Sant Rafel zu landen.

Über den Camí Vell de Sant Rafel ans Ziel gelangen

Den Rest der Stecke bildet der **Camí Vell de Sant Rafel,** der alte Weg zwischen Sant Rafel und Sant Antoni: ein einfacher, schöner linearer Weg von knapp 13 km Länge. Ein Großteil der Strecke führt über Wege und Pfade durch Felder und Wiesen. Diese Strecke, man glaubt es bei den teilweise engen Pfaden kaum, stellte einst die Verbindung zwischen Sant Antoni und Sant Rafel her, sie ist jedoch durch den Bau der Hauptstraße, die man beizeiten links liegen sieht, in Vergessenheit geraten.

Quer durch eine jahrhundertealte Kulturlandschaft

Entlang dieser Route stechen besonders die hundertjährigen Trockenmauern hervor, mit denen einst die Grundstücke abgegrenzt wurden und die heute mit der Vegetation zu einer eigenwillig schönen Landschaft verschmolzen sind. Manchmal müssen wir absteigen, ein Gatter öffnen (und natürlich wieder schließen), weil wir eine Kuh- oder Ziegenweide passieren.

Einmal sind es sogar Strauße, die uns zur Abschreckung sicherheitshalber laut hinterherkreischen. Aber keine Angst, sie hocken hinter Zäunen. Wir fahren an Mandelbäumen, Johannisbrotbäumen, Pinien, Äckern und traditionellen Gemüsegärten vorbei. Und an einigen tausendjährigen Olivenbäumen, von denen es auf Ibiza mehrere Hundert gibt. Die *soques,* jener Bereich dicht über den Wurzeln, ist bemerkenswert weich und wird gerne von Künstlern und und Schnitzern ausge- oder verunstaltet. Vielleicht entdecken Sie ja unterwegs ein solches »Kunstwerk«.

Der letzte Abschnitt

Zum Schluss führt die Route auf eine Asphaltstraße, die unter Fahrradfahrern auch **»Es Porquet«**, die **»Schweinestrecke«** genannt wird. Denn auf dieser sanften Strecke wird einmal im Jahr ein Kinderradrennen ausgetragen. Sein Maskottchen ist ein Schwein (*porquet*). Falls Sie Geschmack an Radtouren gefunden haben: Es Porquet ist, wie die zahlreichen Nummern an den Hinweisschildern verraten, Ausgangspunkt für viele weitere Radtouren, vor allem in den bergigen Norden. Am eigenen Leib spüren wir nun, was man nur wenige Generationen vor uns auf sich nehmen musste, um von Stadt zu Stadt zu gelangen. Und eigentlich war das die kürzeste Verbindung überhaupt ...

Der Rückweg – auf die gemütliche oder härtere Tour?

Nun können Sie die Strecke zurückfahren oder sich zuerst in **Sant Antoni** stärken und sich rühmen, die Insel überquert zu haben. Wer meint, das sei bisher doch alles eher ein Kinderteller, der kann zurück »auf die härtere Tour kommen«: Der Weg verläuft auf der anderen Seite der Autobahn durch die bergige **Serra Grossa,** ist etwas länger und mit seinem Anstieg auf 350 m auf die **Serra de sa Murta** eine kleine Herausforderung.

Beim **Kreisverkehr Es Molí in Sant Antoni** beginnen wir diesen Abschnitt, der technisch nicht sehr anspruchsvoll ist, jedoch immerhin eine gute Kondition verlangt. Ein letzter Blick auf das Übersichtsschild, das die Routen beschreibt, fahren wir auf der **Avenguda Dr. Fleming in Sant Antoni** Richtung Norden und biegen schließlich an der ersten Kreuzung bei einer Brücke nach rechts ab. Wir folgen nun wieder dem roten Dreieck mit der **»10«**.

Durch die Serra de sa Murta

Wir radeln durch Felder und eine Wohnsiedlung, bevor wir in einen Wald gelangen, in dem wir den Aufstieg zur **Serra de sa Murta** beginnen. Oben angekommen, erwartet uns eine Abfahrt, die jedes Bikerherz höherschlagen lässt und die uns durch schöne Täler bis zur

Stadt Eivissa führt. Die Strecke ist Natur pur, aber dafür hat man nur wenig Ausblicke: Beim Hochfahren ist der Blick tendenziell gesenkt, beim Herunterfahren muss man sich auf die Abfahrt konzentrieren. So geht es vom höchsten Punkt bis **Figuretes** etwa 10 km über Berg und Tal. Bei einem Kreisverkehr fahren wir geradeaus weiter und erreichen den Stadtrand von Eivissa. Bei der Sporthalle angelangt, biegen wir nach rechts in ein freies Gelände ein und überqueren danach die Straße auf einer Überführung. Beim nächsten Kreisverkehr fahren wir weiter in die **Aveniguda d'Espanya** hinein, biegen etwas weiter rechts in den **Carrer Ramón Muntaner** ein und folgen diesem bis zu seinem Ende.

Geschafft! Knappe 50 km liegen nun hinter uns. Das Entspannungsbad am Strand haben wir uns redlich verdient. Und wir können sicher sein, dass wir nicht nur von einer Küste zur anderen gefahren sind, sondern auch ein Ibiza gesehen haben, das Autobahnfahrer niemals zu Gesicht bekommen.

Planung der Tour

Mithilfe einer grafischen, hybriden und textlichen Beschreibung der Route kann man sich unter www.ibiza.travel unter **»Mountain Bikes Routen«** optimal vorbereiten (Dalt Vila anklicken, ausdrucken oder downloaden; gibt es auch als GPS oder App fürs Handy). Die gleichen Karten gibt es als Mappe in den Tourismusbüros. Auch auf dem Weg treffen Sie immer wieder auf Tafeln, die Ihnen den Weg weisen.

Es handelt sich bei der Tour mit geringfügigen Abweichungen um die **Route Nr. 10.** Abschnitte der Tour sind **Route Nr. 2** (»Camí Vell de Sant Rafel«, der alte Weg von Sant Rafel nach Sant Antoni) und der alte Weg von Puig d'en Valls nach Sant Mateu. Die Streckenführung hat Verkehrsnetz und doppelten Boden: Analog zur Karte stehen an der gesamten Strecke Übersichtsschilder sowie an jeder Kreuzung Wegweiser, die mit der **Nummer »10«** in Rot gekennzeichnet sind.

Wer kein eigenes Fahrrad mit auf die Insel gebracht hat, fährt die Tour am besten in die umgekehrte Richtung von Sant Antoni nach Eivissa. Für Fahrräder und Führer ist dann gesorgt – die Tour beginnt in dem **Carrer de Soledad Nummer 32** in der Innenstadt von Sant Antoni, bei Bartolo. Bartolo ist der charmante Geschäftsführer von **Mammoth Ibiza** (Tel. 971 34 89 49) – und auch Ihr Inselführer, falls Sie sich unsicher fühlen. Das Ausleihen eines Mountainbikes kostet 16 € pro Tag.

Unbedingt mitzubringen sind eine halbwegs **gute Kondition,** an Kleidung reichen **Wander- oder Sporthose** und **Turnschuhe.** Man sollte für die gesamte Strecke einen kompletten Tag einplanen und im Sommer nicht über die Mittagszeit fahren. Auf jeden Fall ist sommers wie winters ausreichend **Wasser** mitzunehmen.

Das Beste auf einen Blick

Der Süden

Highlights!

Sa Caleta: Die ersten phönizisch-karthagischen Siedler bewiesen bei der Wahl ihres ersten Standortes einen guten Geschmack: Der Blick aufs Meer ist wunderschön. S. 129

Es Vedrà: Der magische Bergfelsen am Südende Ibizas, auf dem ein Riese zu viele Seeigel fraß, ein christlicher Einsiedler lebte, die Kompassnadeln passierender Schiffe verrückt spielen, UFOs starten und landen und auch Mike Oldfield ganz besondere Schwingungen empfing. S. 143

Auf Entdeckungstour

Brutstätte für Ökonomie und Ökologie – Ses Salines: Ibizas Wiege des Wohlstands war die Salzgewinnung. Einst Goldgrube, sind die Salinen heute geschütztes Naturparadies, in dem sich Flamingos an kleinen Krabben rosa fressen. S. 126

Nur Kubus an Kubus? Die moderne Siedlung Vista Alegre: Kubus an Kubus und doch so variantenreich: die Bauhaus-Wohnhäuser in der modernen Siedlung Vista Alegre. S. 132

Kultur & Sehenswertes

Ses Païsses: Von Karthagern gebaut und von den Römern einfach übernommen, präsentiert sich die Siedlung heute in einem Waldgebiet. S. 147

Aktiv unterwegs

Sa Talaïa de Sant Josep: Der mit 476 m höchste Berg Ibizas ruft; zu Fuß, mit dem Mountainbike oder streckenweise mit dem Wagen folgen wir. S. 141

Torre des Savinar und Atlantis: Der atemberaubende Blick vom ehemaligen Wachturm gegenüber dem magischen Felsen lohnt die anspruchsvolle Wanderung, die bis zum »Hippie-Steindorf« hinunterführt. S. 143

Genießen & Atmosphäre

Es Boldado in der Cala d'Hort: Dinner vor der Kulisse von Es Vedrà mit der besten Paella der Insel – das ist ein Anspruch, den das Haus für sich reklamiert und damit selten Anlass zur Reklamation gegeben hat. S. 146

Abends & Nachts

Blue Marlin in der Cala des Jondal: Chillen, essen, sehen und gesehen werden – eine der bekanntesten Adressen für die Reichen und die Schönen. S. 131

km5: Was tagsüber eine unauffällige Finca am Straßenrand ist, wird abends zu Laufsteg und Stehparty, mit Restaurant, DJ, eigenem Modelabel und Merchandising. S. 134

In geschützter und unberührter Natur

Der Süden Ibizas umfasst weitgehend die Gemeinde von Sant Josep de sa Talaïa. Sie erstreckt sich bis kurz vor Sant Antoni de Portmany und zeichnet sich ganz besonders durch ihre Küste, zu der auch noch die Platja d'en Bossa zählt, aus. Südlich der Hauptstadt Eivissa liegt das Naturschutzgebiet Ses Salines, das der Insel den ersten Wohlstand bescherte und trotz seiner Lage direkt am Flughafen ein Naturparadies ist und einer unglaublichen Fülle von Tieren sowie seltenen Pflanzenarten einen Lebensraum bietet. Umringt werden die Salinen von den beliebtesten Buchten Ibizas, vom Nacktbadestrand Es Cavallet über die Chill-out-Bucht Cala des Jondal und mehrere Siedlungen an der Westseite bis hinauf zu kleinen Traumbuchten und der fast unwirklich schönen Cala Comte.

Infobox

Internet:
www.santjosep.org

Touristeninformation
Am Flughafen befindet sich in der Saison auch eine Touristeninformation, die allerdings keine Unterkünfte vermittelt.

Weiterkommen
Wenn man den Urlaub nicht ausschließlich in Eivissa verbringen möchte, ist es am sinnvollsten, direkt am Flughafen einen Wagen zu mieten.

Immer wieder fällt der Blick dabei auf Ibizas Wahrzeichen, den dramatischen Inselberg Es Vedrà, um den sich zahlreiche Legenden ranken. Das hügelige Hinterland weist dagegen Ibizas höchste Erhebung aus (Sa Talaiassa, 475 m ü. d. M.) und bietet die Gelegenheit für Naturausflüge jeder Art, von Wandern bis Mountainbiking.

Die »Hauptstadt« Sant Josep ist im Winter ein ruhiger, hübscher Durchgangsort und im Sommer ein quirliger Knotenpunkt für all jene, die vom Strand kommen oder sich dorthin aufmachen möchten. Denn hier begegnet man der Szene aus wohlhabenden Menschen, Prominenten auf Urlaub und solchen, die tatsächlich Prominenten auf Urlaub hinterherjagen. Der Großteil ist jedoch sehr entspannt – was wiederum Stars und Sternchen veranlasst, sich auf Ibiza vollkommen normal zu geben.

Die Südküste

Platja d'es Cavallet ▸ E 7

Der 110 m lange Sandstrand befindet sich am Ende der Straße durch den Naturpark Ses Salines und ist einer der beliebtesten überhaupt – nicht zuletzt, weil er einer der bekannten FKK-Strände ist. Selbst der oft aufkommende Wind vom Meer und die damit einhergehende hohe Brandung sowie angeschwemmtes Seegras tun dem Vergnügen keinen Abbruch. Wer allerdings ein Problem damit hat, dass links und rechts neben einem »pri-

Mein Tipp

Am angesagtesten Chill-out – Experimental Beach ► E 7
Das schon beim Landeanflug deutlich zu erkennende Chill-out in beeindruckender Lage an der Ecke zwischen Salinen und Steilfelsen schickt sich an, ein neuer Kult-Chill zu werden. Die mühsame Anfahrt lohnt sich für die Klientel, die naturgemäß unter sich bleibt, denn Laufpublikum gibt es nicht – leider teuer (z.B. Cola 6 €), dafür ein toller Ausblick, Matratzen, Buddha, Musik, Cocktails ... (An der Platja d'es Codolar/Südseite, Tel. 664 33 12 69, www.eccbeach.com, tgl. 10–2 Uhr)

vate parts« herumbaumeln, dem sei gesagt, dass es keinen abgetrennten Bereich dafür gibt. Andererseits bietet der etwa 1 Kilometer lange und offene Strand jede Menge ruhiger, windgeschützter Nischen. Das Ende markiert die Torre de ses Portes.

Auch dahinter hat man seine Ruhe, allerdings ist die Küste teilweise felsig und der Einstieg ins Meer nicht ungefährlich.

Auf dem Meeresgrund kann man das berühmte, UNESCO-geschütze Posidonia-Seegras bewundern.

Essen & Trinken

Das eine Ufer – **Es Collera:** Ganz am Anfang, beim Parkplatz. Schon fast ein Erlebnisrestaurant und kein kleiner Kiosco mehr, oft aber auch nur um seiner selbst willen besucht, nicht nur von Touristen. Das Essen ist lecker, die Preise aber happig: Fischgerichte kosten bis zu 60 €.

Das andere Ufer – **Chiringay:** etwa 500 m von Es Cavallet gelegen, www.chiringay.com. Es war ein langer Weg bis zur homosexuellen Be- ▷ S. 128

Auf Entdeckungstour: Brutstätte für Ökonomie und Ökologie – Ses Salines

Einst waren die Salinen südlich von Eivissa eine Goldgrube, heute sind sie geschütztes Naturparadies. Sie gehören zum UNESCO-Naturerbe, dessen zentraler Bestandteil die Posidonia-Seegraswiesen sind, die sich bis nach Formentera erstrecken.

Reisekarte: ▶ E 6/7

Planung: Mit dem Wagen: in Sant Jordi de ses Salines am Hippodrom auf die PM 802 Richtung Sa Canal. **Bus:** Nr. 11 (im Sommer) Eivissa–Ses Salines: tgl. 9.30–19.30 Uhr, zurück: 10–20 Uhr, stündlich, **Information:** Tel. 971 30 14 60. Auch zur Platja ses Salines und Sa Canal.

Kolonnenweise passieren Strandurlauber in der Saison die Straße durch die einstige »Kornkammer« Ibizas – und lassen sie zugunsten der angepeilten Strände rechts liegen. Eigentlich schade, denn vor dem Betrachter liegt ein bedeutender Teil der Kultur- und Naturgeschichte Ibizas.

Der kleine Durchgangsort **Sant Francesc d'Estany** auf dem Weg zu den Stränden liegt am Anfang der Salinen und kann eine **hübsche Kirche** sein Eigen nennen, die einst für die Salinenarbeiter errichtet wurde. Sonst stehen hier nur ein paar Häuser, neben einem **Museum,** das dem Naturpark Ses Salines gewidmet ist.

Der Salzgewinnung hat Ibiza seinen ersten Wohlstand zu verdanken. Ein Job, den früher hart arbeitende Männer verrichtet haben, die in der Hitze das Salz in einem Korb auf dem Rücken zu den Schiffen transportierten. Denn Salz wird hier seit den Karthagern abgebaut. König Jaume II. ließ im Jahr 1299 für das unabhängige Königreich Mallorca die *Universitat* einrichten, die den Pityusen erstmals wirtschaftliche Autonomie verlieh. Sie regelte den Umsatz der Salinen und war daher von hoher Bedeutung. Auch nach ihrer Abschaffung musste jeder Ibizenco bis ins 19. Jahrhundert als eine Art Steuer sein Scherflein zur Salzproduktion beitragen.

Noch heute werden hier etwa 60 000 t Salz im Jahr gewonnen, das größtenteils von den Faröer-Inseln abgenommen und zum Pökeln verwendet wird. Außerdem ist »Sal de Ibiza« eine erfolgreiche Marke, die Küchen- und Speisesalz sowie Fleur de Sel vertreibt, ihr Emblem ist von der Straße aus gut sichtbar.

Erste ökonomische Grundlage Ibizas

Um mit Haut und Haar zu spüren, was Salz bedeutet, muss man nur von Sant Francesc ein Stückchen weiterfahren. Schon taucht auf der rechten Seite ein riesiger **Salzberg** auf. Von der Hauptstraße führt eine schmale Straße direkt zu ihm hin. Der holprige Weg führt weiter am **Berg Es Falcó** und an den **Salinen** entlang. Eine tiefe Ruhe liegt über dem **gestauten Wasser,** die allein vom Tosen des Fluglärms zerschnitten wird. Denn direkt gegenüber liegt der Flughafen, Ibizas Symbol für den Wirtschaftswohlstand von heute – und für den Preis, der dafür zu zahlen ist.

Brutstätte für Hunderte von Vogelarten

Seit dem Jahr 2001 ist die gesamte Region bis hin zu den Salzseen im Süden Formenteras ein Naturpark. 200 Vogel- und 500 Pflanzenarten werden auf 11 000 ha Boden geschützt. Die bekannteste Spezies ist das **Posidonia-Seegras** auf dem Meeresboden, das als UNESCO-Naturerbe unter besonderem Schutz steht. Am auffälligsten sind dagegen die rosa Flamingos, die man im Winter über die totenstillen Seeparzellen fliegen sieht. Sie beziehen ihr Farbenkleid von rosa Meerestierchen, die sie vom Boden picken.

An der **Platja des Codolar** hört der Weg auf. Zum Salzhafen auf der anderen Seite führt leider kein Weg um den Berg herum. Wir kehren um und setzen den Weg von der Straße aus fort in Richtung der **Platja ses Salines.** Dort wo sich heute an den Szenebuden halbnackte Menschen räkeln, wurde direkt gegenüber schweißtreibende Arbeit verrichtet. Am Ende der Straße wird noch immer die Salzverschiffung betrieben. Wer wissen will, unter welchen mühsamen Bedingungen die Salzgewinnung vonstatten ging, sollte das Heimatmuseum in Santa Eulària besuchen (s. S. 214). Die Straße endet hier und so auch unser Ausflug zu den Salinen.

Dass Meersalz ein Elixir ist, für das es sich zu leben lohnt, beweisen ein Sprung ins salzige Nass an der Platja ses Salines und ein gepflegtes Chillen an einer der sehr beliebten Strandbuden vor Ort, die sich zwischen dem legendären Salinas-Strand und Es Cavallet reihen (siehe Platja de ses Salines S. 128).

freiung, deshalb ist der Weg hierhin wahrscheinlich so mühsam: Der Kiosco am anderen Ende des Strandes ist nur zu Fuß erreichbar. Er war schon vor 30 Jahren – wie der Name zart andeutet – die Anlaufstelle für Homosexuelle und muss sich heute überhaupt nicht mehr verstecken. Mit eigenem Merchandising-Shop.

Platja de ses Salines (Platja de Migjorn) ▸ E 7

»Um die Ecke« der Torre de ses Portes bzw. direkt an der fortlaufenden Straße schließt sich nach einer Weile der »In-Strand« an, der wie Es Cavallet sehr lang gezogen und im Hintergrund von dichten Pinien- und Wacholderwäldchen geprägt ist. Aufgrund seines transparenten Wassers, der umfassenden Serviceleistungen und seiner Nähe zu Eivissa ist er überaus beliebt und unbedingt einen Besuch wert – und sei es, um nur mal eben aus dem Auto ins Wasser zu hüpfen. Die Bucht liegt im Gegensatz zu Es Cavallet nicht zum offenen Meer hin, sondern in Richtung Formentera und ist etwas besser vor Wind geschützt. Taucher können im kristallklaren Wasser die ersten Ansätze des Posidoniarasens erkunden, der auch hier manchmal zuhauf am Strand liegt. In regelmäßigem Abstand liegen insgesamt vier Kioscos – jeder auf seine Weise attraktiv. Wegen des sanften Einstiegs ist der Strand ideal für kleine Kinder geeignet; es werden zudem Wasserski, Windsurfing, Katamaran oder Parasailing betrieben.

Übernachten

Wer direkt am Strand übernachten möchte, findet in seiner Nähe bzw. an der Straße einige sehr preiswerte, aber entsprechend bescheidene Hostals.

Essen & Trinken

Familiär – **Guarana:** Man kennt sich, man grüßt sich, und man legt sich gelassen in die mit weißen Laken bespannten Liegen. Neben saturierten Gästen lassen es sich auch Familien schmecken. Bildet zusammen mit dem Malibú die »Costa de los Rolex«.

Beach-Chic – **Malibú:** Ein Vorgeschmack dessen, was in der Cala des Jondal zur Perfektion reift: Die etwas andere Art Strandleben, nämlich mit Schicki-Micki-Publikum, dem der Blick aufs Meer als Kulisse dient. Wer sich so fein bettet, bekommt den hervorragenden Fisch oder den Cocktail direkt ans Beistelltischchen serviert.

Crazy Horse – **Jockey Club:** www.jockeyclubibiza.com, 9–24 Uhr. Auch schick, aber mehr Club als die anderen beiden, inklusive Dauerbeschallung und jüngerem Publikum. Kenner kommen schon ab neun Uhr zum Frühstück, denn da ist es hier noch ruhig!

Ent-Spannen – **Sa Trinxa:** www.satrinxa.com. Hier entspannt sich müdes Tanzvolk, wenn es nach einem langen Schlaf das erste Tageslicht erblickt – und feiert sich nicht selten in den nächsten Abend hinein. Das sich auf weißen Laken fläzende Publikum ist jung und schön – viele laufen auch topless auf dem Catwalk herum.

Auf die Hand für den Strand – **Ca'n Pep Tixedó:** an der Straße zu den Stränden auf der Höhe des Salzberges (Holzschild ›Supermarket‹), www.supercanpeptixedo.com. In dem Supermarkt an der Straße gibt's frische Früchte und die besten *bocadillos*, belegte Baguettes, für den Strand.

Aktiv

Das Gras von unten sehen – **Salinas Marine Center:** Carretera Sa Canal, direkt neben dem Hostal Sa Palmera, Tel. 639 88 24 68. Unter deutschem Management. Das viel gerühmte Seegras mal von unten sehen? Kein Problem – und vielleicht kreuzt noch eine Seeschildkröte oder eine Muräne den Tauchgang. Das Center bietet Tauchkurse und Tauchfahrten nach Formentera und zur Insel Es Vedrà, und falls mal ein privater Event geplant ist: Die Zodiacs gibt es sogar exklusiv zu vermieten. Alle Tauchzentren unter www.ibiza.travel/de/buceo.php

Cala Es Bol Nou ▸ D 7

Die auch bei Promis und vermögenden Ibizatouristen beliebte, etwa 70 m breite Badebucht mit Natursand und umgeben von aus Lehmfelsen geformten Steilküsten, die in Orangetönen schimmern, fällt durch ihren familiären und ruhigen Charakter auf.

Das seichte Wasser ermöglicht es, ziemlich weit ins Wasser hineinzugehen. Ab und zu kann man Badegäste beobachten, die sich mit dem Lehm der Felshänge einreiben und auf diese Art ein Fangobad nehmen. Manche Einwohner Ibizas tragen übrigens ein Säckchen mit der Stranderde der Bucht um den Hals: Es soll Glück und Gesundheit bringen. Der Meeresboden ist sandig und trägt seinen Teil zu dem türkisfarbenen Schimmern bei.

Essen & Trinken

Lecker Fisch – **Kiosco Sa Caleta:** Der Sohn des Hauses ist eigentlich Meeresbiologe und damit zwar überqualifiziert, versteht aber auch viel von Fisch. Sehr beliebt bei den Schickies, was sich auch auf die Speisepreise niederschlägt. Der »Café Caleta« hat es in sich – zumindest sollte man sich überlegen, ob man dann noch Auto fährt. Der Kiosco hat vermutlich mehr Besucher als die UNESCO-geschützten Ausgrabungen auf der Anhöhe ein paar Meter weiter.

Siedlung Sa Caleta ! ▸ D 7

Weltkulturerbe, wo man es nicht gleich vermutet: Am Kiosco vorbei führt ein Weg über die Halbinsel La Mola zur benachbarten Bucht sa Caleta. Hinter einem alten Bunker befindet sich Ibizas erste karthagische Siedlung aus dem 7. Jahrhundert v. Chr. Zu sehen ist bislang nur ein kleiner Ausschnitt, insgesamt handelte es sich um eine bewohnte Fläche von etwa 4 ha, mit großen Gebäuden, Gassen und Plätzen, wie die Grundrisse den Archäologen zeigen. Diese haben also noch jede Menge zu entdecken. Genutzt wurde Sa Caleta jedoch nur etwa 50 Jahre lang.

Auch wenn davon nicht mehr sehr viel zu sehen ist, muss man zugestehen, dass die ersten phönizisch-karthagischen Siedler bei der Wahl ihres ersten Standortes einen guten Geschmack bewiesen: Der Blick aufs Meer ist wunderschön. Allerdings war die Lage strategisch vor Angreifern nicht sicher, sodass die Karthager in die schützende Bucht von Eivissa übersiedelten, wo sie »Ibosim« gründeten. Leider befinden sich die Ausgrabungen hinter Gittern.

Cala sa Caleta ▸ D 7

Die felsige, 180 m lange Fischerbucht ist fast eine Gegenwelt zu der Promibucht Bol Nou: In der kleinen, geschlossenen und windgeschützten Bucht befinden sich überwiegend Bootshäuser, in denen Einheimische mit ihren Familien oder Freunden

Die älteste Siedlung Ibizas fasziniert nicht nur durch die archäologischen Grabungen, sondern vor allem durch ihre außergewöhnlich reizvolle Lage

ganz »basic« ihre freien Tage verbringen, ein bisschen kochen und vom Felsen ins Wasser springen – so bequem wie in der Bol Nou ist das nasse Vergnügen aufgrund der Felsen nicht, dafür hat man hier seine Ruhe.

Essen & Trinken

Sundowner ohne Experimente – **Experimental Beach:** Platja d'es Codolar, Cap des Falcó, Tel. 664 33 12 69, http://eccbeach.com. Am Cap des Falcó ganz im Süden lässt es sich trefflich chillen, aber das ist nicht der einzige Haupt-Act im 2013 gegründeten Beachclub. Auch hervorragendes Lunch und Dinner machen den abgelegenen Club zum Anziehungspunkt, manchmal sogar zum Austragungsort von Hochzeitsfeiern.

Cala des Jondal ▸ D 7

Die 300 m lange und 20 m breite Cala des Jondal liegt im Inneren einer großzügigen, nach Südosten ausgerichteten Bucht und wird an beiden Seiten von steilen Felswänden begrenzt. Der

Strand ist meistenteils mit rundgeschliffenen, dicken Steinen bedeckt und wird an den Beachclubs vorsorglich freigeräumt und mit Sand aufgepumpt bzw. gepimpt. Denn wenn es auf Ibiza eine Chichi-Bucht schlechthin gibt, dann ausgerechnet jene, die eine lange Anfahrt und einen schwer begehbaren Strand hat. Das sagt bereits einiges über »die Jondal« aus – man nimmt die lange Anfahrt weniger zum Baden, sondern wegen der Chill-outs in Kauf.

Für den profanen Badespaß führen im Sommer Stege über die dicken Steine ans Wasser – an denen ebenso dicke Boote anlegen können. Wegen der relativ unzugänglichen Topografie ist auch ein Massenansturm nicht zu befürchten.

Ohnehin ist es wesentlich cooler, in den angesagtesten Kioscos des Südens im Stuhl oder auf weißen Betten zu liegen, eine Mahlzeit einzunehmen oder sich mit einem Cocktail in der Hand von DJs angenehm bechillen zu lassen – manchmal auch bis tief in die Nacht, denn hier stört man ja niemanden. Das ist »Estilo Chill-out« in Reinkultur.

Übernachten

Für Fincafreunde – **Casa Can Jondal:** www.ibizaruralvillas.com, www.finca-ibiza.de. Eine der zahlreichen, preiswerten Landfincas am höchsten Punkt über der Cala des Jondal, mit Pool, Garten und Grill ausgestattet, für max. 8 Pers. Fincapreise je nach Ausstattung 800–2000 €/Woche.

Essen & Trinken

Essen für viel Kies – **Yemanjá:** Tel. 971 18 74 81, www.yemanjaibiza.com. Edelrestaurant am östlichen (noch begehbaren) Ende der Bucht, das schon seit 1984 besteht und nun von dem Chill-out-Boom profitiert. Vor der Meereskulisse auf Sand und Kies unter freiem Himmel zu speisen, ist auf jeden Fall ein Erlebnis. Aber auch, mit einem Longdrink in einem der begehrten Liegeplätze herumzuliegen. Hochwertige mediterrane und asiatische Speisen, knackige Salate. Sehr beliebt: in Gruppen die Paella zu bestellen.

Kult-Chill – **Blue Marlin:** Tel. 971 41 01 17, www.bluemarlinibiza.com. Noch angesagter als das Café del Mar, nicht zuletzt, weil es auch schön ▷ S. 134

Auf Entdeckungstour: Nur Kubus an Kubus? Die moderne Siedlung Vista Alegre

Wer einmal wissen möchte, wie sich der weltberühmte, schlichte Baustil Ibizas in der Moderne fortsetzt, findet an der Südwestküste mediterranes Bauhaus, wie etwa in der modernen Siedlung Vista Alegre.

Reisekarte: ▶ C 6

Orientierung: auf der Straße von der PM 803 in Richtung Cala d'Hort/ Es Vedrà etwa 2 km vor Es Cubells am blauen Stein gegenüber die beschilderte Abzweigung nach links nehmen, dann etwa 1 km hinunterfahren.

Dauer: ca. 40 Min.

Manche Menschen verwirklichen ihre Träume – so wie der Pariser Make-up-Künstler Jean-Marie Surcin und Philippe Levert, Interiordesigner: Sie wollten dem Großstadtleben entfliehen, suchten sich auf Ibiza einen idyllischen Flecken und errichteten ein Hotel mit Restaurant.

So einfach kann das Leben sein – zumindest das zweier Kreativer aus einer Metropole, die nach Ibiza kommen, sich umschauen und mit dem nötigen Kleingeld ihr Traumhaus gestalten. Das der beiden Pariser heißt übrigens Solibudha und liegt etwas versetzt in der Serra Benimussa etwa zehn Autominuten vom Meer entfernt – und ist schon hübsch.

Leider sieht man selten, welche architektonische Pracht sich auf Ibiza an vielen Orten inszeniert. Das Örtchen **Port Roig** etwa ist umsäumt von hohen Mauern, der Blick in **Es Cubells** fällt auf einige interessante Häuser, an die man aber nicht herankommt. Etwas mehr Glück hat man in **Vista Alegre,** einer Siedlung, vor der fast jeder Reiseführer warnt, weil dort nichts los ist. Vollkommen richtig – außer, dass hier gut, teuer und vor allem schön gebaut wird. Für viele Immobilien werden da siebenstellige Summen aufgerufen. Aber es lohnt sich ein Abstecher auch für ganz normale Reisende, um mal **moderne Architektur à la Ibiza-Style** zu erkunden.

Architektur mit und ohne Architekt in Vista Alegre

Vor der Siedlung Vista Alegre steht eine Schranke. Reisende, die nicht gerade wie Einbrecher aussehen, dürften jedoch mit einem Lächeln und einem Augenaufschlag kein Problem haben, das Wachthäuschen zu passieren – die Siedlung ist ja nicht in Privatbesitz. Nun reihen sich auf verschlungenen, teilweise sehr steilen und kurvigen Straßen wunderschöne Häuser auf, die die moderne Sprache der ibizenkischen Architekturtradition sprechen. »Architektur ohne Architekt« nannte der Dadaist Raoul Hausmann den archaischen Baustil, der Ibizas weiße Würfel entstehen ließ und den José Lluis Sert in die Moderne überführte.

Leicht soll es wirken

Die Hauptrolle in der modernen Architektur spielen in erster Linie Licht, Luft und Transparenz. Viel Glas, weiße Farbe und Wasser in Gestalt des Pools lassen eine weitläufige, luftige, aber auch spartanische Bauweise erahnen, die sich im Innenbereich wohl fortsetzen dürfte. Hier zu klingeln und zu fragen, ob man sich das Innere ansehen darf, verbietet sich von selbst. Auch wenn hinter so mancher Tür ein prominentes Gesicht öffnen würde.

Besser begnügt man sich vielleicht mit einem Bier und einer Pizza im Restaurant »Pueblo Alegre« am Ende des Viertels (das übrigens preiswerte Apartments anbietet) und sagt sich angesichts der zahlreich vorhandenen freien Bauplätze an den Straßen: »Okay, nächstes Jahr bin ich so weit ...«

Weitere Beispiele ibizenkischer Baukunst

Das bekannteste Objekt von Josep Lluís Sert ist das Ensemble um sein Privathaus und liegt in **Punta Martinet,** einem Stadtviertel von **Talamanca** (**▶** F 5), deutlich erkennbar an neun grünen Kuben. Das Gästehaus Solibudha findet man unter www.trueibiza.com. Bauen? Einrichten? Zum Beispiel bei Ibizas Shootingstar Jaime Serra Verdaguer, www.atlantdelvent.com. Raoul Hausmann wohnte übrigens im heutigen Boutique-Hotel Jardins de Palerm in Sant Josep.

Golfen, Gucken, Baden – Roca Lisa

Ähnliche Bauprojekte wie in Vista Alegre sieht man mit geschultem Auge auf der ganzen Insel verstreut – oder auch geballt in der etwas unspektakuläreren Golf-Wohnanlage Sa Roca Lisa (aus Eivissa kommend an der gleichlautenden Mauerinschrift rechts hinauf). Hier lohnt es sich, die Badehose einzupacken und in der traumhaften Bucht La Olivera (ausgeschildert) ins Wasser zu springen – sie ist so geheim, dass sie nicht einmal in dem Band »Geheime Strände von Ibiza« vorkommt.

gelegen ist. Statt Abendrot verlegt man sich hier sehr bequem und ganz in Weiß auf Essen und Cocktails. Eigene Blue Marlin-CD-Kollektion. Besitzer ist der Sohn von Paco Fernandez, einem der besten Gitarristen Spaniens, der gelegentlich (meistens sonntagabends) selbst in Erscheinung tritt und für einen musikalischen Hochgenuss sorgt. Sohnemann selbst ist DJ und mischt ab und zu mit.

Familiär – **Tropicana:** Tel. 971 80 26 40, www.tropicanaibiza.com. Guter Service, aber schon Plastikliegen. Dafür gibt es wiederum Massagen. »Nachts liegt Romantik in der Luft und die Paare treffen sich zu intimen Abendessen«, meint der Gastgeber. Dazu gibt es sogar Seezunge Müllerin. Die Cocktails entsprechen der Namensgebung und sonntags ist brasilianische Nacht. Shuttle-Service zum Boot, falls man auf dem Wasserwege anreist (oder man lässt sich die Drinks an Bord bringen).

Basic – **Es Savina:** Tel. 971 18 74 37, tgl. 10–24 Uhr, Mai–Nov., Hauptgerichte 10–18 €. Unter dem »Wacholder« geht der Einheimische essen: Vergleichsweise ganz normales spanisches Restaurant unter schattigen Bäumen mit anständiger Küche ohne Schnickschnack.

Abends & Nachts

Ehrlich – **Can Jordí Blues Station:** direkt an der Landstraße PM 803/km 7, zwischen dem Club km5 und dem Sluiz-Outlet, Ankündigungen auf Facebook. Die Musik-Akkus werden in der Can Jordí Blues Station aufgetankt: ehrliche, handgemachte Musik (Blues, Rock) in der Countryside.

Too sexy – **km5:** An der PM 803 von Eivissa nach Sant Josep, von Eivissa kommend auf der Höhe des Kilometersteins km 5 (ganz genau km 5,6), Tel. 971 39 63 49, www.km5-lounge.com. Restaurant, Boutique, Galerie und Garten mit fünf Bars und Beduinenzelten mit Stehpartycharakter. Ein Schaulaufen vor dem Herrn: Models sind keine Seltenheit, trotzdem geht es nicht prätentiös zu. Wer als Club auf Ibiza etwas auf sich hält, kreiert natürlich einen ganzen Clubstil mit Mode und Musik, und auch das ist dem km5 trefflich gelungen. Entsprechend elegante Kleidung ist daher angemessen. Das Servicepersonal wirkt manchmal verkrampft gut gelaunt. Einer der niveauvollsten Hangouts der Insel.

Höhlen-Disko – **Cova Santa:** auf dem Weg zur Cala Jondal, Tel. 971 39 57 14, www.covasanta.com, Party-Tickets 20–30 €. Im Landesinneren lockt eine von der Techno-Disko Amnesia betriebene Eventlocation in die Höhle Cova Santa! Mit erstklassigem Gourmet-Restaurant, Loungegarten, Flamenco-Shows und After-Dinner-Partys. Ihre Music-On-Afterpartys machten die Venue legendär. Ein Bus-Shuttle verkehrt zwischen Amnesia und Cova Santa.

Cala Es Xarcu ▸ D 7

Die 100 m lange, geschlossene und schmale Fischerbucht neben der Cala des Jondal bietet hellen, feinen Natursand und vereinzelt Felsen. Da sich die Mündung eines Sturzbaches in der Nähe befindet, wuchern rundum dichte Wälder mit endemischer (nur hier vorkommender) Vegetation. Ein kaum bekannter Ort, der sich ideal zum Tauchen in geringer Tiefe eignet. Viele zieht es auch wegen des Strandlokals in die kleine Idylle.

Essen & Trinken

Spanisch speziell – **Es Xarcu:** Tel. 971 18 78 67, tgl. 11–23 Uhr, Hauptgerichte 15–35 €. Frischer Fisch im Ofen gegrillt, oder auch die kleinen knusprigen Kartoffelchips, da kann einem das Wasser im Munde zusammenlaufen. Der Preis steht freilich auf einem anderen Blatt.

Port Roig (Porroig) ▸ C/D 7

Oben auf der Halbinsel zwischen der Cala des Jondal und **Es Torrent** liegt Port Roig, eine Art »Gated Community«: Links und rechts stehen fast ausschließlich von hohen Mauern umzäunte Villen, wie sie sich Richtung Es Cubells fortsetzen. Aber von hier erreicht man die hübschen Buchten wie Es Torrent und zahlreiche kleinere Verstecke. Die Halbinsel ist mit dem Auto von der Cala des Jondal aus nur mühsam erreichbar, empfehlenswerter ist die Straße oberhalb.

Übernachten

Frische Brise aus Südwest – **Las Brisas de Ibiza:** Port Roig, Tel. 971 80 21 93, www.lasbrisasibiza.com, DZ 270–467 €, im Winter geschlossen. Eines der wenigen empfehlenswerten Hotels der Gegend in Küstennähe. Zimmer mit jeweils eigener Terrasse und Meerblick. Die Architektursprache ist maurisch, ein Wandelgang strahlt nahezu mönchische Ruhe aus. Die frischen Brisen vom Meer kann man sich in verschiedenen Sitz- und Liegegelegenheiten rund um den Pool um die Nase wehen lassen.

Essen & Trinken

Streng geheim – **Es Torrent:** Tel. 971 80 21 60, www.estorrent.net, April–Okt. tgl. 11–23 Uhr, Hauptgerichte 15–30 €. Geheimtipp in der gleichnamigen »Geheimbucht«. Frischfisch, Paella, und das richtig lecker.

Mein Tipp

Herrliche Ruhe – Cala des Cubells (Platja Ses Boques)
Was Deutsche suchen, nämlich einsame Strände, bespötteln Spanier gerne. Die Serpentine von Es Cubells über den Camí Llumbi sieht von oben schon abenteuerlich aus, und so geht es zwei km weiter. Aus diesem Grund muss man den gerade mal 30 m langen Strand Ses Boques meistens nur mit wenigen teilen. Die Abfahrt wirkt halsbrecherisch, ist aber zu meistern. Bräunlicher Naturkies mit rundgeschliffenen Steinen machen das Idyll perfekt. Das kristallklare Wasser ist extrem verführerisch und auch ideal für Tauchbegeisterte. Der schön beschattete Kiosco bereitet grandiose, wenn auch nicht billige Fischgerichte, aber die Ruhe ist herrlich. Einsamer geht es nur noch in der Cala Llentrisca zu, die allerdings keinerlei Komfort oder Service bietet und nur schwer zugänglich ist, am besten noch per Boot.

Aktiv

Haut rein – **Beachpolo:** Jeden Juli findet am Strand von Port de Torrent ein Beachpoloturnier mit Toren und Feld, oft unter prominenter Beteiligung statt. Prinzipiell kann aber jeder mitmachen.

Es Cubells ▸ C 6

So winzig die Ortschaft ist – eigentlich besteht sie nur aus einer Kreuzung hoch oben an der Meeresklippe und ist eine so genannte Streusiedlung mit

Lieblingsort

Ländliche Idylle – die Siedlung Es Cubells ▶ C 6

Irgendwie ist Es Cubells (im Bild: das Kloster) ein besonderer Ort. Auch wenn die Siedlung noch so winzig ist, leistet sie doch der Anonymität benachbarter Siedlungen erfolgreich Widerstand. Die oftmals reichen oder auch prominenten Bewohner wissen das zu schätzen – hier wird keine Show gemacht, aber »Star-Gazing« ist erlaubt, so lange man Leute vom Schlage eines Phil Collins oder Michael Douglas nicht fragt, ob sie's wirklich sind.

Sonntags sieht man oft noch Frauen in Originaltracht in die Kirche schleichen. Außerdem beherbergt der winzige Ort neben der Kirche eine eigene Bibliothek (ab 17 Uhr geöffnet) und sogar ein kleines Kino, das an jedem Wochenende bespielt wird. Und der Blick am Cap Llumbi hinter der Kirche übers Meer von der Punta de Porroig bis zur Cala Llentrisca ist eine Klasse für sich.

knapp 800 Bewohnern ringsum –, so besitzt sie so viel Charme, dass manch einer dort unbedingt heiraten möchte. In der relativ neuen Kirche Mare de Déu del Carme (zur Sonntagsmesse und an Feiertagen um 19 Uhr geöffnet) aus dem Jahr 1867 wird ausgesprochen gerne geheiratet – wohl auch, weil der kleine Park mit Statue des Mönchs Francisco Palau und die Aussicht auf die See so gut für einmalige Fotomotive geeignet sind.

Für die Bewohner der Umgebung, oft wohlhabender und prominenter Art, ist Es Cubells ein beliebter Anlaufort, um schnell mal bei einem Café ein wenig Sozialleben zu genießen. Falls jemand Post hat: In der zentralen Bar befinden sich auch die Brieffächer für die gesamte Umgebung.

Am Ortsrand liegt das Karmeliterkloster Santa Teresa, das von Francisco Palau gegründet wurde – jenem Mönch, der ab und zu auf der Insel Es Vedrà einsiedelte und hier mit einer Statue geehrt wird. Von hier schweift der Blick übers weite, offene Meer und nach links auf einige architektonisch bemerkenswerte Villen, die allerdings unzugänglich sind. Die Straße hinab führt jedenfalls nicht zu ihnen, sondern in eine Art kommerziellen Villenpark, der sich bis zum Ende der kurvenreichen Straße fortsetzt. Dort unten bildet neben der Landschaft nur die Bucht Ses Boques eine erholsame Attraktion.

Im Oktober findet in Es Cubells ein Kohlefest statt: Dann wird eine Woche lang und von mehreren Zeremonien begleitet Holz zu Kohle verarbeitet.

Essen & Trinken

Kommt gelegen – **Bar Llumbi:** neben dem Park. Hauptspeisen 15–20 €, montags Ruhetag. Hier landet man fast automatisch, entweder weil man auf einer langen Anfahrt hungrig geworden ist oder weil die Kultbar sowohl eine hervorragende Aussicht als auch gutes Essen bietet.

Ländlich-gemütlich – **Es Cubells:** Carrer es Cubells, 2, Tel. 971 80 27 97 (Facebook). Hier treffen sich Hinz, Kunz und auch mal ein Prominenter auf einen kurzen Kaffee und ein Pläuschchen. Durchgehend warme Küche in rustikalem Ambiente mit Frontalblick auf den Kirchplatz.

Heiraten auf Ibiza

Sie wären nicht die Ersten, die ganz auf die romantische Ibizakarte setzen – und es wäre wahrlich unvergesslich, hier zu heiraten. Vorschlag fürs Protokoll: Einstand oder Junggesellenabschied am Strand, zum Beispiel im **Cotton Beach Cub** in der Cala Tarida, kirchliche Hochzeitsfeier in **Es Cubells** (s. S. 136), Feiern und Übernachten mit der ganzen Hochzeitsgesellschaft im **Landhotel Calador** (s. S. 147) (wenn's mehr werden, gibt es auch nebenan die Apartamentos Petunia) in der Cala Carbó, wo der erste Blick nach der Hochzeitsnacht aus dem Turmfenster aufs Meer und den Felsen von Es Vedrà fällt. Die genannten Etablissements sind auf Hochzeitsfeiern spezialisiert (Details siehe genannte Orte). Eine standesamtliche Trauung vor Ort wird wegen der umständlichen Formalitäten nicht empfohlen. Auskunft zur kirchlichen Trauung gibt das Bürgeramt in Sant Josep (Tel. 971 80 01 25, protocol@santjosep desatalaia.cat). Auch Frau Schubert vom Landhotel Calador hilft Ihnen weiter (Tel. 971 80 84 24).

In der Serra Benimussa ▸ D/E 5/6

Wer nach einer Durch- bzw. Überquerung der Serra Benimussa immer noch meint, Ibiza sei überfüllt, dem ist wohl nicht mehr zu helfen. Der Camí de Benimussa Ost/West ist außerdem eine willkommene Gelegenheit, auf dem Weg zwischen Sant Josep und Sant Antoni mal »vom Weg abzukommen«. Er verbindet die PM 803 Eivissa–Sant Josep mit der Autobahn C 731 von Sant Antoni nach Eivissa (jeweils rechts ab, die beschilderte Abfahrt ist auf beiden Seiten etwas diskret) und führt durch eine Berg- und Talgegend, die sonst nur von wenigen Fincabewohnern besiedelt ist und mit Erhebungen wie dem Puig Gros (419 m) und dem Puig de sa Pega (401 m) manchmal fast den Eindruck einer Berglandschaft erweckt.

Da die Täler so tief sind, wirken die »Berge« umso höher. Dichte Pinienwälder werden von breiten, fruchtbaren Ebenen abgelöst, in denen wenige weiße Punkte einen Hauch Zivilisation andeuten. Dazwischen stehen Pinien und Zedern, dann auch mal wieder Palmen, um nicht vergessen zu lassen, dass wir uns am Mittelmeer befinden. Rosmarin, Thymian und wilder Spargel wuchern wie Unkraut.

Die extrem ruhige Stimmung, die man eher aus den Alpen kennt, wird höchstens mal von einem vereinzelten Vogelschrei oder einem entgegenkommenden Fahrzeug unterbrochen. Und noch seltener, aber sensationeller wäre es, wenn man einer Ginsterkatze begegnen würde – jener mysteriösen einheimischen Tierart, die man hier noch am ehesten antreffen würde. Das würde Ihnen zu Hause wieder keiner glauben!

Einzige touristische »Attraktion« auf dem Weg bildet das Kapellchen Sa Capelleta d'en Serra, die keineswegs nach ihrer Umgebung, sondern nach ihrem Stifter benannt wurde: Der Soldat Vicent Serra gelobte, im Falle der glücklichen Heimkehr aus dem Krieg in Algerien eine Kapelle zu bauen. Das gelang ihm zwar mitsamt Gebäude, Altar und Initialien, aber – tragisch, tragisch – fünf Tage vor der Weihe am 29. Mai 1919 starb er 74-jährig ohne Fremdeinwirkung. Die blau-weiße, später weiß übermalte Kapelle auf 393 m Höhe ist ein wunderschönes Schmuckstück mit einem herrlichen Rundumblick von Sant Antoni bis Formentera.

Aktiv

Ob **Wandern**, mit dem Wagen oder sogar mit dem **Fahrrad** (körperliche Fitness mittel bis hoch): Die Serra Benimussa ist ein landschaftlicher Hochgenuss im wahrsten Sinne. Zur Kapelle d'en Serra weist ein in der Kulturfarbe Magenta beschilderter Weg vom Camí de Benimussa nah an Sant Josep. Einige hundert Meter vor dem Ziel muss man den Wagen parken, aber der kleine Marsch von etwa 20 Minuten lohnt sich in jedem Fall.

Im Rahmen der »Sant Josep Fiesta«, die um den 19. März begangen wird, findet sowohl eine Prozession zur Kapelle als auch ein kleines Mountainbikerennen dorthin statt. Auch mit dem Fahrrad ist die Tour noch zu meistern, aber bei dem Auf und Ab ist das eine ziemlich sportliche Angelegenheit und im Sommer ohne Wasser auf keinen Fall zu empfehlen (genaue Beschreibung: Tour Nr. 5/ Mountainbike www.ibiza.travel sowie in den Touristeninformationen etwa von Eivissa, Sant Antoni oder Santa Eulària).

Um Sant Josep ersteckt sich eine friedliche Kulturlandschaft

Sant Josep de sa Talaïa ▸ C 5

Für die einen ein Durchgangsort – für die anderen »Hauptstadt« des Südens und zentrale Anlaufstelle vor oder nach dem Strandtag. Für Residenten sozialer Mittel- und (im Winter) Höhepunkt des Tages. Den Kern des Dorfes bilden die Wohn- und Geschäftshäuser an der Kreuzung PM 803 zur Abzweigung nach Es Cubells.

Während die gesamte Gemeinde Sant Josep knapp 22 000 Einwohner zählt, sind es im Dorf nur um die 500 – davon machen jeweils vier Prozent Deutsche und Engländer aus. Die Statistik lügt nicht: Viele gut betuchte Wahl-Ibizenker haben rund um Sant Josep ihr Domizil bezogen. Einige der Häuser sind neueren Datums und oftmals architektonisch hochwertig. Da Sant Josep dem Meer so nahe liegt, blieb der Ort aber von den großen Kästen verschont. Auch sonst ist Sant Josep idyllisch geblieben: Im Zuge einer generellen Renovierung wurde das Örtchen vor einigen Jahren hübsch heherausgeputzt. Die Tradition mit sonntäglichem Kirchgang und Sozialleben ist intakt geblieben. Es gibt nur ein Hotel, aber mehrere beliebte Anlaufstellen, die abends voll werden. Und natürlich eine wunderschöne Kirche.

Església de Sant Josep

Tgl. 9–13 Uhr, So 11 u. 20 Uhr Messe

Die wuchtige Kirche von Sant Josep wird sonntags zur Messe zum sozialen

Anlaufpunkt des Ortes. Besonders markant ist die Vorhalle mit drei Bögen. Die Kirche wurde 1731 von Baumeister Pere Ferro gebaut und beherbergt einen der schönsten Altäre der Insel, gestaltet von dem Mallorquiner Künstler Peter Bosch. Sehenswert ist auch die aus Holz geschnitzte Kanzel von José Sánchez Ocaña, die mit Darstellungen aus den Evangelien verziert ist.

Wandern und Mountainbiken auf der Talaïa de Sant Josep

Hier geht es erst auf und ab und danach zur Belohnung an den schönsten Stränden der Insel entlang, die überall zum Pausieren, Baden und Essen einladen. Die schöne Route kann ohne größere technische Schwierigkeiten von Hobbyradlern bewältigt werden. Die Abfahrten dieser Strecke sind sehr schnell und spaßig. Vor allem ist es eine hervorragende Route für einen Strandtag mit dem Fahrrad, denn man passiert die **Cala Molí, Cala Tarida, Cala Codolar,** die **Platges de Comte** und **Cala Bassa.**

Von Sant Antoni kommend, geht man kurz vor Sant Josep den Aufstieg von **Sa Talaïa** an. Der Gipfel bleibt ambitionierten Wanderern vorbehalten, zumal dieselbe Hauptstrecke hinauf und wieder hinunter führt. Ansonsten biegt man vorher ab und fährt auf einem wildromantischen Waldpfad durch die **Serra de Ses Roques Altes.** Danach geht es steil bergab bis in die Nähe der **Cala Vadella.** Hier stößt man automatisch auf die punisch-römische Fundstelle **Ses Païsses de Cala d'Hort** aus dem 5. Jahrhundert v. Chr. Nach einem kurzen Stück Asphaltstrecke führt ein Waldweg zur **Cala Molí,** die sehr zum Baden einlädt. Von dort

Wandern und Mountainbiken auf der Talaïa de San Josep

geht es immer weiter die Küste entlang bis zum **Platges de Comte.** Wer mag, fährt weiter entlang der Küste durch eine für den Westteil der Insel typische Meerlandschaft zurück nach Sant Antoni.

Übernachten

Ready for Romance – **Jardins de Palerm:** Can Pujol d'en Cardona, 34, Tel. 971 80 03 18, www.jardinsdepalerm.com, DZ 175–245 €. Die ehemalige Finca aus dem 17. Jahrhundert mit blumenreichem Garten, zwei Designerpools und nur neun ebensolchen Zimmern wirkt wie mitten in der Natur, ist aber nur zwei Gehminuten vom Zentrum entfernt. Wäre die Monatsmiete umgerechnet nicht so teuer, würde man am liebsten gleich einziehen. So wie der deutsche Künstler und Dadaist Raoul Hausmann, der während seines Ibizaaufenthalts hier wohnte.

Essen & Trinken

Quirlig – **Bar Destino:** Carrer de Sa Talaia 15/17, Tel. 971 80 03 41, Mo–Sa 13–1 Uhr. Sehr beliebte Bar mit mit orientalischem Einschlag. Die hohen Preise sind weniger der Qualität als dem Erlebnischarakter geschuldet. Kult: der Freitag. Da gibt's nicht etwa Fisch, sondern Couscous.

Gute Mischung – **El Sol de Siena:** Carrer Pere Escanellas, 34, Tel. 971 80 06 97, Mo–Sa 13–16 und 20–24 Uhr, Hauptgerichte 18–30 €. Feinschmeckerlokal, das die auf Ibiza beliebte »Fusion-Küche« perfektioniert, eine Mischung italienischer, spanischer und asiatischer Kochkunst. Mittags kann man die Künste des Chefs bei dem günstigeren Mittagsmenü (17,50 €) ausprobieren, abends ist eine Reservierung empfohlen.

Zum Einmischen bei Einheimischen – **Can Bernat Vinya:** Gegenüber dem Kirchplatz speist der Einheimische unter schattigen Bäumen Kleinigkeiten, vorzugsweise der männliche *Josepí,* weniger die *Josepina.* Wer Spanisch beherrscht, kann ja mal versuchen, mit ihm ins Gespräch zu kommen. Die lokale Antipode exakt zwischen international aufgestelltem Racó Verd und der szenigen Bar Destino.

Einkaufen

Ambiente und Geschenke – **Pomelo:** Carrer de Sa Talaia 9 (ein paar Häuser links von der Bar Destino), Tel. 971 80 15 86. Es müssen ja nicht immer Kastagnetten sein ... und irgendwo müssen sich betuchte Anrainer für ihr hiesiges Heim stilvoll eindecken können. Neben hochwertigen und geschmackvollen Dekostoffen gibt es gutes Geschirr und schöne Geschenkartikel.

Abends & Nachts

Rockt das House – **Racó Verd:** Plaça de la Iglesia, an der Kreuzung nach Es Cubells, Tel. 971 80 02 67. Brasilianisch angehauchte Bar, an der man zwar mit dem Rücken zur Straße sitzt, die sich aber auch mit ihren saftigen Drinks gut zum Herumlungern eignet. Drinnen werden ständig Konzerte gegeben, weshalb der Laden oftmals brechend voll ist.

Infos

www.santjosep.net: Keine örtliche Touristeninformation, dafür diese ausführliche lokale Website.

Sant Agustí des Vedrà ▸ C 5

Das ruhige Örtchen zwischen Sant Josep de sa Talaïa und Sant Antoni de Portmany hält sich von der Lage her vornehm zurück, ist aber wegen seiner schneeweißen Mauern und der noch weißeren Kirche zwischen üppigen Blumen hübsch anzusehen. Seinen Ruf als Künstlerkommune besitzt der winzige Ort, weil der deutsche Filmer Hans Helfritz, Urgestein des Aussteigertypus, mit einigen Künstlerkollegen seit den 50er-Jahren hier lebte. Im weitesten Sinne zeugt noch die ansässige Galerie Berri von diesem Ruf, die regelmäßig alle 14 Tage aufs Neue Werke ibizenkischer und anderer europäischer Künstler ausstellt (Mo–Fr 9–14 und 17–20.30 Uhr, direkt neben der Kirche). Sozialer Mittelpunkt ist die Bar Berri, das beste Restaurant am Platze ist das Can Berri Vell (Tel. 971 34 43 21, einfache Gerichte). Berri ist übrigens der Name der einst mächtigsten Familie des Ortes.

Essen & Trinken

Romantisch-edel – **Can Berri Vell:** Plaça Major, Tel. 971 34 43 21. Das alte Berri wartet unerwartet mit Sterneniveau auf: kleine, feine Speisen in sehr schönem ländlichen Ambiente, ideal zum romantischen Dinner.

Es Vedrà ! ▶ A/B 6/7

Es war einmal ein Riese, der lebte auf einem großen Felsen – und hielt zwei Kinder bei sich gefangen, die ihm zu essen bringen mussten. Als er sich eines Tages Tintenfische wünschte, brachten sie ihm Seeigel, an denen er erstickte – und die Kinder konnten von der Insel fliehen: So klingt die ibizenkische Version von »Hänsel und Gretel«, und sie ist nur eine der vielen Geschichten, die sich um dieses bemerkenswerte Stück Stein mitten im Meer drehen. Es Vedrà, das heimliche und unheimliche Wahrzeichen Ibizas, produziert noch ganz andere Geschichten. Seefahrer behaupten, die Kompassnadel würde in seiner Nähe wild ausschlagen. Etliche Schiffe seien schon von ihm im Nebel angezogen und an den Klippen zerschellt. Logisch, wo es sich doch um die Insel von Odysseus' Sirenen handelt! Und dann wären da – wenn es nach renommierten Ufologen geht – neben der magischen und magnetischen Anziehungskraft noch die Männchen aus dem All, die hier einen Stützpunkt haben ...

Zu den Fakten: Es Vedrà liegt mit seinen stolzen 382 m Höhe ausgerechnet der äußersten Südwestspitze Ibizas gegenüber. Dank dieser markanten Lage ist der Inselberg von vielen Stellen Ibizas und Formenteras aus nicht zu übersehen. Das mächtige Stück Stein und seine kleine Schwester Es Vedranell sind oft von Nebel umrankt, was sie noch gespenstischer wirken lässt. Das Grundstück teilen sich sieben Familien Ibizas, die im Turnus für seine Pflege zuständig sind. Auf ihr leben heute noch Dutzende wilder Ziegen, denen die Familien regelmäßig Wasser bringen müssen (das ist so ähnlich wie mit dem Riesen, obwohl sie die Ziegen selbst hier ausgesetzt haben). Es Vedrà beherbergt eine eigene Eidechsenart, die nur dort vorkommt. Die Insel ist wesentlich größer, als sie von vorne wirkt, da sie weit in die offene See hineinragt.

Der Karmelitermönch Francisco Palau ist bei seinen Meditationen auf dem Gipfel der Insel beinahe verrückt geworden. Dem ehemaligen Residenten Mike Oldfield kamen hier die Melodien zu »Tubular Bells« herübergeschwirrt, und das, obwohl er da noch gar nicht hier lebte. Immerhin hat er sich und die Insel auf seinem späteren Album »Voyager« verewigt. Aber es soll noch nie ein Mensch auf dem Eiland gestorben sein. Außer dem Riesen natürlich. Wie dem auch sei: Zusammen mit dem im wahrsten Sinne bizarren Küstenstreifen rund um die Torre des Savinar (auch Torre del Pirata) und den geschliffenen Quadern von Atlantis ist das südliche Kap ein Schauspiel für sich (s. Abb. S. 145).

Wanderung zur Torre des Savinar und Atlantis

Auf dem Weg nach Cala d'Hort kann man auf verschiedenen ›Stockwerken‹ parken und in Richtung Es Vedrà gehen. Am besten ist jedoch das obere, wo ein Weg förmlich auf die Insel zu führt – läge nicht das Wasser dazwischen. Per Luftlinie blickt man am Ende vom sagenumwobenen »Atlantis« zum magischen Felsen hinüber. Von der **Parkgelegenheit** geht es noch

Das Wahrzeichen Ibizas: Es Vedrà mit dem Torre des Savinar im Vordergrund

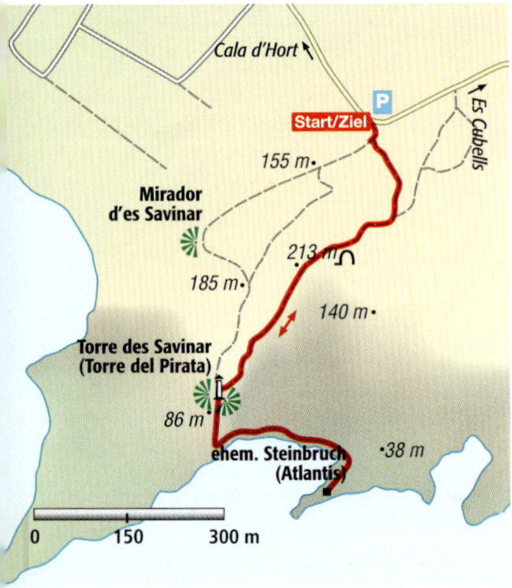

Wanderung zur Torre des Savinar und Atlantis

etwa zehn Minuten bis zu dem extrem steil abfallenden Küstenstreifen gegenüber, der für Schwindelanfällige nicht geeignet ist. Davor führt ein weiterer Weg links hoch zum **Piratenturm,** von dem aus der Blick noch spektakulärer ist. Den Namen »Piratenturm« bekam der Wehrturm nur wegen des Romans »Los muertos mandan« (»Die Toten befehlen«) von Vicente Blasco Ibáñez aus dem Jahr 1909. Weiter führt der Weg an einer Höhle vorbei, die ein japanischer Hippie bewohnte und bemalte, und links hinunter nach **»Atlantis«** – natürlich auch eine Hippiebezeichnung. Dabei handelt es sich um seltsam unnatürlich wirkende Steinquader, die nach dem Genuss von merkwürdigen Zigaretten offenbar den Eindruck einer versunkenen Stadt hervorrufen. In der rauen Wirklichkeit handelt es sich um den ehemaligen Steinbruch Ibizas, aus dem früher die Blöcke für die Mauern von Dalt Vila geschlagen wurden. Der Abstieg ist mühsam, dauert lang und wird meist von Neugierigen angetreten, die Hippierelikte wie Reliefs, Zeichnungen und einen Buddha sehen wollen. Für die Expedition sind ausreichend Wasser und feste Wanderschuhe und am besten auch ein Lunchpaket zu empfehlen. Im Juli/August ist der Abstieg wegen der Hitze fast nicht mehr ratsam – ohne Wasser folgt die Strafe auf dem Fuße, nämlich beim Aufstieg.

Cala d'Hort ▸ B 6

Mit seinem türkisfarbenen Wasser, dem traumhaft-weißen, mittelkörnigen Natursandstrand, guten Lokalen und dem Blick aus der von Steinfelsen umrahmten Bucht auf Es Vedrà ist die Cala ideal zum Betrachten des Sonnenuntergangs. Es gibt auch einen Shuttleservice zu Es Vedrà (Abfahrtszeiten in den Lokalen erfragen).

Übernachten

Beste Aussichten – **Es Carmen:** Tel. 971 18 74 49, DZ um 75 €. Bescheidenes Strandhotel mit sehr gutem Restaurant. Jedes der acht recht schlichten, aber ordentlichen Zimmer hat eine grandiose Terrasse mit Blick auf Es Vedrà, wirkt aber in seiner Rustikalität wie eine Berghütte.

Essen & Trinken

»Beste Paella« – **Es Boldado:** Tel. 626 49 45 37, tgl. 13.30–23.30 Uhr (im Frühjahr und Herbst Mo geschl.), Hauptgerichte 10–15 €. An der Landstraße von Cala Vadella in Richtung Cala d'Hort, am Hinweisstein noch 1,5 km Wegstrecke hinunter. Liegt eigentlich in der Cala d'Hort, ist aber vom Strand aus schwer erreichbar.

Die Paella ist berühmt, der »Café Caleta«, ein Gebräu aus Kaffeebohnen, Zimt, Zitronen, Brandy und Zucker aus dem Kupferkessel dagegen berüchtigt. Die Besitzer beanspruchen höchstpersönlich für sich, die beste Paella Ibizas herzustellen (ab 2 Personen). Und wahrlich ... wenn das nicht reicht, Es Vedrà wirkt hier wie zum Anfassen. Das macht den mühsamen Abstecher wett.

Ses Païsses de Cala d'Hort ▸ B 6

Museum geöffnet Di–Sa 10–14, im Sommer zusätzlich 17.30–20 Uhr, Eintritt frei
An der Straße zwischen Cala d'Hort und Cala Vadella, wenige Meter von der Abfahrt zu Es Boldado entfernt. Punisch-römischer Landsitz aus dem 5. Jahrhundert v. Chr., der bis ins 7. Jahrhundert n. Chr. bewohnt war: Sowohl eine punische als auch eine byzantinische Nekropole wurden hier ausgegraben. Die zahlreichen Fundamente, die erst 1917 entdeckt wurden, umfassen neben Wohnhäusern auch eine Ölmühle, eine Zisterne und Lagerräume. Aber vor allem kommt man wegen des romantischen Blicks.

Die südwestliche Küste ▸ B 4–6

Bucht an Bucht an Bucht – und doch leider immer wieder Urbanisationen, die im Winter reine Geisterdörfer sind – das zeichnet den Küstenabschnitt zwischen dem Kap Es Vedrà und dem Einzugsgebiet von Sant Antoni aus. Vielleicht kommt man per Buchung oder privat in den Siedlungen von Sierra Mar, Bella Tarida, Cala Tarida oder Puig des Galfi unter, aber einen eigenen Reiz üben sie nicht aus. Stattdessen drohen sich weitere künstliche Infrastrukturen in unschuldige Berghänge zu fräsen, wie etwa im Hinterland der Cala Comte oder bei Cala Tarida. Das ist traurig. Nur die wenigen kleinen Traumbuchten dazwischen entschädigen etwas.

Cala Carbó ▸ B 6

Auch der Weg zu den weiteren »Calas« bietet immer wieder wunderbare Ausblicke auf Es Vedrà und durch ihre Lage gen Westen wunderschöne Sonnenuntergänge. Die Buchten sind an der PM 803 zwischen Sant Antoni und Sant Josep ausgeschildert. Die Cala Carbó ist eine 60 m schmale, sehr romantische Bucht mit grobkörnigem Natursand und Kieseln, die links und rechts von Hügeln eingeschlossen und dadurch sehr geschützt liegt, selbst wenn der Wind vom Meer kommt. Die Vorteile wissen viele zu schätzen, die sich das knappe Angebot an Parkplätzen teilen müssen.

Der Einstieg ins Wasser ist zwar flach, aber recht steinig, was wiederum Schnorchlern zugute kommt. Zwei Kioscos »sorgen für das leibliche Wohl«, was bedeutet, dass sie nicht sonderlich herausstechen. Das Balneario Sant Vicent hat für die einfachsten Sachen wie Pommes frites vollkommen überzogene Preise.

Übernachten

Hotel Austria – **Landhotel Calador:** Cala Carbó (oberhalb, auf dem Weg zur Bucht zur rechten), Tel. 971 80 84 24, www.calador-ibiza.com, DZ 40 (einfach) bis 270 € (De Luxe Superior), ganzjährig geöffnet. Es heißt wirklich »Landhotel«, wird von einer charmanten österreichischen Familie geführt und sieht aus wie das »Hotel California« von den Eagles. Aus den markanten Türmen blickt man durch Palmen auf Es Vedrà und das offene Meer. Pool, Tennisplatz und vor allem ein Restaurant (einsame Gegend) machen den Aufenthalt umso bequemer. Familienfreundlich und sehr beliebt für Hochzeiten, sowohl Feiern als auch Unterkunft (Apartments für vier Personen um 150 € je nach Saison).

Orientalisch – **Apartamentos Petunia:** Nur wenige Meter vom Landhotel Calador entfernt, Tel. in Deutschland 0049 (0)511 37 35 36 91, www.petunia-ibiza.de. Studios und Apartments 85–360 € (Apartments teilweise auch für 3 Pers.). Etwas ländliches, aber auf seine Art romantisches Apartmentanwesen mit maurischem Einschlag und schönem Garten in der gleichen Preislage.

Cala Vadella (Cala Vedella) ▶ B 5

Die Cala Vadella ist eine kleine enge Bucht, hat aber einen sehr schönen, 260 m breiten Strand mit hellem, feinkörnigem Sand. Um den Fjord entstand aus einem kleinen Fischerdorf heraus im Laufe der Zeit die heutige Siedlung unter gleichem Namen. Da gruppieren sich größtenteils Apartmenthäuser und Villen um die Bucht, die sich jedoch ganz gut in die Landschaft einpassen. Die Bucht und der Ort eigenen sich für einen Rundum-Urlaub. Denn infrastrukturell hat der Ort nicht nur Bars und Restaurants zu bieten, sondern auch Tauchschulen, Cafeterias und mehrere Autovermietungen.

Die vorwiegend deutschen Urlauber, darunter viele Familien, haben also Abwechslung – auch, weil stolze Jachtbesitzer ihre Schiffe vorführen. Angrenzend liegt ein fast nostalgisch anmutendes Minidörfchen mit Supermarkt, Bars und Restaurants. Die Straße am Strand führt über Hügel weiter zu den nächsten Buchten – auch wenn es erst nicht danach aussieht.

Übernachten

Fern sehen – **Vadella Pueblo:** Carrer Calviá s/n, Apt. 322, Tel. 971 80 80 70, www.vadella.com, DZ 60–85 €, Apt. 100–145 €, im Winter kein Hotelbetrieb (nur Apartments). Die geschmackvolle Ferienanlage im Hacienda-Stil ragt wahrlich aus dem kleinen Häusermeer heraus. Sie liegt hoch über der Bucht, und bei dem Weitblick kann man auf TV auf dem Zimmer tatsächlich verzichten; das ist auch nur bei der Komfortausstattung dabei. Pools, Sauna, Tennisplatz, viele Ruheplätze und ein gutes Restaurant runden das Angebot ab. Die Kinder finden sogar eine Kletterwand.

Selbst versorgen – **Vista Mar:** etwas außerhalb, Tel. 971 80 81 08. Apartments mit Blick aufs Meer und natürlich wesentlich preiswerter als Hotels mit dem gleichen Komfort.

Essen & Trinken

Social Club – **Bar Bon Sol:** Der Treffpunkt direkt am Strand, ideal für eine Erfrischung, ein gutes Stück Pizza, nettes Abhängen und Leute-Gucken.

Tischdecke am Meer – **Restaurant Can Jaume:** Gleich um die Ecke. Glasrestaurant mit feinem Tuch unter Pinien direkt am Strand, anständiges Essen, anständige Preise. Die Atmosphäre macht's.

Einheimisch – **Can Pau:** Noch ein Stück weiter, nämlich die Straße hoch an der Kreuzung Richtung Cala Molí neben dem Spar-Supermarkt. Hier isst der Einheimische gut und gern, weil es sozusagen gut-bürgerlich (viel Fleisch) und auch nicht teuer ist (satt für 10 €).

Aktiv

Untertauchen – **Big Blue Ibiza:** Tel. 650 76 92 96, www.bigbluedive.net, Mitte Mai bis Mitte Okt., Testtauchen 60 €/Std., PADI 290 €. Deutschsprachige Tauchkurse.
Nostalgisch segeln – **Cala Vadella:** Vermittlung durch A. & C. Grund, Tel. 680 77 22 72, www.cala-vadella.info, Preis nach Personenanzahl und Absprache. Auf einem klassischen Schoner um die Insel fahren, übersetzen, oder feiern.

Cala Molí ▸ B 5

Auf der achterbahnartigen Küstenstraße zwischen Cala Vadella und Tarida sticht dieses Kleinod von Bucht hervor, umgeben von Pinienwäldern und mediterraner Vegetation, mit Blick auf die Insel S'Espartà und die Westküste Ibizas.

Die 75 m lange und 35 m breite Cala mit hellem Natursand liegt ideal, wenn man aus Versehen in den umliegenden *urbanizaciones* einquartiert ist, seine Ruhe haben möchte und den langen Marsch zum Massenstrand nicht antreten will. Auch hier ist alles vorhanden, was man für einen entspannten Srandtag so braucht: ein kleiner Kiosco für Erfrischungen und Essen, Liegen und viel Ruhe. Sand, rundgeschliffene Steine und einige Felsen machen das Unterwasserleben relativ interessant.

Übernachten

Zur Ruhe – **Hostal Cala Molí:** in der Urbanisation Cala Molí, Tel. 971 80 60 02, www.calamoli.com, Mai–Okt, DZ 75–118 €. Bescheidenes Hostal mit Komforteinrichtungen, nicht viel mehr. Clou ist der Blick, vom Pool und von allen Zimmern aus: natürlich auf das Meer.

Cala Tarida ▸ B 5

Cala Tarida ist das, was man gemeinhin einen »Schandfleck« nennt und weiträumig umfahren kann. Dabei ist es wirklich schade, was man aus diesem Fleckchen Erde gemacht hat: eine schnöde, öde Touristenmeile für Leute, die sich im Urlaub offenbar nicht selbst beschäftigen können. Die Küste rund um die Cala Tarida ist sehr stark verbaut. Clubanlagen und Apartmentkomplexe ziehen sich weit die Hänge hinauf.

Durch die Busanbindung nach Sant Antoni zieht der Strand zudem gerne gröhlende und feiernde Tagesgäste an. Und das bei dem Strand: 260 m langer Sandstrand und so flach ins Meer abfallend, dass er selbst nach 30 m kaum einen Meter Tiefe ereicht. Er wäre also unter anderen Umständen bestens für Familienurlaube und Wassersport geeignet.

Essen & Trinken

Hervorstechend – **Ses Eufabies:** Es liegt in einer kleinen Nebenbucht links von Tarida, prominent auf einem Felsen und ist vielleicht so gut besucht, weil es den Charakter eines Clubs oder Chill-out zumindest andeutet. Moderate Preise.
Gerühmt – **S'Espartà:** Carretera a Cala Tarida, km 4, Richtung Sant Josep, Tel. 971 80 02 93. Das nach der vorgelagerten Insel bzw. dessen Schilfbeständen benannte Lokal an der Landstraße ist bei den Anwohnern rundum sehr be-

liebt und geschätzt, vor allem wegen der Spezialitäten wie Paella oder Fisch. Und die Preise sind auch anständig.

Ganz in Weiß – **Cotton Beach Club:** Carrer Posta de Sol, 2, www.cottonbeachclub.com. Blaues Meer, weiße Strandbetten, weiß gekleidete Kellner, fast wie in der Raffaello-Werbung. Für die Idealfigur gibt es einen Fitnessclub-Ableger in Sant Antonio.

Cala Codolar ▸ B 5

Nicht zu verwechseln mit dem Kiesstrand Platja des Codolar unmittelbar am Flughafen. Der kleine, sehr hübsche Sand- und Kieselstrand von 70 m Länge und 40 m Breite liegt ganz inseltypisch idyllisch zwischen den Klippen der Steilküste und dichten, kühlen Pinienwäldern und ist gleichzeitig der Hausstrand des oberhalb liegenden Clubhotels Calimera Delfín Playa. Der relativ kurze Strandabschnitt ist daher tagsüber ziemlich ausgelastet.

Ein kleiner Kiosco versorgt die Strandgäste mit dem Nötigsten und verleiht Liegen sowie Sonnenschirme. Auswärtige Gäste verirren sich selten hierhin, zumal die Möglichkeiten zum Parken auch eher begrenzt sind. Was sich jedoch wegen der guten Küche und Unterhaltung durchaus lohnt,

An der Cala Comte gibt es alles, was man für einen Strandtag braucht: herrliches Wasser, einen traumhaften Blick und gute Restaurants

ist ein Abend im Lokal S'Amarant (s. S. 151). Die Bucht ist von Süden aus von der Cala Tarida oder von Norden von der Zufahrtsstraße zur Cala Comte erreichbar.

Essen & Trinken

»Steilisch« – **S'Amarant:** Cala Codolar: Tel. 971 80 64 49, von der Cala Comte landeinwärts nach ca. 400 m rechts (Wegweiser) oder auch über Treppen von der Cala Codolar aus erreichbar. Das steil über der Bucht gelegene, nach dem schönen Hirsegewächs benannte und rot eingefärbte Restaurant bietet nicht nur gute mediterrane Küche mit einem superben Blick bis Es Vedrà, sondern oft auch Events wie Jazzkonzerte, Gay- oder Lounge-Nights. Anspruchsvolle Küche von Limonenhähnchen bis Rosmarinlamm (15–20 €).

Cala Comte ▸ B 4

Die Schönste der Schönen an der Südwestküste. Die vorgelagerten Inseln Es Bosc und die »Haseninsel« Conillera bilden auch die Kulisse zum Sonnenuntergang am Café del Mar und anderen Chill-outs in Sant Antoni.

Hier reihen sich drei Buchten mit einer Gesamtstrandlänge von 600 m aneinander. Die Platges de Comte, von der Natur mit feinkörnigem, bräunlichem Sand und Felsplattformen ausgestattet, liegen am Ende eines Naturschutzgebiets. Mit ihren funkelnden, kristallklaren Wassern wirken sie paradiesisch, sind aber auch nicht ganz ohne: Wegen der Strömungen sollte man nicht zu weit hinausschwimmen. Drei unterschiedliche Restaurants bieten Abwechslung, von satt machendem bis gutem Essen und bewusstseinserweiterndem Chillen. Von Sant Antoni verkehren im Sommer Busse und Ausflugsschiffe hierher (Anlegestelle vom Parkplatz gesehen eine Bucht weiter).

Essen & Trinken

Oooom – **Ashram Sunset:** Von der Architektur her chillt hier Fred Feuerstein und idealer kann eine Lage am Meer gar nicht sein: oberhalb zwischen zwei Buchten, Blick Richtung Sonnenuntergang (wer hätte das bei dem Namen vermutet?) und witzige kleine Kojen, in denen man Getränke, leckere Snacks oder junge Hippies vernascht. Unter musikalischer Begleitung kann das bis tief in die Nacht gehen.

Fine Dine – **S'Illa des Bosc:** Tel. 971 80 61 61. Das Restaurant zur »Waldinsel« auf der gegenüberliegenden Seite führt neben Fisch und Reis moderne Küche mit mediterranem Einschlag. Schöne Terrasse, besonders abends zum Dinner geeignet.

Aktiv

Eine **Küstenwanderung** Richtung Sant Antoni lohnt sich – man kommt an einem herrlichen Streifen mit mehreren schönen, wenn auch unzugänglichen Buchten und zwei Wehrtürmen vorbei. Besonders schön: Die wegen ihrer eisenhaltigen Beschaffenheit »rote Bucht« genannte **Cala Roja** und das Kap **Punta de sa Torre** mit dem markanten Wehrturm. Der Weg ist recht holprig, aber auch mit Mountainbikes oder Trekkingrädern befahrbar und führt an der Cala Bassa vorbei bis ins Einzugsgebiet von Sant Antoni. Dauer zu Fuß ca. 1 Stunde. Von der Cala Bassa kann man wieder das Ausflugsboot besteigen. (Straßenroute: Nr. 15/ Mountainbike, www.ibiza.travel oder im Tourismusbüro).

Das Beste auf einen Blick

Sant Antoni und der Nordwesten

Highlight!

Café del Mar in Sant Antoni: Und immer, immer wieder geht die Sonne unter: Die Perle im Moloch Sant Antoni sorgt allabendlich für besonderen Zulauf. Wenn Mutter Sonne sich für diesen Tag die letzte Ehre gibt, drehen DJs gefühlvoll auf. Wenn sie endgültig versinkt, sirren hunderte Kameras, gefolgt von brandendem Applaus. S. 158

Auf Entdeckungstour

Walter Benjamin auf Ibiza: An der Punta des Molí lebte einst nur der bedeutende Philosoph Walter Benjamin. Was wollte, unternahm, schrieb der Vordenker der Mediengesellschaft auf Ibiza? S. 162

Kultur & Sehenswertes

Cova de Santa Agnès: In einer Höhle versteckt sich die kleine Agneskapelle; dicht daneben kann man in der ehrwürdigen Atmosphäre einer weiteren Agneskapelle, die allerdings nie geweiht wurde, essen. S. 158

Zu Fuß & mit dem Rad

Es Camp Vell: Die Mountainbike-Route besticht durch Abwechslung: Man passiert magische Täler, Ackerfelder, Steilküsten, Strände und typische Dörfer. Bei Sant Mateu geht es steil bergauf, oben hat man einen weiten Blick über die Täler des Nordens. S. 167

Cala d'Aubarca: Die Wanderung durch Es Amunts bietet ein Naturschauspiel schöner Landstriche und seltener Tierarten, dass nur wenige je zu sehen bekommen. S. 174

Genießen & Atmosphäre

Bar Cosmí in Santa Agnès de Corona: Weltbekannt für seine Tortilla, ist die Bar Anlaufstelle für alle Durchreisenden und Residenten – und manchmal spendiert der Wirt großzügig hausgemachten Hierbas. S. 173

Abends & Nachts

Kumharas in Port des Torrent: Die coole Alternative zum Café del Mar öffnet auf der gegenüberliegenden Seite der Bucht ihre Pforten – mit eigenem Label und kleinem Hippiemarkt am Abend. S. 155

Touristenmoloch mit Überraschungen

Als wäre das Klischee von der »Insel der Kontraste« noch nicht ausgereizt, wird es hier erneut bemüht: Da hätten wir in Gestalt von Sant Antoni die urban gewordene Fratze des industriellen Tourismus, während nur ein paar hundert Meter nördlich davon in Gestalt der Bergkette Es Amunts das Naturschauspiel der Buchten und Berge einen ganz neuen Akt aufschlägt: Es finden sich links und rechts von Sant Antoni die schönsten Buchten auf ganz Ibiza, und von ganz unterschiedlichem Charakter. Und nehmen wir selbst den Moloch Sant Antoni einfach so, wie er ist – als Feriennutzfläche mit Kirmescharakter –, dann tut sich zwischen abgerockten Hotels und hektarweise Brachland immerhin ein kulturelles Epizentrum besonderer Art auf: Das Café del Mar hat seine eigene Ibiza-Popkultur hervorgebracht. Außerdem finden sich rund um das in den Stadtplänen eingezeichnete »Westend« neben zahllosen Animierkneipen und Diskos auch hervorragende Restaurants und ein eleganter Jachthafen mit mondänem Ableger zum spanischen Festland.

Dort, wo sich heute die Bettenburgen aneinanderreihen, bettete vor 60 Jahren nur ein einziger einsamer deutscher Denker sein Haupt (s. S. 162). Nur wenige Kilometer davon entfernt machen sich die Buchtschönheiten heute wie auf einem Catwalk Konkurrenz. Und wer selbst nur einmal aus Spaß die kitschige Bimmelbahn hinauf nach Santa Agnès de Corona nimmt, erlebt das Ibiza der sanften Hügel, der Wehrkirchen, breiten Ebenen und fruchtbaren roten Äcker. Und vielleicht hangelt man sich auch weiter, nach Sant Mateu in die Gemeinde von Sant Joan tief in den Nordosten hinein, wo das Naturspektakel Es Amunts erst bei der Cala Sant Vicent endet.

Wer nicht pauschal gebucht hat, kann, aber muss nicht in diese Gegend. Wenn man lieber vom Strand ins Hotel geht und morgens wieder zurück, muss man auch nicht den wildromantischen Norden mit den unberührtesten Ecken Ibizas besuchen. Aber vielleicht macht es doch mal neugierig. Oder es geht in die Großdisko. Die heißen hier bezeichnenderweise »Eden« und »Paradies«.

Infobox

Touristeninformation
Informationsbüro am Passeig de ses Fonts s/n, Tel. 971 34 33 63, kleines Häuschen an der Rambla, geöffnet Mo–Fr 9.30–14.30 und im Sommer auch 15–20.30 Uhr, Sa nur 9–13 Uhr. Auch Zimmervermittlung.

Internet
www.santantoni.net (nur Català und Spanisch)

Cala Bassa ▸ B 4

Die 250 m breite Badebucht Cala Bassa mit goldgelbem, feinem Natursand gehört bereits zum Einzugsgebiet der Ferienmetropole Sant Antoni, was man im Sommer am Publikum deutlich merken kann. Aber sie bildet ein authentisches Naturbecken mit Felsen und Algen, das wegen der Qualität seines Sandes und des umliegenden dichten Waldes aus phönizischem Wacholder, Pinie und Tamarinde zu den schönsten Stränden der Insel zählt. In der Saison verkehrt ein Ausflugsboot von Sant Antoni in die Bucht.

Port des Torrent ▸ C 4

Die etwa 100 m lange Bucht um Port des Torrent mit leicht bräunlichem, schön feinem Natursand ist ein Naturhafen, um den sich eine Wohn- und Touristikgegend von beachtlichem Ausmaß gebildet hat. Es handelt sich um die Verlängerung des britischen Ballermanns. »Das Serviceangebot ist auf das Niveau und die Ansprüche der Gäste zugeschnitten«, formuliert die Website e-ibiza elegant und scheut sich auch nicht, die Umgebung als »Betonwüste« zu bezeichnen. Morgens um sieben ist die Welt noch in Ordnung, aber um elf sind die Strände voll – und auch viele ihrer Besucher ... Für den Strand sprechen Familientauglichkeit und guter Schutz vor Winden.

Abends & Nachts

Fels in der Brandung – **Kumharas Beach Bar & Restaurant:** Carrer Lugo, 2 (Cala de Bou), Tel. 971 80 57 40, www.kumharas.org. Mit Tunnel- beziehungsweise Turmblick muss man diesen Ort ansteuern – und meistens weit entfernt davon parken. Dann aber entfaltet sich um den Wehrturm eine eigene Welt, die mit ihrem Ethno-Sound das mittlerweile touristische Café del Mar und auch die Trommelabende in der Cala Benirràs vergessen lässt. Im Turm ist die Bar untergebracht, ein moderner Hippiemarkt schließt sich auf dem Gelände an. Außerdem gibt es ein orientalisch gestaltetes Restaurant und manchmal Massagen und Yogakurse. Und wie sich das gehört, gibt es Kumharas-Merchandising und CD-Mixe für die Chills daheim.

Bettenburgen bestimmen das Bild in und um Sant Antoni

Sant Antoni

Sehenswert
1 Cova de Santa Agnès
2 Església de Sant Antoni
3 Sa Punta des Molí

Übernachten
1 Pikes
2 Blaupark
3 Hotel Marfil
4 Hostal Florencio
5 Ibiza Rocks
6 Sundown Ibiza Suites & Spa

Essen & Trinken
1 Sa Capella
2 Villa Mercedes
3 Es Rebost de Can Prats
4 Zebra
5 Can Paris
6 Es Ventall
7 Rita's Cantina
8 Bar Rincón de Pepe
9 Golden Buddha

Einkaufen
1 Café del Mar Fashion
2 Mercat des Clos Marès

Aktiv
1 Aquarium
2 Mammoth Ibiza
3 Can Rich

Abends & Nachts
1 Café del Mar
2 Café Mambo
3 Mint Lounge Bar
4 Kanya Beach Club
5 Plastik
6 Eden
7 Paradls

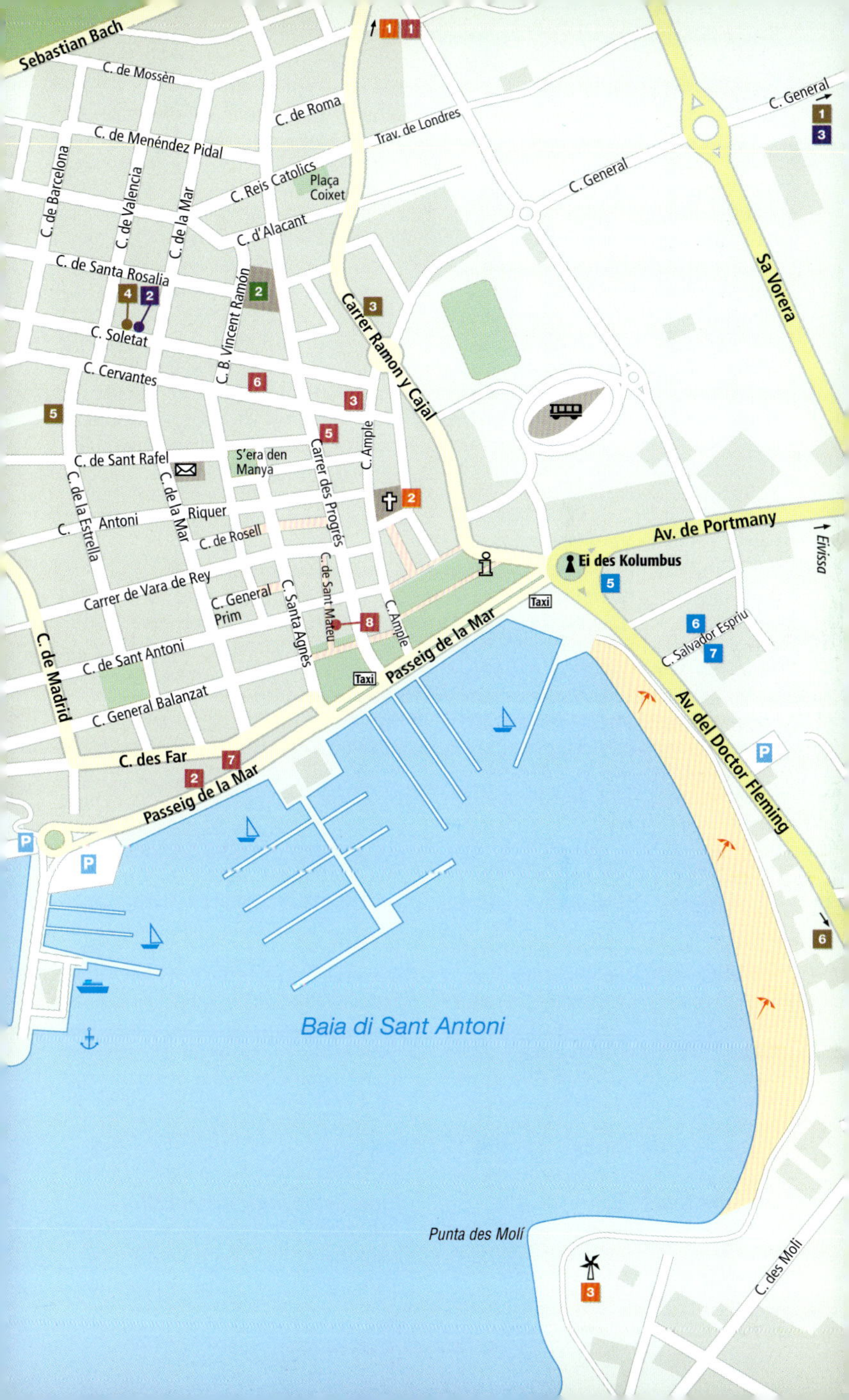

Sebastian Bach
C. de Mossèn
C. de Roma
C. de Menéndez Pidal
Trav. de Londres
C. General
C. Reis Catolics
Plaça Coixet
C. de Barcelona
C. de Valencia
C. de la Mar
C. d'Alacant
C. General
Sa Vorera
C. de Santa Rosalia
C. B. Vincent Ramón
Carrer Ramon y Cajal
C. Soletat
C. Cervantes
C. Ample
C. de Sant Rafel
S'era den Manya
Carrer des Progrés
C. de la Estrella
C. de la Mar
C. Antoni
Riquer
C. de Rosell
Av. de Portmany
Eivissa
Ei des Kolumbus
Carrer de Vara de Rey
C. General Prim
C. Santa Agnès
C. de Sant Mateu
C. Ample
Taxi
C. Salvador Espriu
C. de Madrid
C. de Sant Antoni
Passeig de la Mar
Taxi
Av. del Doctor Fleming
C. General Balanzat
C. des Far
Passeig de la Mar
Baia di Sant Antoni
Punta des Molí
C. des Molí

Sant Antoni de Portmany ▸ C/D 4

Der Name leitet sich vom römischen »portus magnus«, also »großer Hafen«, ab und bis vor dreißig Jahren schlummerte der Fischer- und Hafenort trotz der ersten Hotels vergleichsweise gemächlich vor sich hin. Heute ist Sant Antoni neben der Platja d'en Bossa die Anlaufstelle für die Pauschaltouristen schlechthin. Die meisten ansässigen Hotels werden von Pauschalanbietern gebucht und die Gäste entsprechend einquartiert und abgefertigt. Hier sind sie meistens englischsprachig, was an den Angebotsschildern deutlich ablesbar ist. Ein ganzer Block im Zentrum ist auf den Karten als »Westend« eingezeichnet – und gesäumt von Pubs (Irish, Scottish, Welsh ...). In der Saison kehrt die ganze Nacht über eigentlich nie Ruhe ein. Vor allem aber das Südende bis Port des Torrent ist ein massenkommerziell geführter Urlaubskracher, gesäumt von Handtüchern (am Stadtstrand S'Arenal) und Sonnenschirmen, Souvenirläden, Fast-food-Restaurants und großen Hotels, die die »Skyline« prägen.

Doch man kann über den touristischen Massenbetrieb in Sant Antoni de Portmany sagen, was man will: Der Blick hinüber etwas weiter rechts von dem unsäglichen Port des Torrent ist der größte Exportschlager dieser Stadt nach Fish&Chips: der Sonnenuntergang. Es finden sich jedoch neben einigen Bars, die sich ebenfalls um die Inszenierung des Sonnenuntergangs bemühen, einige hervorragende Restaurants in Sant Antoni.

Café del Mar ! 1

Seit 1980 Chill-Out-Romantik, Abend für Abend bei Sonnenuntergang: So alt ist die legendäre Sunset-Bar »Café del Mar« schon wieder. Jeden Abend gibt es das immer wieder faszinierende Schauspiel, dutzendweise auf Youtube anzusehen: Tausende von Ibizatouristen finden sich zur Dämmerung an dem Gebäude ein, um auf Stühlen und Kissen dem Sonnenuntergang zu frönen. Das Interieur in einem Neo-Art-déco-Stil wurde von dem katalanischen Architekten Lluis Güell gestaltet. Mittlerweile ist dahinter ein Neubau mit großer Bar und Verkaufsräumen hinzugekommen. Der Soundtrack zum Sonnenuntergang, zu dem sich allabendlich Massen einfinden, hat einen ganzen Musikstil geprägt, den man freilich heute zu vermarkten weiß.

Cova de Santa Agnès 1

Di–Sa 10–13 Uhr geöffnet, Eintritt frei

Am Hügel nördlich von Sant Antoni Richtung Santa Agnès nach dem Kreisverkehr rechts (wie Restaurant Sa Capella, ausgeschildert) liegt die Cova de Santa Agnès. In der unterirdischen Kapelle, die erst 1907 wiederentdeckt wurde, hat man bei Weitem nicht nur Gegenstände christlichen Ursprungs, sondern auch jede Menge Bestände aus anderen Kulturen gefunden, von den Karthagern über die Römer bis zu den Mauren. Wahrscheinlich aber haben die Christen den Grundstein zur Kapelle gelegt. Angeblich wurde hier eine Statuette der Heiligen Agnès bewahrt, die immer wieder in die Sakristei gebracht wurde und von dort selbständig zurück in die Höhle wanderte ... Immerhin trägt es zum Image der Märtyrerin bei, die sich schon zu Lebzeiten nur schwer hat unterkriegen lassen.

Església de Sant Antoni 2

Ganz hart gesottene Kirchentouristen besuchen auch die nahe dem Westend liegende Stadtkirche von Sant Antoni,

Ein Kleinod außerhalb des Städtchens San Antoni: die Cova de Santa Agnès

obwohl sie in ihrer heutigen urbanen Lage weniger Reiz ausübt als die ländlichen Wehrkirchen Ibizas. Zu ihrer Bauzeit im Jahre 1305 sah das natürlich ganz anders aus.

Die Wehrkirche bot einst der gesamten umliegenden Gemeinde Schutz und war vor Belagerern mit eigener Wasserzisterne und sogar Kanonen gewappnet.

Übernachten

Für Popstars – **Pikes** **1**: Camí de sa Vorera, von der Stadtmitte etwas nördlich, am Kreisverkehr mit den Pferden geradeaus Richtung Santa Gertrudis, dann beschildert (links hinein), Tel. 971 34 22 22, www.ibizarocks.com/house, DZ 163–660 €. Laut Sunday Times-Hitliste unter den Top Hundred der besten Hotels der Welt. Mal wieder ein vollkommen abgeschiedenes und abgedrehtes Landhotel in einer Finca mit Weinpresse aus dem 15. Jahrhundert, wo es einsamer kaum und luxurlöser nicht zugehen kann. Tolle Zimmer mit schweren, antiken Möbeln, Tennisplatz, Sauna und Wellness. George Michael hat am opulentem Pool 1984 das Wham-Video zu »Club Tropicana« gedreht, Freddie Mercury die größte Party aller Zeiten gefeiert und was Grace Jones und Julio Iglesias hier gemacht haben, lassen Sie sich lieber mal vom kosmopolitischen Hausherren erzählen. Wer sich das nicht leisten kann, logiert extrem billig und laut im Partnerhotel Ibiza Rocks (s. u.).

Annehmbarer Luxus – **Blaupark** **2**: Carrer Velázquez 9, Tel. 971 348 131, DZ 120–170 €. Vier-Sterne-Hotel mit leichtem Kongresscharakter und größtem Pool der Stadt, nach vorne hinaus der Café del Mar-Meerblick, nach hinten die Ausläufer der City. Trotzdem sind die meisten Gäste zufrieden. In vielen Zimmern befindet sich eine Kitchenette und zum Chillen gibt es die Golden Buddha-Bar direkt im Haus.

Anständiges Haus – **Hotel Marfil 3**: Carrer Ramon y Cajal 34, Tel. 971 341 208, www.hotelmarfil.com, DZ 49–129 €. Familiär geführter Hotelbetrieb, der bewusst einfach gehalten ist.

Für Sportsfreunde – **Hostal Florencio 4**: Carrer Soledad 38, Tel. 971 34 07 23, www.hostalflorencio.com, DZ 30–110 €. Wer auf Ibiza Sport treiben will, liegt hier richtig. Direkt neben dem Sporthotel veranstaltet Mammoth Ibiza organisierte Touren durchs Umland oder verleiht Mountainbikes für den Eigengebrauch, bietet Pool und Rad-Waschanlage. Da man sportliche Gäste gewohnt ist, sagt niemand etwas über schmutzige Fahrradschuhe oder verschwitzte Klamotten. Eine Reinigung befindet sich gleich nebenan.

Schlafen kann man ein anderes Mal – **Ibiza Rocks 5**: Carrer de la Estrella, Tel. 971 31 19 50, www.ibizarocks.com. Früher Legende dank der übertragenen MTV-Pool-Parties und BBC-Live-Übertragungen, heute leicht abgerockt, aber für junge Leute immer noch ein Anziehungspunkt. Nicht zuletzt wegen der regelmäßigen Live-Gigs junger Nachwuchsbands aus der britischen Heimat. Jede Menge Merchandising und Gelegenheiten zum Sich-Kennenlernen, wie etwa Bar und Disko.

Für Selbstversorger – **Sundown Ibiza Suites & Spa 6**: Carrer Cala de Bou 46, Tel. 971 34 87 35, www.sundownibiza.com, Standard-Doppelzimmer ab 187 € pro Nacht. Wer sich an Ort und Stelle selbst versorgt, findet in den hochwertig ausgestatteten Apartments Platz (zwischen 65 und 123 m²) und eine voll ausgestattete Küche – perfekt für Familien und alle, die die Insel flexibel erleben möchten, ohne auf den Service eines Hotels zu verzichten. Denn Entspannung findet der Gast im Pool oder im hauseigenen Spa, bei einem Besuch im Hammam oder bei einer Massage.

Essen & Trinken

Kirchlich, aber nicht himmlisch – **Sa Capella 1**: nahe der Cova de Santa Agnès, Landstraße Richtung Santa Agnès am letzten Kreisverkehr rechts, Tel. 971 34 00 57, 20–24 Uhr, Montag geschlossen. Das teuerste Restaurant am Platze in einem Ambiente, das dem Gast den Atem verschlägt: Die Kirche aus dem 18. Jahrhundert wurde der Heiligen Agnès zum Dank für die Rettung eines Schiffs aus einem Sturm errichtet – aus Kostengründen wurde das Gebäude jedoch nie seinen sakralen Weihen zugeführt. Heute ist es dem Thema Essen geweiht, die Einrichtung ist sakral oder auch »gothic«, ganz wie man es sehen will. Die Kellner im ibizenkisch angelehnten Outfit tischen teilweise jedoch recht profane Gerichte wie Brokkoli in Rahmsauce auf.

Jugendstil – **Villa Mercedes 2**: Passeig de la Mar, Tel. 971 34 85 43, www.villamercedesibiza.com, Menü um 40 €. Schöne, über 100 Jahre alte Jugendstilvilla direkt am Hafen, mit kleinem Garten, Dachterrasse und kleiner Bühne, auf der schon viele Vertreter von spanischem Folk und Pop ihr musikalisch Bestes gegeben haben. Entsprechend buntes Treiben drinnen und draußen. Sehr gute Küche, edles Ambiente und flotter Service.

Buchstäblich ausgezeichnet – **Es Rebost de Can Prats 3**: Carrer Cervantes 4a, Tel. 971 34 36 04, Di Ruhetag, Hauptspeisen um 20 €. Klein, aber fein am Ende der Straße gelegenes Traditionsrestaurant mit vorwiegend ibizenkischen Spezialitäten. Zählte schon mal zu den 150 besten Restaurants Spaniens. Für alle, die das kulinarisch Echte, Schöne und Wahre der Insel suchen.

Chic und kreativ – **Zebra 4 :** Carrer I. Macabich 9, Ecke Carrer Soletat, Tel. 971 34 78 67, Menü ca. 35 €. Klein, in dezentem Design mit afrikanischen Fotomotiven eingerichtet. Auf der Karte stehen dafür Klassiker wie Lammschulter auf Gemüsebett, die großzügig aufgetragen werden.

Fischers Frischfisch – **Can Paris 5 :** Carrer des Progrés 34, Tel. 971 34 00 18, mobil 659 89 78 65. Spanisches Restaurant im leicht rustikalen Stil, das nichts mit Paris zu tun hat, rühmt sich besonders seines Fischangebots.

Romantisch und gut – **Es Ventall 6 :** Carrer Cervantes 22, Tel. 971 34 17 29, www.restauranteesventall.com. Gehobenes Preisniveau. Schöner Innenhof, ibizenkische und mediterrane Küche. Etwas zum »Ausführen« inmitten der Stimmungshölle der City.

Das pralle Leben – **Rita's Cantina 7 :** Passeig de la Mar. Von morgens bis abends. Rita kommt aus den Niederlanden und ist im Inneren als Countrylady verewigt. Sie und ihr Team führen ihr kommunikatives Hafencafé mit Verve und beharrlich guter Laune. Neben dem klassischen Verpflegungsprogramm wie Frühstück, Kaffee und Bier gibt es flüssige Vitaminbomben und täglich einen günstigen Teller zu essen.

Tapa und Copa – **Bar Rincón de Pepe 8 :** Carrer de Sant Mateu, tgl. 13–24 Uhr, Tapas 4–10 €. Authentisch, spanisch, preiswert, lecker – und das am angrenzenden »Westend«. Im urigen, weiß getünchten Selbstbedienungsrestaurant mit Holzsitzen und Baum im Raum isst man Spanisches von der Karte oder bestellt sich klassisch an der Tapas-Theke immer nach. Dazu eine *copa* (Gläschen Wein) und »Eviva España!«.

The Real Chill – **Golden Buddha 9 :** Caló des Moro, Tel. 971 80 31 28, tgl. 12 bis ca. 2 Uhr. Während das Café del Mar keinen Strand, viele normale Cafétische und nur innen weiche Sofas hat, kann die Bar am einzigen Stadtstrand Sant Antonis mit Fläzgelegenheiten wuchern – zuzüglich moderater Preise und obligatem Buddha. Ideal fürs Nachmittags-Nickerchen vor der Dämmerung, auch wenn man die Schaumgummimatten ruhig einmal pro Jahr austauschen könnte.

Einkaufen

Clever kalkuliert – **Café del Mar Fashion 1 :** Carrer Vara de Rey 27, direkt hinter dem Café del Mar-Neubau, www.cafedelmarfashion.com. Schicke und geschmackvolle Beach- und Leisure-Klamotten. Die Kleider und Accessoires – von CDM-Buttons bis zu Trinkgläsern, T-Shirts, Schals, Pullovern und Jacken – sind sämtlichst mit dem Schriftzug des Café del Mar »gebrandet«, auf dass der Stil des Hauses in die weite Welt getragen werde. Aaaaber: Der Preis dafür ist extrem billig! Statt eine bekannte Marke wie üblich umso teurer zu verticken, kostet hier kaum ein Kleidungsstück über 50 €!!! Inklusive Bar und CD-Abhörplätzen (natürlich die CDM-Sampler).

Für Selbstversorger – **Mercat des Clos Marès 2 :** zw. Carrer Bartomeu Vicent Ramón und Carrer des Progrés. Hinter einer unscheinbaren Bausünde im Zentrum verbirgt sich eine typisch spanische Markthalle im Stil der »Boquería« Barcelonas mit großem Fisch-, Fleisch- und Gemüseangebot. Auch etwas fürs Auge.

Aktiv

Grottig gut – **Aquarium 1 :** Cap Blanc, Cala Gració, nördlich von ▷ S. 166

Auf Entdeckungstour: Der filósofo alemán – Walter Benjamin auf Ibiza

An der Punta des Molí lebte einst der bedeutende Philosoph Walter Benjamin. Was wollte, was unternahm und schrieb der Vordenker der Mediengesellschaft auf Ibiza?

Reisekarte: ▶ C 4

Ausgangspunkt: Sa Punta des Molí 3

Buchtipp: Valero, Vicente. Der Erzähler. Walter Benjamin auf Ibiza. Parthas Verlag, Berlin 2008.

Port des Torrent, die vornehmlich britisch geprägte Touristenmeile gegenüber von Sant Antoni, ist nicht gerade für ihre literarische Vergangenheit bekannt. Nur eine kleine, restaurierte Mühle sticht zwischen den Bettenburgen aus der Skyline heraus. Wer den Weg dorthin findet, wird sich wundern: Sie steht zwar im Schatten eines großen Hotels, aber in einem kleinen, gepflegten Park mit Feigenkakteen. An dem einzigen Gebäude neben der Mühle ist ein Porträt mit dem Text angebracht: Walter Benjamin, filósofo alemán.

Viele kennen ihn aus der Schullektüre. Sein epochales Werk mit dem umständlichen Titel »Das Kunstwerk im Zeitalter seiner technischen Reproduzierbarkeit« hat uns den Verlust der Aura von künstlerischen Werken vor Augen geführt, sobald sie beliebig vervielfältigt oder auch bearbeitet werden können. Der Pionier der Medientheorie auch ein Pionier des Ibiza-Tourismus? Ja, aber nicht nur. Immerhin hat er hier gelebt. Neben dieser Mühle. Zwei Sommer lang.

Ein früher Tourist – Benjamin auf Ibiza

Um das zu verstehen, muss man sich zunächst die gesamte Umgebung wegdenken. »Das Schönste ist der Blick aus dem Fenster auf das Meer und eine Felseninsel«, schreibt der ehemalige Bewohner von »Can Frasquito«, einem kleinen Gebäude, das leider in den 1980er-Jahren abgerissen wurde. Jeden Morgen steht er um sieben Uhr auf und geht baden – »wo weit und breit kein Mensch am Ufer zu sehen ist.« Was ihm anfangs besonders fehlt, sind »elektrisches Licht und Butter, Schnäpse und fließendes Wasser, Flirt und Zeitungslektüre«. Welch eine Ironie – vor allem Alkohol und Flirt gibt es um Sa Punta des Molí bekanntlich heute im Überfluss.

Benjamin gehörte zu den ersten Touristen Ibizas – in einer Zeit, als die Bewohner der Insel zum Hafen strömten und jeden Neuankömmling mit Handschlag begrüßten. Damals waren die meisten der »Fremden« Intellektuelle, die sich vornehmlich für die Architektur interessierten. Und von den dunklen Wolken, die in Deutschland politisch aufzogen und Benjamin zum Verhängnis werden sollten, war 1932 noch nicht viel zu spüren. Ihm war nicht klar, dass er Deutschland für immer verlassen hatte, als er am 7. April 1932 in Hamburg das Schiff »Catania« nach Barcelona bestieg und am 19. April in Eivissa von Bord ging.

Ein günstiges Leben und viel Inspiration

Der Berliner Philosoph hatte für seine Reise einen simplen Grund: Er hatte einen Prospekt für eine Schiffsreise studiert. Und das Leben sollte auf Ibiza billig zu bestreiten sein – für den nach einer langwierigen Scheidung finanziell gebeutelten, chronisch unter Geldmangel leidenden, sensiblen Intellektuellen, der von seinem Stamminstitut, der »Frankfurter Schule«, stiefmütterlich behandelt wurde (Theodor W. Adorno lehnte seine Habilitation ab). Und so wurde er von seinem Freund Jakob Noeggerath, der sich selbst schon als eine Art Vor-Hippie in Kleidung und Einfachheit vollkommen dem herrschenden Lebensstil der Insel angepasst hatte, kurzerhand nach Ibiza auf das Anwesen Ses Casetes geholt. Benjamin wurde sein direkter Nachbar. Er rechnete sich aus, hier von 70 bis 80 Mark im Monat leben zu können. Damit behielt er recht. Seine »drei Mahlzeiten zwar sehr provinzieller Art (...) im ganzen aber delikat«, kosteten 1,80 Mark.

Mental erzielte er außerdem hohe Gewinne. Es waren wieder einmal mehr die Ibizencos und ihre einladende Mentalität, die Walter Benjamin zu einem Bewusstseinswandel veranlassten. Viele Kollegen, etwa der Architekt Erwin Bronner und der Dadaist Raoul Hausmann, faszinierten vor allem die schlichte Architektur der kubischen Häuser und ihre »kluge Raumanordnung«, wie es in Benjamins »Ibizenkische Folge« heißt. Vor allem aber war Ibiza zu dieser Zeit aufgrund seiner schlichten Lebensform, dem Einklang von Natur und Kultur unter Intellektuellen als Arkadien gerühmt, ein letztes Paradies, in dem es sich leben lässt, weil »Leben und Leben lassen« der kategorische Imperativ der Bevölkerung war. Schon damals bildeten deutsche gebildete Zirkel Gemeinschaften, die unmittelbar neben den bestehenden Kulten und Riten der Inseleinwohner ihre individuelle Freiheit durch schöpferisches Nichtstun zum Ausdruck brachten.

Sonderling mit Schnurrbart und Notizbuch

»Walter« jedoch, der Deutsche mit dem Schnurrbart und der Nickelbrille, der durch Sant Antoni spazierte und ständig etwas in sein Notizbuch schrieb, bekam erst vor Ort etwas von der gerühmten Ursprünglichkeit Ibizas mit. Er galt als sympathischer Sonderling, den seine neuen Mitmenschen schon deswegen schnell ins Herz schlossen. Die damals etwa 700 Bewohner von Sant Antoní nannten ihren Mitbürger »el miserable«, denn sein mangelnder Wohlstand entging ihnen nicht. In der Heimat Berlin musste der Sohn einer reichen jüdischen Familie bereits Wohnung und Beruf ersatzlos aufgeben. In Sant Antoní sah man ihn oft in Begleitung seines Freundes Jean Selz auf Spaziergängen, die immer wieder mit den Worten »*Tiens, tiens*« (frz. »Ach!«, »Übrigens«) unterbrochen wurden,

Walter Benjamin – Erzähler und Philosoph

wenn ihm ein guter Gedanke kam. Die Deutschen der Insel nannten ihn »Tienstiens«. Die ihn berühmt machende mobile Denkart des »Flanierens« brachte ihn vom Grübeln ab – nur spazierte er hier nicht durch seine breit beschriebenen Pariser »Passagen«. Den drohenden Depressionen eines Exilanten entging Benjamin erst, als er das Baden entdeckte, »oben ohne« durch die Wälder streifte und sich schließlich auf einer Anhöhe aus Ästen eine Art Sessel bastelte, in dem er lesend und schreibend den Vormittag verbrachte.

Benjamin notierte vornehmlich Geschichten für seine geplante Kindheitsgeschichte »Berliner Chronik« – allmählich landeten jedoch immer öfter Eindrücke seines sozialen Umfelds in den Heften. Die Unberührtheit der Landschaft, ihre Ruhe und deren Auswirkung auf die körperliche und seelische Verfassung eines Menschen sind es, die Benjamin zutiefst beeindrucken. Er empfand eine Idylle, die zu den Gewittern der Moderne (und den Gewalten des einsetzenden Nationalsozialismus) einen krassen Gegensatz bildeten und die heute in Sant Antoni kaum noch vorstellbar ist. Diese Idylle in Verbindung mit der Offenheit der Gesellschaft auf Ibiza bildet für den Philosophen das ideale Klima, um seine Arbeit voranzutreiben und eine Geschichte der Empfindsamkeit zu planen.

Was er in dieser Gemeinschaft ebenfalls wahrnahm, war die Kulturtechnik des Erzählens, die er überall beobachten konnte. Natürlich – das Neueste vom Tage erfuhr man nicht aus der Zeitung, sondern von der Frau des Fischers. Benjamin entdeckte darin das »Vermögen, Erfahrungen auszutauschen« als wesentliches Element. Geschichten aber lagen überall in der Luft – schon auf der Schiffsreise sah er sich genötigt, die Schilderung seines Kapitäns über die Rettung einer Passagierin, die sich von Bord gestürzt hatte, nachzuerzählen. Diese »Reisetechnik«, wie er es nannte, sollte den Schreibstil des sachlich-logisch geschulten Philosophen prägen. Mündliche Überlieferung und Weitergabe von Erfahrungen sind »Dinge, die sich vor einem Kaminfeuer besser erzählen als brieflich«, schreibt er an seinen Freund Gershom Sholem kurz nach der Landung, noch angetan von jeder Menge Seemannsgarn. Seine Konsequenz: »an Fakten, an Geschichten sammeln, was ich nur finden konnte«. Vieles, was er in Sant Antoni zu Ohren bekommt, fließt in seinen späteren Text »Der Erzähler«, den er in Paris verfasst. Auch die ersten seiner berühmten, zu Papier gebrachten Drogenerfahrungen machte er auf dieser Insel.

Auf der Flucht

1933 verliebt er sich in die niederländische Malerin Anna Maria Blaupot ten Cate. Er hat viel zu erzählen. Aber Arkadien reicht nicht. Es treibt Benjamin weiter. Fatalerweise. Mittlerweile als Jude verfolgt, begibt er sich ins Pariser Exil, hängt finanziell am Tropf seiner Kollegen Hannah Arendt, Theodor W. Adorno und Max Horkheimer. Er hat den Anschluss verpasst, muss flüchten, irrt in Frankreich umher und findet schließlich sein tragisches Ende auf der Flucht nach Spanien im Grenzort Portbou. Hinter ihm die anrückenden Nazis, vor ihm die Schergen des verbündeten Franco. Benjamin diktiert einen Abschiedsbrief an Adorno und nimmt sich am 26.9.1940 mit einer Überdosis Morphin das Leben. Wäre er doch auf Ibiza geblieben. Dort kam Franco nie wirklich an.

Mein Tipp

Radtouren mit prominenten Fahrern

Zwei Mal im Jahr veranstaltet Ibizasport eine »Vuelta« für Profis, Promis und Jedermänner – und wie es sich gehört, als *gran fiesta* mit Party und *Barbacoa*. Mit dabei ist immer ein Zugpferd, wie etwa Gary Fisher (Erfinder des Mountainbikes) oder Miguel Induráin (mehrfacher Tour-de-France-Sieger). An Ostern geht es dann rund ums Fahren auf Mountainbikestrecken, Anfang Oktober auf der Straße. Die Veranstaltungen lösen vor allem unter Spaniern einen Run auf die Rennen aus, dann sind die Fähren voller Räder (Termine der nächsten Veranstaltungen unter www.ibizabtt.com).

Sant Antoni. Tgl. 10–19 Uhr, Eintritt 4,50 €. Eine natürliche Höhle, die früher zur Haltung von Fischbeständen diente, wenn es auf dem Meer zu wüst zuging, dient heute als Live-Schau-Kulisse unter Felsen, inklusive kleinen Haien, Rochen und Muränen.

Radtouren – **Mammoth Ibiza** 2: Carrer de Soledad 36, Tel. 971 34 89 49, www.ibizasport.com. Ibiza per Rad bzw. Mountainbike entdecken – dank ausgezeichneter Wegführung ist das besonders rund um Sant Antoni kein Problem mehr. Sowohl Mountainbike- und Trekking-Radverleih (Marke: »Trek«) als auch, ganz nach Wunsch, geführte Touren. Zum Einstieg: Die ›Kinderroute‹ Es Porquet mit Besuch des Weinguts Can Rich.

Weinproben – **Can Rich** 3: Camí General s/n, Tel. 971 80 33 77, www.bodegascanrich.com. Eines der besten und jüngsten Güter der Insel liegt stadtauswärts auf der »Ruta des Porquets«, der Landstraße nach Santa Gertrudis. Auf 17 Hektar werden neben traditionellen Reben wie Monastrell und Malvasier mittlerweile auch die Klassiker gezogen.

Abends & Nachts

Der Klassiker – **Café del Mar** 1: Carrer Lepanto 4, s. S. 158.

Der lautere Nachbar – **Café Mambo** 2: Beginnt gerne auch mal früher, um seine Gäste für die Disko aufzuheizen. Bei Ruhestörung: Tel. 971 34 66 38.

Frisch – **Mint Lounge Bar** 3: Carrer de Vara del Rey, Tel. 971 59 59 03, www.mintloungeibiza.com. Die an das Mambo angeschlossene Mint Lounge Bar schlägt zu Cocktails, italienischem Soul-Food und Funk eher ruhigere Töne an.

Sunset Strip – **Kanya Beach Club** 4: in Richtung Caló des Moro, zu einem Apartmentkomplex gehörig. Der Beachclub bietet Sitze in der ersten Reihe zum Sonnenuntergang, und abends stimmt sich die Partycrowd zu Electrobeats möglicherweise auf eine Clubnight ein.

It's plastik, baby, it's fantastic – **Plastik** 5: Avinguda Dr. Fleming 1 (am »Ei des Kolumbus«). Aufwärm-Lounge für den »großen Abend« im Eden oder Paradis, mit denen man eng zusammenarbeitet. Häufig auch »Housebesuch« bekannter DJs wie Pete Tong, Darren Price oder Rob Marmot. Auch offizieller Ticketverkauf für alle großen Disko-Events Ibizas.

Garten – **Eden** 6: Carrer Salvador Espriu, www.edenibiza.com. Das etwa 5000 Gäste fassende Etablissement hat mit seinen drei Tanzflächen und 12 Bars eine besondere Atmosphäre. »Pornographic« und »Twice as Nice« sind neben dem Sonntagsklassiker »Judgement Sunday« die Partyrenner.

Nass – **Paradis** 7: Carrer Salvador Espriu Nr. 2, www.esparadis.com. Am dritten Tag schuf Gott das Wasser und deshalb steigt hier immer mittwochs und samstags die berühmte *fiesta del agua,* bei denen 4000 Quadratmeter Tanzfläche unter 80 000 Liter Wasser gesetzt werden, sobald »I'm singing in the Rain« ertönt: Eine Art unverkrampfte Miss-Wet-T-Shirt-Wahl unter rhythmischer Ausgelassenheit. So schamlos geht's nur im Paradies zu – steht schon in der Bibel. Profis kommen mit Badeklamotten ›drunter‹.

Mountainbike-Tour Es Camp Vell

Dies ist eine der klassischen Wander- und auch Mountainbike-Routen, sie besticht vor allem durch Abwechslung: magische Täler, braunrote Ackerfelder, Bergspitzen mit gefühlt alpinen Ausmaßen, Steilküsten, Strände, typische Dörfer, und am Ende eine Trial-Strecke hinab Richtung Sant Antoni, die es in sich hat. Ab **Sant Mateu** im Norden fährt man fast nur noch durch Schwarzfichtenwälder, Ackerland und Weinberge – und die Höhen sind teilweise nicht ohne. Hinter dem kleinen Dorf Sant Mateu beginnt der Aufstieg nach **Camp Vell**: ein recht steiler Weg durch den Wald. Wenn man schließlich hoch über Sant Mateu steht, über die Täler des Nordens blickt und den Wald rauschen hört, hat man das Gefühl, wirklich ›in den Bergen‹ zu sein. Beim Abstieg kann man einen kleinen Kletterbereich mit sagenhaftem Ausblick auf die Steilküsten genießen oder sich mit einem Getränk in **Santa Agnès** erfrischen. Von dort führt der Weg Richtung Süden wieder in die Felder, über holprige, steinbesetzte Wege – und langsam nimmt man Fahrt auf; bald geht es mit einer kurzen Ausnahme

Mountainbike-Tour Es Camp Vell

nur noch durch die Wälder bergab bis hinunter in die **Cala Salada** – großer Fahrspaß und Belohnung nach all den Höhenmetern. Wer trotz des Tempos sehr aufmerksam ist, verfehlt nicht die am Wegesrand liegende **Cova ses Fontanelles** mit Höhlenzeichnungen aus römischen Zeiten. Unten angekommen braucht man sich nur noch in die Wellen einer der schönsten Buchten des Nordens zu werfen.

Zentrale Strände in Sant Antoni

Es Pouet ▶ D 4

Einer der »beliebtesten« und damit belebtesten Strände von Sant Antoni, der im Sommer auf 150 m keine Handtuchbreite mehr an Platz zulässt. Aufgrund seiner geringen Tiefe eignet sich das Wasser wunderbar für kleine Kinder, ist aber sonst nur Mittel zum Zweck, also zum Abkühlen. Ein bisschen ruhiger als der große Nachbar S'Arenal.

S'Arenal de Sant Antoni ▸ D 4
Parallel zum Zentralstrand der Stadt, der Sant Antoni und Es Torrent zusammenhält, verläuft die 650 m lange Strandpromenade von Sant Antoni. Dahinter gibt es jede Menge Rummel, eine Bauruine und die großen Diskotheken. Wer will, kann Wetten abschließen, ob der schnarchende und lallende Nachbar schon wieder oder vielleicht noch immer betrunken ist. Aber immerhin: Das künstlich aufgeschüttete eigentliche Hafenbecken von S'Arenal und Es Pouet mit dem bräunlichen, feinen Natursand erhielt die »Blaue Flagge« für gute Wasser- und Strandqualität.

Caló des Moro ▸ C 4
Die winzige 80 m lange, hufeisenförmige »Mohrenbucht« um eine langgezogene, unbebaute Fläche, an der die Promenade endet, ist eigentlich die einzige Stadtbucht. Da der Strand leicht zugänglich ist und sich in unmittelbarer Reichweite mehrerer Hotelkomplexe und Touristikapartments befindet, ist er immer recht gut besucht. Von Sand und Felsenzonen mit Meeresvegetation umgeben, eignet er sich besonders gut zum Tauchen in geringer Tiefe.

Cala Gració ▸ C 4

80 m lange, hübsche, kleine und familiäre Bucht mit bräunlichem, feinem Natursand und Felsformationen, die von den Anwohnern der näheren Umgebung gerne besucht wird und sich inmitten eines felsigen Vorgebirges und einem dichten Wald aus Pinien und phönizischem Wacholder befindet. Die Bucht ist in einzigartiger Weise dreieckig und recht eng geformt und weist eine Sandbank auf, die bis in den Wald hineinreicht. Nicht weit von diesem Strand entfernt kann man in einer Höhle das Naturaquarium Cap Blanc besuchen (s. S. 161).

Cala Gracioneta ▸ C 4
Die kleinere Schwester der Gració ist besonders idyllisch und beherbergt den über die Buchten hinaus bekannten Kiosco El Chiringuito de Cala Gracioneta (Tel. 971 34 83 38), dessen Reis- und Fischgerichte auch Nichtschwimmer anziehen.

Punta Galera ▸ C 3

Der nur 20 m breite Strand am Kap Galera befindet sich am Fuß einer Steilküste und setzt sich aus enormen Steinplatten unterschiedlicher Höhe zusammen, die aus einem alten Steinbruch stammen. Sie bilden heute perfekte Naturterrassen, die sich zum Sonnen und zu einem Bad im kristallklaren Wasser eignen. Felsen und eine üppige Meeresvegetation runden das Bild unter Wasser ab. Ein kaum besuchter Strand, der zu einem der beliebtesten Badeorte für Nudisten geworden ist. Für alle, die Stille und Abgeschiedenheit suchen.

Cala Salada ▸ C 3

Die etwa 80 m lange und 25 m breite Bucht mit ihrem goldgelben, mittelkörnigen Sand gehört definitiv zu den Top Ten der schönsten Strände Ibizas, auf der Nordwestseite ist sie wohl sogar die »Number One«.

Der Strand wird aus einer großen Bucht und einer kleinen gebildet, der Cala Salateda, die man von der großen Schwester aus zu Fuß erreicht. Die Buchten werden durch einige Felsklippen voneinander getrennt. Dort stehen ein paar Bootshäuser, die von den Fischern der Gegend zur Unterbringung ihrer traditionellen Boote, den so genannten *Llaüts*, genutzt werden. Ruhig, familiär und von einem dichten, mediterranen Wald umgeben, springt man mit dem Duft von Tannen in der Nase in ein Wasser, das türkisblau wie ein Pool ist. Zufahrt über die Straße Richtung Santa Agnès.

Cova ses Fontanelles und Camp Vell ▸ C 3

Nördlich der Cala Salada geht es über einen Waldweg in den Norden. Er führt durch einen dichten Wald bergauf und überrascht dort, wo man es nicht vermutet, mit spektakulären Ausblicken übers Meer. Nach den Bergetappen des Camp Vell kommt man in der Ebene von Corona heraus. Auf dem Weg kann man einen Abstecher zur sehr versteckt gelegenen Cova ses Fontanelles (manchmal auch als Cova des Ví bezeichnet) machen; besonders interessant ist sie aber eher wegen ihrer Lage über dem Meer und einiger kaum sichtbarer Zeichnungen, die vermutlich ein gelangweilter karthagischer Wachsoldat auf verlorenem Posten angefertigt hat.

Ansonsten tritt man in die Ebene Plá de Corona ein und orientiert sich in Richtung Santa Agnès. Umgekehrt ist die Tour wesentlich weniger anstrengend, Wasser sollte in jedem Fall dabei sein (Mountainbike: Route Nr. 9, anspruchsvoll, www.ibiza.travel).

Plá de Corona ▸ D 3

Bei dem Örtchen Santa Agnès tritt man in die romantische Ebene, von der aus Richtung Osten wie an einer Perlenschnur gereiht etwa alle 6 km erneut ein Weiler mit Wehrkirche auftritt. Durch deren strategisch günstige Lage konnten sich die Anwohner über die ganze Breite der Ebene verteidigen beziehungsweise verstecken. Am Camí des Plá de Corona – etwa 300 m von Santa Agnès entfernt – steht rechts ein Brunnen:

Mein Tipp

Winterliche Mondwanderung von Sant Antoni ▸ C/D 4
über die Cala Salada nach Santa Agnès ▸ D 3

Mondschein auf Mandelbäumen – zur Zeit der Mandelblüte ist diese Nachtwanderung für Winter-Wandertouristen ein besonderer Kick. Die Wanderung, die von Sant Antoni hinauf zur Plá de Corona führt, findet möglichst bei Vollmond statt, damit man auch etwas sehen kann. Weit und breit scheint dann kein Licht mehr und ohne den ortskundigen Führer müsste man sich an den Sternen orientieren.

Die Wanderung lohnt nicht nur wegen der romantischen Szenerien, sondern auch, weil der Weg durch Wälder führt, bei der vielleicht auch auf das eine oder andere seltene Tier zu sehen ist. Im Voraus zu buchen über die örtliche Fremdenführervereinigung (deutschsprachig), auch individuell mit Preis- und Terminvereinbarung (www.guiasibiza.com).

Lieblingsort

»Heaven's Gate« ▶ D 2
Der Blick von **Punta Roja** übers Meer ist noch mal eine Steigerung zu allen anderen Aussichten. Als sich die Hippies hier niederließen und etwas rauchten, das jenseits herkömmlichen Tabaks war, kam ihnen offenbar jener Name: **»Heaven's Gate«.** Der sensationelle Blick über das Meer und die Inselchen »Ses Margalides« sind ein gewaltiger Natureindruck, der sich auch ohne Fremdeinwirkung erschließt. Ideal ist der Ort zum Betrachten des Sonnenuntergangs. (Von Santa Agnès geht es über den Camí des Plá de Corona 1,5 km bis zum Cap Negret.)

Der einzige der Ebene, die übrigens in der Prähistorie ein See war.

Heute entfaltet die Ebene ihre ganze Schönheit im Winter und Frühjahr, wenn die Mandelbäume auf der von Eisen rot gefärbten Erde wachsen.

Santa Agnès de Corona ▸ D 3

Auch dieser Ort kann nicht wirklich als Dorf bezeichnet werden: Er besteht fast nur aus einer T-Kreuzung mit Wehrkirche und den drei unten genannten Etablissements inklusive deutschem Highend-Schuster, den man in solch einer Abgeschiedenheit als letztes vermuten würde.

Trotzdem zieht er das touristische Publikum magisch an – mag das nun an der von Süden kommenden schnurgeraden Straße liegen, an der sich gelangweilte Fincabesitzer auf einen Kaffee treffen und Harleyfahrer gut sichtbar ihre Chopper parken können oder weil der berüchtigte Minizug einen Schwung Touristen aus Sant Antoni herankarrt. Möglicherweise aber auch, weil sich hier so viele Naturfreunde ihre Begeisterung teilen – oder einfach, weil im wahrsten Sinne »weit und breit« so schnell nichts mehr kommt.

Església Santa Agnès de Corona

Die vielleicht schönste Wehrkirche der Insel in dem charakteristisch-schlichten Kalkputz. Links vom Altar, in der »Capella Fonda« (Seitenkapelle) steht Sant Antoni, Schutzpatron der Haustiere, mit einem Schwein. Denn ein Schwein war hier früher ein wesentlich wichtigeres Nutztier als etwa ein Hund.

Übernachten

Familiär – **Agroturismo Es Cucons:** Camí des Plá de Corona, Tel. 971 80 55 01, www.escucons.com, DZ 270–410 €. Umgebautes Landhaus aus dem Jahr 1652, mit sieben Doppelzimmern und

Eine der schönsten Wehrkirchen der Insel: Santa Agnès

sieben Suiten, eine davon mit eigener Sauna und Whirlpool. Für alle: Pool und Mini-Wellness-Bereich mit Beautybehandlung, Cocktailbar, Restaurant.

Essen & Trinken

Kosmipolit – **Bar Cosmí:** zentral. Di geschlossen, im Winter nur bis 22 Uhr. Szene-Treff des Nordens mit auf Ibiza weltberühmter Tortilla. Für manche ist es die beste der Insel – so steht es auch gerne in Reiseführern – für manche Leser eine lieblos zubereitete Enttäuschung, für den Autoren zumindest recht eilastig. Der hauseigene, sehr würzige und oft großzügig eingeschenkte Hierbas macht aber einiges wett. Innen hängen viele Fotos aus alten Zeiten mit einem jungen Besitzer. Mit kleinem »Supermarkt«.

Bodenständig – **Sa Palmera:** die etwas rustikalere, leicht staubige Variante zur Bar Cosmi liegt direkt gegenüber zwischen Bar Cosmi und Cas Sabater. Wer an der markanten Kreuzung vor der Bar nicht unbedingt mit seinem Wagen Eindruck schinden muss, findet dahinter übrigens einen großzügigen Parkplatz vor.

Panoramisch – **Can Jordi:** Camí des Pla de Corona bei km 1,5, Tel. 680 96 47 96, tgl. 11.30–22.30, im Winter bis zum Sonnenuntergang (ca. 20 Uhr), Hauptgerichte 5–15 €. Der Ausblick könnte nicht schöner sein (s. S. 170). Man thront hoch über dem Meer, die wilde, dicht bewaldete Felsküste direkt vor dem gedeckten Tisch. Zu essen gibt es hier die übliche spanische Küche mit Fisch- und Fleischgerichten.

Einkaufen

Schuhe und Leder – **Cas Sabater:** Manfred Postél, Tel. 971 80 50 51, www.cas-sabater.com. Handgemachte, vom Preis her scheinbar mundgeblasene Lederprodukte von Schmuck bis zu klassischen Herrenschuhen aus Rinds- und Kalbsleder (600–800 €) – für die gibt's einen langen Vorlauf. Am besten Maß nehmen lassen und beim nächsten Urlaub abholen.

Aktiv

Kontrastprogramm – **Mini-Tren:** Tel. 971 33 97 72, im Sommer mehrmals täglich, Dauer ca. 2 Std., 11 €, Kinder 6 € inkl. Freigetränk in Santa Agnès. Wer's wissen will oder wirklich kein Auto hat ... zweistündige Exkursion mit dem Minizug von Santa Agnès nach Sant Antoni (Hop-On-Hop-Off, Abfahrt von Sant Antoni immer um 11, 13 und 16 Uhr am Touristen-Infobüdchen am »Ei des Kolumbus«).

Sant Mateu d'Aubarca ▶ E 3

Als würde es hier nicht schon allzu ruhig zugehen, rühmt sich Sant Mateu auch noch eines nagelneuen Altenzentrums als neueste Errungenschaft. Diese Initiative ist allerdings mehr der Politik geschuldet, die mit dieser Maßnahme bei der Bevölkerung auf Stimmenfang geht. Das wiederum lässt nicht auf den Altersdurchschnitt von Sant Mateu schließen, da dem Spanier die Großeltern vielleicht mehr am Herzen liegen – und der Ibizenco an sich den Lebensabend lieber dort verbringt, wo er herkommt, um die Übersicht zu behalten. Aber reden wir nicht drumherum: Sant Mateu ist eine Kreuzung mit Wehrkirche und noch kleiner als die anderen Dörfer der Gegend. Und trotzdem mit dem speziellen Charme des Nordens ausgestattet. Und einen Sportplatz hat es auch.

Ein asphaltierter Rundkurs führt durch die Ebene von Sant Mateu (Es

Plá de Sant Mateu) und zeigt dem Betrachter ein archaisches Ibiza, in dem Bauern noch heute von dem leben, was auf dem Feld gedeiht. Die Fruchtbarkeit der Insel kann man manchmal daran erkennen, dass aufgegebene Parzellen nicht etwa versteppen, sondern dass der Wald dort wieder Boden gewinnt. Die Wehrkirche Sant Mateu d'Aubarca wurde 1796 geweiht und ist von ihrer Bauweise her vielleicht die eleganteste der Kirchen Ibizas. Im Innenbereich überzeugen vor allem die Kapellen Capella de la Mare und Capella del Roser. Der Chor und die charakteristischen äußeren Säulenbögen kamen erst Ende des 19. Jahrhunderts hinzu.

Wandern zum Cap und zur Cala d'Aubarca ▸ E 2

Einsamer geht's kaum noch, was eine Bucht angeht. Das liegt an der Unzugänglichkeit der Cala d'Aubarca. Auf dem Weg lohnt es sich, die Augen aufzumachen. In der Gegend finden sich zahlreiche endemische Pflanzenarten, so zum Beispiel eine Subspezies des Ginsters *Genista dorycnifolia grossi,* den es nur an der Steilküste der Amunts gibt. Auch die Artenvielfalt an Vögeln ist beachtlich. Neben Weißkopf- und Korallenmöwe kann man manchmal auch den Europäischen Bienenfresser beobachten, der an seinem ungewöhnlich eleganten Flug zu erkennen ist. Eulen und Falken bevölkern das Gebiet ebenso, darunter der seltene Eleonorenfalke. Einer Sensation kommt es gleich, wenn man die nordafrikanische Ginsterkatze zu Gesicht bekommt, die an ihrem buschigen, gelb und braun geringelten Schwanz zu erkennen ist. Es handelt sich um eine Art, die etwas kleiner ist als jene auf den übrigen Inseln. Sie wurde vermutlich von den Karthagern aus Ägypten mitgebracht und hat sich als letzter lebende Zeuge der punischen Kultur bis heute erhalten – obwohl ihr Bestand auf Ibiza zeitweise stark gefährdet war. Wurde sie doch wegen ihres Fells und ihrer nicht gerade beliebten Eigenschaft als Hühnerdieb von den Bauern lange Zeit gejagt.

Wandern zum Cap und zur Cala d'Aubarca

Wenn man in **Sant Mateu** vor der Kirche steht, diese rechts liegen lässt und den Berg hinunterfährt, teilt sich die Straße nach ca. 1,5 km. Hier muss man sich links halten. Nach einem Weg durch die offenen Felder erscheint in einem kleinen Pinienwäldchen ein Haus. Dahinter führt rechts ein unbefestigter Weg den Berg hinauf zu einem **Parkplatz,** von dem aus man bereits einen schönen Blick über die Cala d'Aubarca hat. Der Ausgangspunkt für zwei mögliche Wanderungen ist erreicht. Die eine führt einen steilen Serpentinenweg hinunter zum Strand und dauert hin und zurück etwa 2 Stunden. Besonders an den Rückweg sollte man denken, wenn man sich vorher mit Essen und Trinken eindeckt. In der Bucht selbst gibt es keinerlei Verpflegung und im Sommer sollte man ausreichend Wasser mitnehmen. Auch die Badehose und der Schnorchel sind hier gut zu gebrauchen.

Die andere Route vom Parkplatz aus hält noch spektakulärere Aussichten bereit: Sie führt an der östlichen Seite der Bucht entlang auf einem mehr oder weniger geraden Grat und dauert ca. 1 Stunde. Ein Stück weit kann man fahren. Der Weg wird immer schmaler und bei einem Felsvorsprung mit Pinien ist das Ende erreicht. Ganz vorn an der Spitze (seien Sie vorsichtig!) erlebt man eine grandiose Aussicht auf die **Cala d'Aubarca.** Hügel, Wälder, Felsen, die senkrecht ins Meer abfallen, das türkisblaue Wasser, die seltenen Vogelarten der Gegend – *simply out of this world.* Weitere schöne Routen unter www.sanjuanibizatravel.com/rutas.

Übernachten

Wild und ruhig – **Agroturismo Can Pujolet:** (auch »Hotel Santa Agnès«), an der Straße zwischen Santa Agnès und Sant Mateu, Tel. 971 80 51 70, www.ibizarural.com, DZ 130–210 €. Familiär geführtes Luxus-Landhotel, mitten im Wald gelegen, fußläufig zum atemberaubenden Küstenstreifen am Cap Negret. Vier rustikal-geschmackvoll eingerichtete Doppelzimmer und Suiten, jedes Zimmer mit großzügiger Terrasse fürs Frühstück. Das Essen ist Hausmannskost von Herzen bzw. den eigenen Feldern. Garten, Pool und eigene Bar.

Sonniges Plätzchen – **Astarte:** Valle de Sant Mateo, Tel. 971 80 51 46, www.astarteibiza.com, DZ 175 €. Astarte, besser bekannt unter dem Namen Tanit, lässt grüßen: Die punische Sonnengöttin fungiert als Namensgeberin für dieses luxuriöse Landhotel im ursprünglichen maurischen Stil mit viel Außenplatz nördlich von Sant Mateu. Unter guter Führung der hippen Jungs vom »PK2«, dem Chill-out an der Platja d'Estanyol (s. S. 225).

Essen & Trinken

Alles frisch – **Can Cires:** im Ortskern, Tel. 971 80 55 51, Mi–Mo 9–1 Uhr, ganzjährig geöffnet, Hauptgerichte 8–12 €. Pizza und Nudeln, frischer Fisch und Fleischgerichte. Hinter dem Restaurant ein angenehmer Garten.

Kultig – **Es Camp Vell:** direkt unterhalb der Kirche, Tel. 971 80 50 36, Di–So 13–16, 19–23 Uhr, Hauptgerichte 8–15 €. Dem heiseren Besitzer Toni gehört auch das erfolgreiche Tortilla-Restaurant Bar Cosmi in Santa Agnès. Auch hier wurde ein ehemaliger Lebensmittelladen mit Bar leicht umfunktioniert und modernisiert. Besonders die Fleischgerichte, live auf dem Rost gegrillt, tun es den teilweise weit hergereisten Besuchern an.

Einkaufen

Wein, Öl und Gesang – **Can Maymó** Tel. 971 80 51 00, www.bodegascanmaymo.com und **Sa Cova** Tel. 971 18 70 46: Die Gegend um Sant Mateu ist die fruchtbarste Weingegend Ibizas. Besonders die Kellereien Sa Cova und das Weingut Can Maymó des Winzers Toni Costa tun sich hierorts hervor. Joan Bonet, der Chef von Sa Cova, gilt als der Pionier unter den heutigen Winzern Ibizas. Die Güter sind am Ort ausgeschildert.

Aktiv

Türme – **zu Ses Torres d'en Lluc:** Start beim Agroturismo Can Pujolet, von dort Richtung Westen. Die Befestigungsmauern der »Torres d'en Lluc«, zwei Verteidigungstürmen hoch über der Küste, bilden eine Art »Stadtmauer vor dem Meer« und waren zur Zeit der Seeräuber-Überfälle bewohnt.

Das Beste auf einen Blick

Der Nordosten

Highlights !

Cova des Cuieram: In einer Tropfsteinhöhle fanden Archäologen vor erst 100 Jahren eine punische Kultstätte aus dem 5. Jahrhundert v. Chr., in der die Sonnengöttin Tanit auch heute noch heimliche Verehrer hat. S. 195

El Bigote in der Cala Mastella: Ein eigenwilliger Fischer mit Schnäuzer bittet zu Tisch. S. 206

Es Puig de Missa in Santa Eulària: Der markante Berg mit dem schönen, weißen Kuben-Ensemble, der Wehrkirche und dem Museum war das ursprüngliche Santa Eulària. S. 213

Auf Entdeckungstour

Andere Länder, andere Sitten – die Wehrkirche von Sant Miquel: Wie sah eigentlich altibizenkisches Leben aus, bevor die Touristen kamen? Wer an der Wehrkirche von Sant Miquel steht, findet den Schlüssel zum alten Ibiza, von den Blauröcken über Schießereien vor der Kirche bis zur Brautentführung. S. 180

Das wilde Leben – Hippiekultur im Norden Ibizas: Es gibt sie doch noch, die Hippies: zu finden auf dem »Hippiemarkt Las Dalías«, in den Kommunen von Sant Joan de Labritja oder der Trommlerbucht Cala Benirràs mit dem »Finger Gottes«. S. 198

Kultur & Sehenswertes

Hippiemarkt in Sant Carles: Jeden Samstag erwacht vor den Toren des Örtchens Sant Carles die alte Hippiekultur wieder zum Leben. S. 202

Aktiv unterwegs

Wandern in die Cala des Moltons: Durch die wilden Wälder des Nordens wandert man hinunter in schöne Buchten mit Einsamkeitsgarantie. S. 184

Shoppen: Santa Eulària bietet alles über touristische Bedürfnisse hinaus – Dessous, Ökoshampoo und deutsche Wurst. S. 218

Genießen & Atmosphäre

Casa Colonial in Santa Eulària: Bayerisch-asiatisch-amerikanische Küche, wo man's nicht vermutet. S. 217

Abends & Nachts

Wer tanzen möchte, kommt im Norden nicht auf seine Kosten, hier werden ihm allenfalls Touristenvorführungen und Patronatsfeste geboten. Aber man kann den Abend überall bei einem Strandspaziergang oder in einem romantischen Restaurant ausklingen lassen.

Im Land der Wehrkirchen und Hippies

Willkommen im wilden Norden. An der steilen Küste reiht sich Bucht an Bucht: immer das Gleiche, sollte man meinen. In Wirklichkeit könnten die Kontraste an der Küste zwischen Sant Miquel und Talamanca nicht größer sein: etwa zwischen der »Hippiebucht« Cala Benirràs mit ihren Trommlern und der verbauten Bucht von Port de Sant Miquel direkt nebenan. So weisen die Calas des Nordens unterschiedlichste Facetten auf: vom Familienstrand und kleinsten Picknickecken der Einheimischen über Bettenburgen, Bauruinen, FKK-, Szene-, Massenstrände und Feriendörfer, die sich bis in die nordöstliche Metropole Santa Eulària hinunterziehen.

Infobox

Internet
www.santaeulalia.net

Touristeninformation
Das Touristenbüro für die Gegend befindet sich in Santa Eulària im Carrer Mariano Riquer Wallis Nr. 4, Edificio Polivalente. Tel. 971 33 07 28. Öffnungszeiten im Sommer: Mo–Fr 9–13.30 und 17–19.30, Sa 10–13 Uhr. Im Winter Mo–Fr 9–14 Uhr. Auch »Lebenshilfe« bei Autokrallen, kleinen Diebstählen o. Ä. Eine weitere Touristeninformation befindet sich im Sommer am Passeig de S'Alamera (Kiosk auf der Rambla), Tel. 971 33 07 28, April–Okt. 10–14 und 16–20 Uhr.

Im Hinterland sagen sich Eidechse und Ginsterkatze »Gute Nacht«. Was nicht bedeutet, dass ein Trip zwischen dem bürgerlichen Sant Miquel de Balansat und der von Hippies mitgeprägten Gemeinde Sant Joan de Labritja nicht abwechslungsreich wäre. Noch an den entlegensten Stellen, abseits der Straßen, tun sich plötzlich Fincas auf, die sich in neuester Zeit in edle Agroturismos, Yogaschulen oder Einkehrgelegenheiten verwandelt haben. Auch die Wehrkirche darf da nicht fehlen – hier stehen mitunter beeindruckende Exemplare, wie etwa in Sant Miquel.

Auch der Komplex Es Puig de Missa in Santa Eulària oder das Architekturdenkmal Torres de Balàfia beeindrucken. Und links und rechts der Straße findet sich zudem immer wieder das eine oder andere un- und außergewöhnliche Restaurant.

Ebene Sant Miquel de Balansat ▸ E/F 1/2

Auf dem Weg in den Nordosten können Naturliebhaber ins Schwärmen kommen. Immer wieder breitet sich nach der Überquerung der typischen Berglandschaften mit ihren dichten Bewaldungen fruchtbare Täler aus, deren Böden der liebe Gott mit Eisen rot gefärbt hat. Dazwischen leuchten weiß die Mandel- und silbergrün die Olivenbäume, wild gepunktet die üppigen Zitronen- und Orangenhaine, die gelben Schlüsselblumen, violetten

Die fruchtbare Ebene von Sant Miquel

Bougainvilleen und braunroten Felder – und dazwischen immer wieder grün, grün, grün.

Ibiza versteppt nicht etwa, wie so viele andere Inseln, wenn man die Natur sich selbst überlässt, sondern verwaldet. Zwischen Wacholder- und Pinienwäldern blitzen überall jene weiße Tupfen auf, die Ibiza so reizvoll machen: Fincas im kubischen Stil. Die Dörfer sind klein und bestehen manchmal noch immer wie seit ihren Anfängen bloß aus einer Kreuzung und einigen wenigen Häusern drumherum.

Sant Miquel de Balansat ▸ F 2

Auf der Nordachse von Eivissa gelangt man geradeaus direkt nach Sant Miquel de Balansat (der Name Balansat geht auf eine alte ibizenkische Dynastie zurück), das im 13. Jahrhundert – als eines der Zentren der neuen katalanischen Länderverteilung in vier »Quartóns« – plötzlich eine vollkommen neue Bedeutung bekam. Langsam wuchsen die verstreuten Gehöfte zu einer Gemeinde zusammen. Hier leben zum ▷ S. 183

Auf Entdeckungstour: Andere Länder, andere Sitten – die Wehrkirche Sant Miquel

Piratenüberfälle, Ballereien und Balztänze ... das alles hat sich rund um die Wehrkirche erhalten. Vor der Església de Sant Miquel ist das Sozialleben des alten Ibiza besonders gut spürbar.

Reisekarte: ▶ F 2

Planung: Ideal zum Patronatsfest (29. September), zwischen Juni und Oktober jeden Donnerstagabend ab 18.15 Uhr inklusive Handwerksmarkt (bis ca. 22 Uhr, 5 €, Kinder 3 €).

Falls die Kirche verschlossen ist: Im Tourismus-Büro nebenan ist man vielleicht so nett und schließt Ihnen kurz auf.

Der portitxó – Treffpunkt des Dorfes

Vor der Kirche von Sant Miquel ist außerhalb der »Geschäftszeiten« nicht viel los, trotzdem steht man gerade mitten im ibizenkischen Sozialleben von einst. Der großzügige *portitxó* mit seinen Pityusen-typischen Stützen aus Wacholderholz diente etwa dem regen sozialen Kontakt. Hier traf man sich vor und nach den Gottesdiensten, um die Dinge des Alltags und der Geschäfte zu besprechen – oder auch, in früheren Zeiten, um sich vor den drohenden Gefahren durch Piratenüberfälle zu schützen.

Geweihte Festungen

Wenn es mal wieder so weit war und sich eines der unsäglichen Schiffe aus Afrika dem Strand näherte, rannten die Frauen und Kinder in die Kirche und zogen schnell die Leitern ein, während die Männer, wenn es noch Sinn ergab, zu den Waffen griffen. Richtig verteidigt wurden die Orte jedoch nicht. Waren die Piraten einmal bis in den Ort gedrungen, ging es eigentlich nur noch darum, Leib und Leben zu retten. Der Ort lag wie ausgestorben da, eine Gegenwehr ergab selten Sinn – wer nicht rechtzeitig in der Kirche war, suchte sein Heil in den Wäldern. So harrte man im Inneren der Kirche betend aus und hoffte inbrünstig, dass sich die Eindringlinge mit den vorgefundenen Waren und Vorräten begnügen würden. So manches arme Wesen, das von den Piraten aufgegriffen wurde – und manchmal sogar ein ganzes Dorf –, endete unwiderruflich als menschliche Ware auf einem nordafrikanischen Sklavenmarkt. Seine Heimat sah man, einmal verschleppt, nie wieder. Denn dem Menschenraub galt leider das Hauptinteresse der Piraten. Man geht davon aus, dass Formentera aus diesem Grund sogar komplett entvölkert wurde.

Die Lage der Wehrkirchen ist daher immer dem »genius loci« geschuldet – und nicht etwa der grandiosen Aussicht über die nahe gelegenen Berge und Felder: Sie stehen immer dort, wo sie möglichst von allen Seiten und besonders von der Küste aus für die Einwohner sicht- oder hörbar sind. Sobald jemand auf dem Meer die Segel eines sehr fremd wirkenden Schiffs entdeckte, wurden in den einzelnen Wachttürmen an der Küste Signalfeuer entfacht, die Rauchzeichen weitergeleitet, bis schließlich die Kirchenglocken so laut geläutet wurden, dass jeder Dorfbewohner sie hörte.

Die Wehrkirche von Sant Miquel ist für alt-ibizenkische Verhältnisse ideal: Man kann sie von der Hausbucht Port de Sant Miquel aus fast sehen – und hören: Sobald dort die Piraten landeten, wurden die Bewohner durch Glocken und Feuer gewarnt. Wegen des vier Kilometer langen Aufstiegs vom Strand zum Dorf hatten sie noch genug Zeit, sich in die Kirche zu retten und die Leitern hochzuziehen. Andere Dörfer auf dem flachen Land hatten es da weniger einfach; was möglicherweise erklärt, warum das wehrhaftere Sant Miquel im Unterschied zu den anderen Dörfern der ›Perlenkette der Corona-Ebene‹ (Sant Mateu, Santa Agnès, Sant Joan, Sant Vicent) wesentlich größer ist.

Wo Männer noch Männer waren: »Donnerstein« und Hahnentanz

Jeder männliche Ibizenco besaß noch lange nach den bösen, alten Zeiten (immerhin bis ins 19. Jahrhundert) eine Pistole oder ein Gewehr – sie dienten mittlerweile jedoch einem anderen Zweck. Steht man mit dem Rücken zum Kircheneingang im Vorhof, so fällt etwas rechts am Rand ein grauer Stein im Boden auf, der dort rein visuell nicht hingehört. Es ist der *mac des tro,* der so genannte »Donnerstein«, auf den die Männer des Dorfes mit Platzpatronen schossen, um ihre Männlichkeit oder etwas Ähnliches zu beweisen, vor allem aber die Frauen auf sich aufmerksam zu machen. Denn vor allem fungierte der Kirchen-Portitxó bis weit in das 20. Jahrhundert als Heiratsmarkt.

Eine weitere Möglichkeit, hier die Schönste des Dorfes zu finden und zu freien, waren die Tänze, die aufgeführt wurden. Noch heute tanzen im Sommer jeden Donnerstagabend junge Männer und Frauen in den landestypischen Trachten die uralten Tänze Ibizas, die einer Gockelbalz ähneln: Die Frau bleibt zunächst unbeweglich und zieht kleine Kreise, während der Mann »balzend« um sie herum hüpft, was immer ausschweifender wird, je größer die Kreise werden. Am Schluss steht der hüpfende, balzende »Hahn« quasi als stolzer Gockel da. Der Tanz wird begleitet vom Klang der *castanyoles* aus Heidewacholder, Flöten aus Oleanderzweigen, Trommeln und der *xeremias* (einer Art Dudelsack). Neben dem »Xeremier« gehört auch immer der »Flabioler« zu der traditionellen Besetzung pityusischer Musiktradition. Er bedient eine kleine Flöte mit der linken sowie eine kleine Trommel mit der rechten Hand (übrigens werden die Tänze auf der ganzen Insel meist zu den örtlichen Brunnen- und Patronatsfesten aufgeführt, in Sant Miquel ist es der 29. September (*Santimiquelada*).

Entführte Bräute sind zur Heirat freigegeben

Auch die nichtsymbolische Brautwerbung wies eindeutige Rituale auf. Die Damen, die gerade »auf dem Markt« waren, wurden in der Regel von mehreren Männern begehrt. Diese wurden dann nicht etwa abgewiesen, sondern allesamt ins Haus der Eltern eingeladen, wo sie unter Aufsicht mit der potenziellen Braut ein Gespräch führen durften. Aus diesem Bewerbungsverfahren filterte sich bald ein offizieller »Freund« heraus, den sich die Braut durchaus selbst aussuchen durfte. Er begleitete sie nun zum Gottesdienst und wurde in der Verlobungszeit regelmäßig von den Eltern zum Essen eingeladen.

Meinte es jedoch ein wild verliebter junger Mann wirklich ernst und befürchtete, nicht in die allerengste Wahl zu kommen, dann entführte er die Braut – meistens nur für eine Nacht. Doch danach wurde er sofort zum offiziellen Bräutigam ernannt. Schließlich hätte es theoretisch sein können, dass das »Unaussprechliche« in jener Nacht bereits geschehen war… Wollte er es sich mit seiner Zukünftigen jedoch nicht verscherzen, hatte er sich wie ein *caballero* benommen. Dem anständigen Schwiegersohn baut die Familie zum Schluss einen Kubus mit Anschluss an den Hauptraum des Hauses. ¡Hombre! Darauf erstmal einen *cortado* oder auch *carajillo* in der zentralen Bar Xicu ein paar Meter unterhalb der Kirche.

Ein Berg blauer Röcke – ibizenkische Landmode

In der Bar liegt der Schlüssel zur alten »Mode« Ibizas: Ein Blick an die Wände lohnt. Neben einigen Künstlern, die sich hier mit Ibiza auseinandersetzen, findet man auch ein Poster der einst typischen ibizenkischen Frau vom Lande mit ihrem Zopf und ihren blau gefärbten Röcken, von denen sie meist mehrere übereinander trug. Bis vor drei Jahrzehnten war das der Einheitslook der Ibizenkas vom Lande, die demütig ihren Aufgaben im Haushalt oder auf dem Feld nachgingen. Und nur wenige Kilometer entfernt geht man heute shoppen und anschließend in die Disko, lässt sich von einem spanischen Piraten aufs Festland erobern und kehrt seinem Heimatdorf den Rücken. Aber so ganz geht man natürlich nie … Zur Vertiefung des historischen Wissens über Ibiza, die ibizenkischen Traditionen im Allgemeinen und die Wehrkirchen bietet sich das Ethnografische Museum gegenüber der Wehrkirche Es Puig de Missa in Santa Eulària (s. S. 214) an.

größten Teil noch Einheimische und hier ist dementsprechend auch nicht viel los. Ein paar Bars, ein Fair-Trade-Shop, kaum Touristen und hauptsächlich viel Ruhe. Sant Miquel ist das ursprüngliche und freundliche Dorf im Norden Ibizas geblieben. Seinen Mittelpunkt bildet die eindrucksvolle Wehrkirche hoch oben auf einem Hügel, von dem man einen guten Überblick über den Ort und die Umgebung hat.

Wehrkirche Església de Sant Miquel

Im Zentrum. Geöffnet im Sommer Mo–Sa 10–14 und 15–20, im Winter Di–Fr 9.30–13.30 und 16.30–19 Uhr. Messe jeden Sa 18.30 und So 11 Uhr

Hoch oben auf dem Hügel gelegen bestimmt die Dorfkirche, deren Ursprünge im 14. Jahrhundert vermutet werden, die Szenerie von Sant Miquel. Sie ist vermutlich eine der ältesten Wehrkirchen der Insel (s. S. 180). Vor ihr wird man von einer Bronzestatue des hier einst lebenden und wirkenden ibizenkischen Dichters und Dramatikers Marià Villangómez Llobet (1913–2002) überrascht, der gerade in seine Lektüre vertieft ist.

Besonders interessant ist das Kapellenschiff Es Benirràs im Inneren der Kirche und ihre Fresken aus dem 17. Jahrhundert, die auf der Insel Seltenheitswert haben. Selten kann man auch die Funktion einer Wehrkirche so gut erkennen wie hier. Ihre Wucht, Höhe und Unnahbarkeit, die die Flüchtlinge vor fremden Eindringlingen schützen sollte, wird spätestens bei einem kleinen Rundgang um das Kirchengebäude spürbar.

Übernachten

Touch of Mahal – **Agroturismo Ca Na Xica:** Carretera de Sant Miquel, km 10,2, Tel. 971 33 46 97, www.canaxica.com, DZ 170–250 €. Die Perspektive vom Pool auf das Haus vermittelt den Eindruck, man sei in einem kleinen Taj Mahal, aber ganz so groß ist der Agroturismo dann doch nicht. Noch besser: Kleine kubische Anbaueinheiten sorgen für einen speziellen Charme. Auf Wunsch auch Planung und Ausführung von Events.

Essen & Trinken

Ländlich, hippig, nett – **Can Sulayetas:** an der Landstraße zwischen Sant Miquel und Portitxol (etwa 300 m von Ashtanga Yoga [s. u.] entfernt). Finca mit Verköstigung: belegte Bauernbrote und ländliche Kost mit Herz. Sehr beliebt nicht nur bei Laufpublikum, sondern auch eine altbekannte Hippie-Institution.

Italienisch romantisch – **La Luna ne'll Orto:** Carretera del puerto, s/n, Tel. 971 33 45 99, www.lunanellorto.com. »Mit Liebe gemacht« ist das Hausmotto des Gastgeberquartetts. Auf mehreren weißgetünchten Ebenen, unter Baumdächern oder im hübsch dekorierten Innenbereich wird vornehmlich italienische Kost gereicht, die jenseits von Pizza und Pasta mit leichten Überraschungen aufwartet.

Aktiv

Zum Durchatmen – **Ashtanga Yoga Practice:** Tel. 971 33 47 08, an der Straße von Sant Miquel nach Sant Mateu, nach 1,5 km rechts Richtung Portitxol (ausgeschildert), www.ashtangayogaibiza.com. DZ inkl. Workshop (Mo–Sa), vegetarischen Frühstücks, vier Mahlzeiten und Einführung ins vegetarische Kochen 650 €; Zimmer zu dritt 350 €, Campen 450 € (350 € Anzahlung). Eine von mehreren Gelegenheiten im Norden, unter professioneller Anleitung Yoga zu praktizieren. Ein Weltenbummlerpaar hat es sich dafür in einer malerischen Finca mit Pool komfortabel eingerichtet.

Zum Kennenlernen – **Tanzvorführung mit Kunsthandwerksmarkt:** Jeden Donnerstagabend ab 18.15 Uhr werden vor dem Eingangsbereich der Kirche die traditionellen Tänze Ibizas aufgeführt, verbunden mit einem Kunsthandwerksmarkt (5 € Eintritt, Kinder 3 €). Alternativ werden auf den kostenlosen, stimmungsvollen Patronatsfesten der Dörfer großherzig Gebäck und Getränke verschenkt.

Port de Sant Miquel ▸ F 2

Gegen das beschauliche und geradezu biedere Dorf Sant Miquel fällt der Port de Sant Miquel im doppelten Sinne ab. Thront hoch oben im Hauptort mit der Kirche die Tradition, so stehen 3 km weiter die Straße hinab am Meer die Bausünden, die aus der schmalen Bucht ein Hoteldorf mit höchster Raumausnutzung gemacht haben. Riesenkomplexe sind an den Osthang geklatscht worden, deren Kurzzeitbewohner am 110 m langen Hauptstrand Handtuch an Handtuch liegen, wenn sie nicht im Supermarkt stehen, in den Restaurants schwere Kost zu sich nehmen oder in den an Kitsch kaum zu übertreffenden Souvenirläden shoppen. Auch eine touristische Bimmelbahn und ein Ausflugsschiff erobern regelmäßig den kleinen Strand, an dem vor Jahrhunderten noch die Piraten landeten.

Es Pas de s'Illa des Bosc

Eine kleine Alternative zu dem Strand bildet das 50 m lange Bindeglied zur Halbinsel Illa des Bosc. Der sandige Strand mit teilweise rundgeschliffenen Steinen besteht im Prinzip aus zwei Stränden: Einer liegt im Südosten in Richtung Port de Sant Miquel und ein zweiter im Nordwesten zum offenen Meer hin. Das nach innen gerichtete Einzugsgebiet ist wegen seines ruhigen und sauberen Wassers wesentlich besser besucht. Der Strand verfügt wie üblich über ein kleines Strandlokal, und obwohl der Zugang etwas kompliziert ist, lohnt sich die Mühe. Die anschließende Halbinsel ist in Privatbesitz. Sie soll für einen horrenden Betrag den Besitzer gewechselt haben und wird auch als »teuerste Insel der Welt« bezeichnet.

Wandern in die Cala des Moltons ▸ F 2/1

Nicht verzagen, ein Märschchen wagen: Wer den Strand von Port de Sant Miquel meiden möchte, bewegt sich am besten zu den wesentlich schöneren Ecken zur Linken. Hinter dem Berg verbirgt sich die gerade mal 10 m breite, wunderschöne Bucht Cala des Moltons auf dem blau markierten Wanderweg »Ruta des Falcó«, der bis hinauf zur Torre des Molar führt (etwa eine halbe Stunde). Die kleine Bucht mit ihren alten Bootshäusern entschädigt sofort für Port de Sant Miquel – zumal es einen kleinen Kiosco gibt, der auch Liegen vermietet. Wer Lust auf eine grandiose Aussicht hat, sollte die Wanderroute fortsetzen. Am Ziel steht die Torre des Molar, der auf der Plattform anzeigt, wo man sich gerade befindet: in einer beeindruckenden Küstenlandschaft, die mit ihren steil abfallenden Felsen wohl einmalig ist.

Es empfiehlt sich, auf dem rechten Weg zu bleiben und Kinder festzuhalten – nur wenige Meter vom Turm entfernt geht es ungesichert steil hinab. Noch hübscher, aber noch abgelegener ist die Bucht Es Portitxol (»kleiner Hafen«), die mit nichts als ein paar Bootsschuppen besticht, aber zum Schnorcheln und Baden einlädt wie kaum eine zweite in der Gegend. Vom Parkplatz über der Bauruine, die neben der unattraktiven Siedlung Isla Blanca steht, ist sie nicht unter einer halben Stunde Fußweg zu erreichen; für Kinder ist der lange Weg nicht zu empfehlen.

Übernachten

Die großen Hanghotels werden meist pauschal über Veranstalter gebucht, persönlicher geht es hier zu:

Laid back – **Hacienda Na Xamena:** Buzón 11, Tel. 971 33 45 00, Fax 971 33 45 14, April–Okt., DZ ab 236 € exkl. Frühstück, www.hotelhacienda-ibiza.com. Das 180 m über der Felsenbucht Na Xamena traumhaft gelegene Luxushotel mit individueller Note verspricht »privilegierte Erholung« in sehr geschmackvollem Ambiente. Alle Zimmer mit grandiosem Ausblick vom Balkon, mehrere Restaurants sowie Kochkurse im Angebot, Fitnessraum und Spa. Der Clou: ein Bad unter den Wasserfällen an den Steilklippen des Hotels, auch für Externe.

Ungewöhnlich persönlich – **Hotel Rural Villa Ca'n Maries:** Richtung Port de Sant Miquel auf der rechten Seite, Tel. 971 334 566, www.hotelcanmaries.com, von 125 € (DZ Nebensaison) bis 300 € (Suite). Ruhig, in Hügellage mit Meerblick, Garten und Pool. Alle Zimmer und Suiten gehen zur See hin. Das Ehepaar Torres spricht Deutsch, und selbst Babysitter zu organisieren, fällt ihnen offenbar nicht schwer. Auto dringend empfohlen.

Cova de Can Marçà ▸ F 1

Führungen im Sommer alle halbe Stunde zw. 9.30–13.30 und 14.30–19.30, im Winter stündlich zw. 11 und 17 Uhr, 10,50 €

Zur Rechten von Port de Sant Miquel verläuft eine schmale Straße hinauf Richtung Cala de Benirràs. Dort taucht nach ein paar hundert Metern links eine weitere Attraktion auf (den Parkplatz nicht verpassen): die Cova de Can Marçà. Im Inneren der Höhle befindet sich eine Tropfsteinhöhle, die einst von Schmugglern entdeckt und als »Warenlager« benutzt wurde.

Heute sind die bunt beleuchteten Stalagmiten und Stalaktiten jede halbe Stunde in einer Führung zu bestaunen – Highlight ist jedoch der künstliche Wasserfall, der heute wieder so sprudelt wie vor hunderttausend Jahren.

Cala de Benirràs ▸ F 1

Der Weg zur Cova de Can Marçà führt weiter in die berühmt-berüchtigte Cala de Benirràs: In der Tat ist der 150 m weite, fast unbebaute Strand mit grobkörnigem, mittelbraunem Sand einer der beliebtesten des Nordens. Besonders Schnorchler bekommen an dem felsigen Gestein schön etwas vor die Taucherbrille. Der umliegende Wald verfügt über beschattete, serpentinenartige Wanderwege, die für jeden Wanderliebhaber ein Genuss sind.

In der Bucht selbst gibt es drei ganz passable Restaurants sowie einen Liegen- und Sonnenschirmverleih. Ist die Sonne aber einmal untergegangen, staut es sich gerne den Berg hinauf. Weitere Informationen s. S. 198.

Essen & Trinken

Chic&Chill – **Elements:** Playa Benirràs, Tel. 971 33 31 36, www.elements-ibiza.com. Wo Nina Hagen im Sand ge-

Zwischen den Stalagmiten der Cova de Can Marçà lagerten einst Schmuggler ihre Waren

heiratet hat, steht nun der erste Chill-out mit Restaurant, Bar, Sunbeds und Massagen. Chefkoch Pep Herrero aus Barcelona hat nach beruflicher Europatournee durch Madrid, Paris und London hier seine Heimat gefunden und versieht örtliche Spezialitäten mit einem Stil, der seinem Vornamen alle Ehre macht. Den Morgen kann man direkt mit Detox-Säften und E-Mail-Checken beginnen, auch Hochzeiten werden komplett ausgerichtet.

Sant Joan de Labritja ▸ G 2

Diese Ortschaft ist wegen ihrer zahlreichen Wasserquellen, ihres hervorragenden Honigs und der Fruchtbarkeit ihrer dunkelroten Erde bekannt. Sant Joan de Labritja hat sich trotz der neuen Geschäfte in der Nähe der Kirche und des Rathauses sein ursprüngliches Aussehen bewahrt und pflegt seine

jahrhundertealten Traditionen. Von Sant Joan aus kann man mehr oder weniger versteckte Buchten wie die Cala Benirràs, Cala Xarraca, Cala Xuclar, s'Illot des Renclí oder Es Caló d'en Serra erreichen. Neben Sant Carles gilt Sant Joan als die große Hippie-Enklave Ibizas. Tatsächlich sind die Ureinwohner und die auch nicht mehr ganz frischen »Neulinge« hier eine friedliche Koexistenz eingegangen und gestalten gemeinsam das Dorfleben (s. a. S. 198). Wie fast alle Orte des Nordens ist selbst die »Kreisstadt« Sant Joan winzig. Ihre Bedeutung wuchs entscheidend, als sie nach der katalanischen Besetzung zur Kapitale der nördlichen Provinz ernannt wurde. Das wichtigste Gebäude ist natürlich die Kirche mit ihrer weißen Fassade und den Seitenmauern aus Stein. Die Fertigstellung im Jahre 1770 war ein Großereignis. Die Kirche bildete und bildet noch heute ein infrastrukturelles Sammelbecken für alle Anlieger, die ringsum in den Ebenen und Wäldern verstreut leben. Von den rund eintausend Einwohnern der Gemeinde Sant Joan lebt gerade einmal ein Fünftel direkt im Ort.

Wenn außerhalb der Saison der Metzger eine Stange *sobrasada* über die Straße trägt, ist also richtig was los – abgesehen von den »Juans«, die mit ihrem Geburtsnamen am Fest der Sonnenwende (24. Juni) in das Dorf einfallen, über brennende Scheiterhaufen springen und sich den *hierbas* aus den traditionellen *porrons* hinter die Binde gießen.

Erst auf den zweiten Blick erschließt sich der stille Ort als Enklave buchstäblich »alteingesessener« Hippies: zum Beispiel im Restaurant **Vista Alegre,** neben der Kirche dem eigentlichen Zentrum des Ortes. Dort liegt nicht nur der Schlüssel zu dem Gotteshaus, sondern auch zum interessanten Sozialleben des Nordens (s. S. 188). Auch der örtliche **Markt** ist einen Besuch wert (So 10–15 Uhr): Öko-Olivenöl, Gewürze für Daheim, Kunst und Andreas selbstgemachte Marmelade.

Übernachten

Zur Ruhe kommen – **Agroturismo Can Martí:** Tel. 971 33 35 00, www.canmarti.com. Auf der Straße von Sant Joan

Mein Tipp

Das höchste Glück der Erde ... – Northride Ibiza ▶ H 1

Die Insel auf dem hohen Ross erobern: Ganzjährig lange Ausritte, im Sommer mehrstündige oder mehrtägige Wanderritte mit Übernachtungen unter freiem Himmel, Dressur- und Springunterricht. Die Natur von Ibizas Norden kann man hier auch komplett auf dem Rücken der Pferde erleben. Organisierte Ritte in geschlossenen Gruppen führen den Gast – für den man auch eine Unterkunft besorgt – in Gegenden, die sonst nur ortskundige Wanderer oder Mountainbiker frequentieren. Am Ende eines Tages geht man vielleicht auch mal mit Ross und Reiter am Strand baden! (Zwischen Sant Joan und Portinatx, von der alten Straße abgehend, nahe der Cala d'en Serra, Tel. 669 60 40 83, www.north-ride-ibiza.com, erster Ausritt 35€/Std., 5-Std.-Paket 140 €.)

nach Portinatx. Wer mit dem Bus anreist, wird abgeholt. DZ (Studio) 910 €/Woche (NS) – 1740 €/Woche (HS), zusätzliche Tage 130–250 €, Nov.–März geschl. Hier kommt man zur Ruhe (Slogan: »Slow down at Can Martí). Vier individuelle, stilvoll restaurierte Studios eines Bauernhofes der Familie Brantschen mit Namen »Olive«, »Mandel«, »Pinie« und »Johannisbrotbaum« aus dem 17. Jh., inklusive eines Öko-Ladens, in dem Obst, Gemüse und Kräuter von den hauseigenen Feldern verkauft werden. Natürlich landen die Erzeugnisse auch auf dem Frühstückstisch. Das Gästehaus »Pino« wurde von dem renommierten, ibizenkischen Architekten Hans Uipkes entworfen. Mit Esel, Hund und Katze ideal für einen Familienurlaub »auf dem Land«.

Beim Hahn – **Can Gall:** an der El300 zwischen Sant Joan und Sant Llorenç de Balàfia km. 17,2. Tel. 971 33 70 31, www.agrocangall.com. Ganzjährig geöffnet. DZ 165–255 €. 200 Jahre altes Gebäude, umgeben von Feldern, Obst-, Oliven- und Mandelbäumen. Zimmer im spanisch-rustikalen Stil eingerichtet. Im Haus kann man auch Autos, Fahrräder, Segelboot und Jachten mieten (nächster Strand ca. 10 Minuten entfernt). Auch als Restaurant sehr populär (Menü ca. 20 €).

Einfach beliebt – **Can Pla Roig:** an der Hauptstraße neben der Sa Nostra-Bank, Tel. 971 33 30 12, DZ ab 30 €: Weil man in Sant Joan keine andere Wahl hat, übernachtet man in der bescheidenen Pension am Platze. Was nicht bedeutet, dass sie im Sommer halb leer steht.

Essen & Trinken

Rustikaler Charme – **Vista Alegre:** Plaça d'Espanya, Tel. 971 33 30 08. Sozialer Treffpunkt aller Schichten und Herkünfte. Einfache Bar, netter Service und was durch die Durchreiche kommt, ist meist deftige, ehrlich-ibizenkische Küche.

Minibar – **Sabores Naturales:** am Ortsausgang. Stille und stilvolle Öko-Bar mit Garten. Speziell frisch gepresste Säfte und Schnittchen.

Buddhas Kantine – **Om Sweet Home:** Rechts am Ortseingang. Alles Bio oder was: Nichts zwischen Honig, Brot oder der Pizza bleibt der bösen Nahrungsindustrie überlassen, es stammt alles aus Gottes Garten.

Mit Liebe gemacht – **The Giri Café:** Plaça d'Espanya 5, Tel. 971 33 34 74, www.cafe.thegiri.com, April–Okt. In dem sehr geschmackvoll eingerichteten Designer-Restaurant könnte man auch Geschäftsessen veranstalten. Nur lokal angebaute Erzeugnisse, *made with love.*

Einkaufen

Rund um die Plaça d'Espanya gibt es mehrere kleine Läden für Modeschmuck und Kunsthandwerk. Im ortsansässigen Supermarkt gibt es viele regionale Produkte wie Wein oder *fleur de sel* zu kaufen.

Alles Öko oder was – **Om Sweet Home:** Direkt am Ortseingang rechts. Honig, Brot, Pizza oder Orangensaft – alles ist frisch hergestellt.

Nicht gerade billig – **Mercado del Campo:** sonntags 10–16 Uhr von der Hauptstraße ab der Bar Curuné ausgeschildert. Bio-Bauernmarkt mit allem, was die Umgebung hergibt.

Aktiv

Yogen statt joggen – **Yoga Ibiza:** Tel/Fax: 0034 971 33 32 54, www.yogaferienibiza.de. Nur ein paar Fußminuten entfernt veranstaltet eine Deutsche Yogakurse in einem sehr angenehmen Ambiente. Nach der morgendlichen Entspannung wird noch gemeinsam gefrühstückt. Übernachten kann man vor Ort.

Sant Llorenç de Balàfia ▸ G 3

Landeinwärts passiert die E1300 Richtung Santa Eulària eine der wenigen Ortschaften dieser Gegend. Der Ort Sant Llorenç de Balàfia bietet eine wunderschöne Wehrkirche aus dem 18. Jh. und von dort einen herrlichen Blick über das Land sowie eine einfache Bar. Insgesamt, besonders in der Dämmerung, ist es hier atmosphärisch sehr geladen.

Aktiv

Wellness – **Agroturismo Atzaró:** an der E1300 km 15, dort ausgeschildert (noch etwa 2,2 km), Tel. 971 33 88 38, www.atzaro.com, DZ 160–360 €, Spa Treatment inkl. Mahlzeit, 1 Std. Massage und Lunch 110 € (Okt–Apr 90 €). Face Treatment kostet extra. Wo sich sonst nur Bauern hin verirren, baut sich plötzlich ein Agroturismo und Wellnessparadies auf, das mit seiner Weitläufigkeit und Entspanntheit (Lounges, Buddha-Design) seinesgleichen auf der Insel sucht – allerdings auch preislich. Für einen perfekten Wellnesstag braucht man allerdings kein Zimmer zu buchen, nur anmelden muss man sich. Egal, welches Angebot man bucht, man kann sich den ganzen Tag aufhalten und jederzeit in die Sauna oder ins Gym gehen. Mit Weinbar, Restaurant und Sushi-Lounge auch perfekt für Hochzeitsfeiern oder Businesstreffen.

Portinatx ▸ G 1

Auf einem der schönsten Straßenabschnitte Ibizas gelangt man nördlich von Sant Joan in den Küstenort Portinatx im äußersten Nordosten der Insel. Aus einem alten Fischerdörfchen entstanden, entwickelte sich Portinatx in wenigen Jahrzehnten zum Pauschalparadies im Norden. An den drei annehmbaren Buchten reihen sich große Hotelkomplexe auf, die die ansonsten recht ausgestorben wirkende Enklave im Sommer in eine ausgewachsene Touri-Metropole verwandeln. Für die meisten ist Portinatx die perfekte Anlaufstelle, um einen geregelten Urlaub zu verbringen. Da geht es meistens vom Hotelzimmer in den Frühstücksraum, an den Strand, abends an die Bar und wieder zurück

Lieblingsort

Romantische Trutzburg – die Torres de Balàfia ▸ G 3
Nur ein unwegsamer Feldweg führt von der Hauptstraße zu einem der verträumtesten Flecken dieser Insel: zu den »Torres de Balàfia«. Das Ensemble aus weißen Quadern und Wehrtürmen in der Mitte, deren Ziel und Zweck man unmittelbar ablesen kann. Ein Weiler, hinter dem sich hier, tief im Landesinneren, die Einwohner offenbar vor Eindringlingen schützen mussten. Daher ist das Anwesen ummauert und auch nicht frei zugänglich. Doch es lohnt eine Umrundung an Hühnern und Zitronenbäumen vorbei, um diesen romantischen Ort ganz im Stillen für sich zu erschließen.

ins Hotel. Eigentlich schade bei der sensationellen landschaftlichen Umgebung. Aber Portinatx ist besonders bei Familien sehr beliebt, denn es gibt keinen Durchgangsverkehr und die Buchten weisen flaches Wasser auf.

Und auch Portinatx selbst hat seine schöne Ecke: die Cala Es Port. Sie liegt am Ende der Durchgangsstraße – also nicht aufgeben – und sieht mit ihrem natürlichen Fischereihafen, Ministrand und Blick auf ein vorgelagertes Inselchen aus wie das Portinatx von anno dazumal, zuzüglich recht guter Restaurants.

Platja s'Arenal Gros ▸ G 1

Der 170 m lange, 70 m breite Ortsstrand von Portinatx mit seinem hellen, mittelkörnigen Sand liegt direkt am Busparkplatz von Portinatx und ist zugleich zentraler und größter Strand der dahinterliegenden Siedlung. Der Sandstrand fällt flach ins Wasser ab und ist deshalb – und wegen der hotelnahen Lage – sehr familienfreundlich.

Hinter einer kleinen Felszunge links vom S'Arenal Gros befindet sich ein etwas ruhigerer Ableger. Die nur 35 m breite, von Pinien umgebene Cala Es Port liegt etwas abseits und ist wesentlich idyllischer.

Übernachten

Romantisch – **Los Enamorados:** Tel. 971 33 75 49, www.losenamoradosibiza.com, DZ um 400 €. Im ganz am Ende des Ortes in der Cala Es Port gelegenen Hotel kann man vom Zimmer aus fast die Füße ins Wasser baumeln lassen.

Einfach schön – **Agroturismo Ca sa Vilda Marge:** Venda de Xarraca 10 (kurz vor Sant Joan Umleitung links Richtung Portinatx, nach 2,8 km Einfahrt bei den rosa Steinen), Tel. 971 33 31 64, www.casavildamarge.com, DZ 88–248 €, 15. Mai bis 15. Okt. geöffnet. Fabian und Clara haben das 400 Jahre alte Landhaus auf 80 000 Quadratmetern Fläche voller Obst-, Johannisbrot-, Mandel- und Olivenbäume für ihre Gäste mit Pool, Cocktail- und Tapasbar sowie Essbereich im Freien angereichert. Sehr elegante Zimmer, deren Einrichtung ländliche Bescheidenheit zitiert.

Volles Programm – **Hotel Portinatx:** Tel. 971 32 06 19/20, www.bghotels. com. Großes Hotel mit eigenem kleinen Strand, etwa 1 km außerhalb des Zentrums gelegen. Mit allem, was das Urlauberherz begehrt: Kajak- und Segelunterricht, Surfverleih (nur mit Schein), zeitweise Kinderbetreuung, Animation, Verpflegung all inclusive inkl. Getränke und Eis für die Kinder den ganzen Tag über. Was will man mehr?

Großherzig – **La Cigüeña:** An der Platja s'Arenal Petit, Tel. 971 32 06 14, www.laciguenya.com, DZ 51–81 €. Eines der großen Hotels am Platze, setzt aber nicht mehr auf Pauschalbuchungen. Familie Torres bietet Zimmer (nach vorne laut!) und Apartments, Pool und Fitnessraum wie bei den großen Nachbarn. Apropos: Bei jenen kommt eine Individualbuchung meistens teurer zu stehen als pauschal.

Essen & Trinken

Am anderen Ufer – **Cas Mallorqui:** Cala Es Port, Tel. 971 32 05 05, www.casmallorqui.com, 12–23 Uhr, Do Ruhetag. In einer hübschen Nebenbucht gelegenes, auf Fisch und Meeresfrüchte spezialisiertes Restaurant mit einer Terrasse im 1. Stock und einem französischen Maître – da darf man auch mal »Mallorca« heißen. Wer vom Sonnenuntergang nicht lassen kann, bucht sich in einem der neun bescheidenen Zimmer (DZ 50–114 €) ein.

Blickfang – **S'Arena:** An der großen Bucht gelegen, schattig, gut und günstig. Beim Blick auf die Bucht und auf die Speisekarte kann man es sich schmecken lassen.

Aktiv

Wandern – An der Cala Es Port beginnt der **Wanderweg** immer an der Abbruchkante entlang über die Punta des Moscarter am Leuchtturm La Guardiola vorbei zur schönen **Cala d'en Serra** und zurück quer durchs Land. Es gibt keine Beschilderung, aber der Leuchtturm ist bereits in Sicht. Blaue Punkte bieten teilweise eine Orientierung. Auf der Halbinsel mit ihren vielen kleinen Wegen geht man so schnell nicht verloren. Länge ca. 6–8 km.

Tauchschule – **Subfari:** Tel. 971 33 75 58, www.subfari.net. Die andere bizarre Landschaft Ibizas liegt unter Wasser und ist von der in der Cala Es Port gelegenen Tauchschule besonders gut zu erreichen: von der Höhle des Lichts bis zur berühmten Kathedrale.

In den Hund gehen – **Yoga Ibiza Hella:** Tel. 971 33 32 54, www.yogaferienibiza.de. Ein paar Fußminuten vom Ortskern entfernt werden Yoga-Freunde eins mit der Natur. Nach der morgendlichen Entspannung wird gemeinsam gefrühstückt, und man kann auch direkt übernachten.

Buchten nahe Portinatx

Cala Xarraca ▸ G 1

Auf der Straße nach Portinatx ungefähr bei km 17: Der Abzweig ist ausgeschildert. Sehr beliebt bei den Einheimischen. Umgeben von der schroffen Steilküste zieht sich die 85 m lange Bucht mit ihrem grobkörnigen, bräunlichen Natursand schützend ins Landesinnere. Es herrschen perfekte Bedingungen für Schnorchler, da das Wasser kristallklar und die Unterwasserwelt intakt und abwechslungsreich ist. Der sandige, teils felsige Meeresboden hat eine mittlere Tiefe mit markant zunehmendem Gefälle. An der Cala Xarraca gibt es ein für die kleine Bucht etwas überdimensioniertes Lokal und einen Liegestuhlverleih.

Cala s'Illot des Renclí ▸ G 1

Auf der Straße nach Portinatx beim Schild »S'Iliot des Renclí« abbiegen.

Die typischen Bootsgaragen in den rötlichen Felsen der Steilküste machen diese 50 m breite Bucht mit dem Strand Platja s'Illot so reizvoll. Noch besser ist der Blick unter Wasser: Mit der Taucherbrille entdeckt man zwischen Sand und Felsen verschiedene Fischarten und eine intakte Unterwasserwelt. Auf dem schmalen Sandabschnitt geht es sehr beengt zu. An den Felsen rundherum lässt sich aber in der Regel immer ein ruhiges Plätzchen finden. Über dem Strand befindet sich mitten in einem Pinienhain ein gutes Lokal, von dem man einen herrlichen Ausblick auf die Landschaft hat.

Cala d'es Xuclà ▸ G 1

An der Straße E1300 nach Portinatx (km 19), ca. 2 km vor Portinatx.

Die Cala mit etwa 50 m Strand aus hellem Sand gehört zu den abgeschiedensten und einsamsten Stränden der Insel. Während der Saison sorgt aber auch hier ein kleiner Kiosco für die Grundversorgung der Gäste, inklusive Sonnenschirmen und Liegen. Natur und Wasserqualität geben ihr Bestes, die Tiefe nimmt nur leicht zu. Die Anfahrt über die steile und holperige Zufahrtsstraße ist jedoch Schwerstarbeit für die Stoßdämpfer. Wegen des steinigen Zugangs ins Wasser sind Badeschuhe zu empfehlen.

Cala d'en Serra ▸ H 1

In Portinatx ausgeschildert. Wahrlich ein Geheimtipp, da nur mühsam erreichbar. Die Bucht von 45 m Breite sieht schon oben von den Felsen aus verträumt und beschaulich aus. Der kleine Strand mit hellem, mittelkörnigem Sand wird von ein paar Bootsgaragen flankiert und hat einen schönen, flach abfallenden Zugang zum Meer. Oberhalb befindet sich eine leicht gespenstische Bauruine, die es ermöglicht, sein Auto im Schatten zu parken und die das Strandleben ansonsten nicht stört. Ein kleiner Kiosco bietet alles, was das hungrige und ausgedörrte Herz begehrt. Wer's noch einsamer haben will, muss schwimmen – in eine nicht einmal zu Fuß erreichbare Bucht nebenan. Durch die Steilküste wird es in beiden Buchten leider früh schattig. Die steile Zufahrt ist nichts für schwache Nerven. In der extrem steilen Zugangsstraße bleibt man obendrein schnell in einem Schlagloch hängen. Besser oben par-

Ein Traum in Türkisgrün: die Cala Xarraca

ken. Zu Fuß dauert der Abstieg nochmal etwa zehn Minuten. Aber unten entschädigt ein echter deutscher Filterkaffee am ebenfalls deutsch geführten Kiosco.

Sant Vicent de sa Cala ▶ H 2

Auf der idyllischen Strecke der PM 811 durch die Serra Grossa zwischen Sant Joan de Labritja und dem Meer passiert man einen weiteren ruhigen Ort des Nordostens, der gerade durch seine idyllische Lage in der Ebene so reizvoll ist. Aber außer der hübschen Kirche aus dem 19. Jh., die aufgrund ihres zarten Alters nie als Wehrkirche diente, und einigen Höfen im ibizenkischen Stil hat Sant Vicent de sa Cala tatsächlich nur Atmosphäre zu bieten. Die meisten eilen weiter auf der traumhaft schönen Straße, um die große Schwester, den Badeort mit umgekehrtem Namen – das belebte Cala de Sant Vicent – oder die Buchten südlich davon zu besuchen.

Essen & Trinken

Thai in der Einöde – **Es Cafè Casa Pepe:** Can Vicent de Sa font, 1, Tel. 971 32 01 34. Kurz vor Sant Vicent de sa Cala schön gelegene, gemütliche Location mit thailändischer Küche.

Cova des Cuieram ! ▶ J 2

Von Cala de Sant Vicent rechts (bzw. von Sant Vicent de sa Cala links) der Beschilderung folgend den Berg hinauf. Vom Parkplatz noch ca. 10–20 Minuten zu Fuß. Geöffnet 10–13 (Winter), 10–14 Uhr (Sommer), Eintritt frei, leider ist manchmal kommentarlos geschlossen. In dieser Tropfsteinhöhle fanden Archäologen vor erst 100 Jahren eine Kultstätte der Karthager, die seit dem Jahr 654 »Ibosim«, die »Insel des Bes«, als Handelsposten nutzten.

Die Höhlenräume stammen aus dem 5. Jahrhundert v. Chr. und dienten offensichtlich drei Jahrhunderte lang als Kultstätte. Zunächst wurde dort der Gott Resef-Melkart verehrt, später die Göttin Tanit. In den Räumen wurden insgesamt etwa 1000 Keramikstücke und 600 Terracottafiguren gefunden, manche waren noch mit einer Goldschicht überzogen. Höhepunkt ist jedoch der Fund der beeindruckend lebhaften Skulpturen der Göttin Tanit, die heute im Archäologischen Museum in Eivissa stehen. Astarte, wie ihr ursprünglicher phönizischer Name lautete, war die auf

Mein Tipp

On the Beach – Chill-out an der Cala de Sant Vicent ▶ J 2
Angeblich hat Chris Rea seinen größten Hit »On the Beach« nach einem Aufenthalt auf Ibiza geschrieben. Dass der Blick auf die Punta Grossa wirklich Chris Rea zu seinem Hit gleichen Namens inspiriert hat, behauptet hier allerdings niemand ernsthaft. Dafür gibt es gute Musik, leckere Snacks und Salate. Mit Sicherheit der nördlichste Chill-out Ibizas, der mit Kissen und Kandelabern sein Bestes gibt, um die lässige Fläz-Atmo des Südens auch hier aufleben zu lassen. Er befindet sich ganz am Ende in der langen, von Hotels gesäumten Cala de Sant Vicent und ist einer der selteneren Chill-outs im Norden der Insel (in der rechten Ecke des Strandes, Tel. 971 32 01 15, in der Saison tgl. 10–23 Uhr).

den Pityusen als Tanit verehrte Göttin der Liebe und der Fruchtbarkeit, das Pendant zur römischen Ceres oder der griechischen Demeter. Sie beherrschte den Himmel, den Mond und als Göttin der Fruchtbarkeit auch den Regen. Gleichzeitig war sie Göttin des Krieges. Vor allem Tauben und Schafe wurden ihr zum Opfer gebracht.

Die Höhle selbst ist zwar ein natürlicher Raum, gleichzeitig weist er aber die typische dreigeteilte Struktur der Heiligtümer der Antike auf: Eingangshalle, äußerer Saal und in der Grotte das Sanktuarium, das den Hohepriestern vorbehalten war. Aus unerfindlichen, aber gut sichtbaren Gründen, nämlich frischen Opfergaben, erlebt Tanit seit der Hippie-Ära eine Art Wiederauferstehung. Heute ist sie auf Ibiza – von der Fincaverzierung bis zur Töpferware – so allgegenwärtig wie der unvermeidliche Buddha.

Auch wenn die Höhle geschlossen ist: Der Abstecher lohnt sich auch wegen des traumhaften Blicks bis zur Insel Tagomago hinüber.

Cala de Sant Vicent ▸ J 2

Noch im Zuge des Urbanisationswahns der 60er- und 70er-Jahre entstand in dieser Traumbucht für Sandstrandfreunde leider eines der Touristikzentren des Nordens. Entsprechend ist der Ort im Winter tot, im Sommer herrscht dagegen Hochbetrieb.

Von den Hotels, Restaurants und Geschäften benötigt man nur wenige Meter bis zum türkisfarbenen Wasser der 390 m weiten, arenaförmigen Bucht mit leicht bräunlichem, feinem Natursand. In der Nebensaison ist es so leer, dass die verbliebenen Fischer den gesamten Strand nutzen können, um ihre Netze zum Flicken auszubreiten. Die Straße führt nicht vor, sondern hinter den Hotels weiter, was den Ort recht kinderfreundlich macht. Sie führt zur Punta Grossa, dem Kap im Norden mit spektakulärem Blick.

Cala de Sant Vicent ist zwar von seinen Hotelkästen gezeichnet, aber atmosphärisch nicht so »schlimm« wie die Großbadesiedlungen weiter südlich. Selbst bei vollkommener Auslastung verläuft sich das Publikum. Im Ort selbst ist außer Extremurlauben nicht viel gebacken.

Naturfreunde kommen allerdings in den Bergen und bewaldeten Ausläufern ringsherum auf ihre Kosten. Und die Höhle von Cuieram sollte (trotz ihrer unzuverlässigen Öffnungszeiten) auch jenen nicht verschlossen bleiben, die sich eigentlich nur vom Bett an den Strand bewegen wollen.

Übernachten

Auch hier ist es ungünstig, individuell einzuchecken – denn die meisten Buchungen gehen pauschal weg.

Gruppenermäßigung – **Grupotel Cala Sant Vicente:** Mai–Oktober, DZ 45–85 €. In dem bescheideneren unter den Hotelkästen ist eine individuelle Buchung möglich und auch die Halbpension ist günstig. Das Hotel ist idealer Ausgangspunkt für Wanderungen in die Umgebung.

Essen & Trinken

Kann was – **Can Gat:** linke Ecke des Strandes, am nördlichen Ende der Promenade, links vom Parkplatz, Tel. 971 32 01 23, tgl. Apr–Okt. Gute ibizenkische Küche, vor allem bekannt wegen der Fisch- und Paellagerichte (20–25 €).

Aktiv

Wandern & Staunen – **Punta Grossa:** Man kommt nahe an das äußere Kap heran, aber der letzte Weg dauert gut 15 Minuten über Stock und Stein. Eben etwas für Wanderfreunde, die sich mit guter Sicht belohnen lassen. Mehr gibt es am Ziel nicht – aber der Blick hat es am nördlichen Kap der Bucht von Sant Vicent 174 m über der See in sich.

Tagomago ▸ K 3

Die vor Cala de Sant Vicent gelegene Insel Tagomago – auch gut sichtbar etwa von Es Pou des Lleó oder dem Kap Punta d'en Valls aus – ist seit der Aufgabe des Fischerdorfes Ende des 19. Jahrhunderts nicht mehr bewohnt. Seit einigen Jahren ist die Insel ausgewiesenes Naturschutzgebiet, das im Sommer zum Beispiel von Eleonorenfalken bewohnt wird.

Man gelangt nur per Boot dorthin. Dennoch zieht es immer wieder Prominenz auf die Insel. Das liegt an Karl August von Thurn und Taxis, der auch das einzige Haus auf der Insel baute und 1982 den Besitz an seinen Sohn Johannes vererbte. Mit seiner Frau Gloria und blaublütiger Verwandt- und Bekanntschaft verbrachten die Thurn und Taxis oft den Urlaub auf dem »Schmetterling auf blauem Samtpolster« (BUNTE). In den Lifestyle-Achtzigern bot der »Kiosco Tagomago« vorbeiziehenden Jachten gegrillten Fisch und Cocktails. Auch der Videoclip zu »Lambada« wurde an dem Kiosco gedreht und Nina Hagen durfte nicht fehlen.

Über die Hochzeit der TV-Moderatorin Sabine Christiansen mit dem französischen Millionär Norbert Medus 2008 und in Anwesenheit von Promis von der französischen Justizministerin bis Klaus Wowereit und Udo Walz wird heute noch getuschelt – zumal das Haus der von Thurn und Taxis für diesen Anlass diskret hektisch renoviert wurde. Mittlerweile wird Tagomago von einem deutschen Immobilienmakler vermietet (tagomago-island.com). Ein Käufer hat sich nie gefunden. Auch Bill Gates lehnte nach vier Tagen Aufenthalt dankend ab: Das Pfauengeschrei war ihm zu laut.

Sant Carles de Peralta ▸ H 3

Das kleine Straßendorf zwischen Feldern, Bergen und einer Kreuzung strahlt extreme Ruhe und Gelassenheit aus. Vielleicht ist der Ort aus diesem Grund bis heute das Hippiedorf Nummer eins auf Ibiza. In der schönen Wehrkirche Església de Sant Carles aus dem 16. Jahrhundert werden im Sommer klassische Konzerte mit internationalen Interpreten veranstaltet (aktuelle Aushänge in der Bar Anita). Sant Carles ist in jedem Fall einen Besuch wert – nicht nur wegen des Hippiemarkts. Der Ort ist nach wie vor ein Mekka für Aussteiger aller Couleur – die einen haben sich längst eine schicke Finca unter den Nagel gerissen, die anderen sieht man am Ortsausgang etwas hilflos trampen (und wo sieht man das noch?!). Von hier geht es zu malerischen Stränden, von der Platja des Figueral bis zur Cala Nova, an denen nur kleine Siedlungen (wie Can Jordi) von der Idylle ablenken.

Übernachten

Mit allem Komfort – **Agroturismo Can Curreu:** ein paar hundert Meter an der PM 810 von Sant Carles nach Santa Eulària, kurz vor Las Dalías, Tel. 971 33 52 80, www.cancurreu.com, DZ 220–275 €. Reiten, schwimmen, in die Sauna gehen, mit dem ▷ S. 201

Auf Entdeckungstour: Das wilde Leben – Hippiekultur im Norden Ibizas

Yippie Hippie Yeah! Es gibt sie doch noch, die Hippies. Die Institution »Hippiemarkt Las Dalías«, die Kommunen in Sant Joan de Labritja oder die Trommlerbucht Cala Benirrás mit dem »Finger Gottes« sind ein lebhafter Beweis. Und Sie sind rechtzeitig zum nächsten Hippie-Revival dort.

Anfahrt: mit dem Auto; alternativ natürlich getrampt!

Zeit: ca. 3 Stunden

Planung: Start am Samstagnachmittag in Sant Carles (▶ H 3) und über Sant Joan (▶ G 2) in der Dämmerung in die Cala Benirràs (▶ F 1); oder umgekehrt: Montagabend in der Dämmerung von der Cala Benirràs zum Hippienachtmarkt nach Sant Carles.

Ibizenkische Tradition aus Hippiehänden in Sant Carles

Hippies sind heutzutage scheue Wesen. In Ibizas Norden sind sie jedoch noch oft zu sehen – auch wenn sie nicht mehr kiffend und schnorrend an jeder Ecke zu finden sind. Aber glaubte man, sie seien ausgestorben, dann sieht man sich getäuscht. Tatsächlich gibt es regelrechte Institutionen, auf die man heute stolz ist – und die sogar massenhaft Touristen anziehen. Dort lassen sich noch immer Hippies sehen, beziehungsweise was aus ihnen geworden ist: Ökos, Aussteiger, Althippies, Indianer, Trommler, Dragqueens oder auch gewiefte Geschäftemacher, die ihren handgemachten Schmuck hauptsächlich in einem Shop in der Hauptstadt verkaufen. Trotzdem ist der so genannte »Hippiemarkt« (andernorts als »Flohmarkt« bekannt) aus Ibizas Norden nicht mehr wegzudenken.

Das **Las Dalías-Anwesen** (etwas außerhalb von Sant Carles, geöffnet ganzjährig samstags 10 Uhr bis Sonnenuntergang, im Sommer auch Montagnacht ab 19 Uhr, www.lasdalias.es) besitzt einen schönen Innenhof, in dem man unter Weinlaub zwischen den Ständen flanieren kann. Im Inneren des Gebäudes wartet eine Galerie auf Gäste. Im Unterschied zu anderen Hippiemärkten (wie etwa denjenigen auf der Rambla in Santa Eulària) findet man hier nicht nur Touri-Massenware made in Taiwan, sondern auch Kunsthandwerk, bei dem altibizenkische Traditionen unter Hippiehänden in eine neue Formsprache übersetzt werden, zum Beispiel zu Schnitzwaren und Schmuck. Und da lässt sich so manches Stückchen finden, das dem persönlichen Geschmack entspricht. Die Hippiemärkte von Ibiza sind ein Überbleibsel der 60er-Jahre, in denen junge Aussteiger auf der Suche nach alternativen Lebensformen auf die Insel kamen. Damals wurden von den Hippies Handarbeiten wie beispielsweise selbst gebastelter Schmuck oder mit Naturfarbe gefärbte Kleidung angeboten, mit denen sie sich über Wasser hielten. Die Stände des Hippiemarktes Las Dalías bieten verglichen mit dem riesigen Markt von Es Canyar eine eher heimelige Atmosphäre – obwohl Letzterer der erste war. Dafür hat Las Dalías die bessere Geschichte. Diese begann bereits 1954, als Bauer Joan umsattelte, um den Bewohnern der Gegend einen »Social Club« zu bieten, mit allen sozialen Events von Tanz und Taufe bis hin zu vom Priester genehmigten Filmvorführungen. Das nahe gelegene Aufnahmestudio seines Sohns Juanito zog Rockgrößen wie Ron Wood (Rolling Stones), Jimmy Page (Led Zeppelin), Mike Oldfield und Bob Geldof an, bis es 1989 abbrannte und den Besuchen der Rock-Größen ein Ende setzte. Juanito hatte auch die Idee, den florierenden Hippiemarkt von Es Canyar zu kopieren. Es wurde ein Geschäft daraus: Heute drücken sich im Hochsommer bis zu 20 000 Menschen an einem Tag an 200 Ständen vorbei!

Las Dalías ist neben dem Hippiemarkt auch Veranstaltungsort von Konzerten und anderen kulturellen Veranstaltungen, sowie außerdem das wichtigste Kommunikationszentrum in diesem Teil der Insel.

Auch wenn Anita nicht mehr ist – ihre Gäste sind geblieben

Um sich ein genaues Bild davon zu machen, wie die Hippies damals in Sant Carles gelebt haben, führt ein Weg an **Anitas Bar** eigentlich kaum vorbei. Der Kulttreff an der Kreuzung im Ort gehört damals wie heute für die gebliebenen Hippies zu den einschlägigen Anlaufstellen im Norden. Eigentlich heißt das Restaurant mittlerweile **Can Pep Benet** und Anita ist längst tot, aber das nimmt einfach niemand zur Kenntnis. Dafür steht immer noch die einst einzige Telefonzelle weit und breit, in der die um- und anliegenden Hippies früher ihre meist deutsche oder britische Verwandtschaft um eine Geldsendung baten, um bei der geduldigen Anita ihren Deckel zu bezahlen. Das Geld landete wiederum in einem der ringsum platzierten Postfächer in den dunkelbraunen Holzschränken. Noch immer wird dort die Post der Anwohner gelagert, viele davon sind ja auch noch dieselben – mit mittlerweile gegerbter Haut und etwas merkwürdig anmutenden Klamotten. So ein bisschen Romantik muss man sich eben bewahren.

Die Hippie-Geschäftswelt von Sant Joan de Labritja

Das Restaurant **Vista Alegre** ist eigentlich vollkommen »normal« mit gut-bürgerlicher Ibiza-Küche und schwarz-weiß gekleidetem Kellner. Aber im Hinterzimmer fallen sehr ruhige Gestalten auf, die friedfertig hinter ihren Laptops kauern – oder auch Frauen, die relativ spät noch Mutter geworden sind und mit ihren bunten Kleidern jeden Grünen-Parteitag krönen würden. Leute, die es auf gewisse Weise »geschafft« haben, nämlich Zeit und Geld in einen harmonischen Einklang zu bringen. Sie leben immer noch hier, vor allem in den umliegenden Fincas, müssen aber offensichtlich nicht mehr anschreiben. Im Gegenteil: Sie sind nicht nur willkommen, sondern längst ein Teil der Soziostruktur (s. S. 73).

Auf Ibiza herrschen traditionell liberal-plurale Verhältnisse, jeglichem Konservativismus und Katholizismus zum Trotz. Wer lange genug da bleibt, wird einfach Teil der Gemeinschaft. Viele Freiheits-Genießer von einst haben sich auf diese Weise etabliert, manche für einen »Appel und ein Ei« ein altes Fincagemäuer erworben, das heute für Hunderttausende Euro gehandelt würde. Doof waren Hippies noch nie. Höchstens ein bisschen bekifft. Was uns an die horizonterweiternde und echt irgendwie weiterbringende Küste führt.

Sonnenuntergänge, Trommeln und good vibrations in der Cala de Benirràs

Die »pazifisch« anmutende Bucht ist das marine Epizentrum der Hippiekultur und unzweifelhaft einer der schönsten Strände Ibizas. Im Sommer wird hier getrommelt, was das Zeug hält. Warum genau, weiß keiner. Irgendwie fließen hier eben unheimliche vibrations zusammen, möglicherweise bei besonders gutem Gras. Zuständig ist vielleicht auch der Blick auf Es Cap Bernat, den »Finger Gottes« draußen im Meer. Bekannte Schlagzeuger oder Percussionisten sind jedenfalls noch nicht gesichtet worden, sondern eher Menschen, die dem Ort mit seiner magischen Ausstrahlung bei Sonnenuntergang irgendwie huldigen wollen.

Seit es am Strand ein Unfallopfer gab, das aufgrund der verstopften Straße seinen Verletzungen erlag, sind offizielle Veranstaltungen wie das große Trommelfest Ende August offiziell abgesagt. Trotzdem – irgendeiner trommelt immer die guten, alten Zeiten herbei. Betrachtet man in den teuren Kioscos im Süden die Auswüchse unserer heimischen Yuppiekultur, so kann man bei dem Leben im Norden schon nostalgisch werden – oder neidisch auf die Dagebliebenen, die heute mit Konsum wenig zu schaffen haben.

Mit Strandliegen und dem ersten Chillout geht es allerdings sogar in der Cala Benirràs mittlerweile konservativer zu. Aber fünf Jahrzehnte nach den Anfängen sind Hippies und ihre Kinder Ibizenkos – ein selbstverständlicher Teil der Gesamtbevölkerung.

Tipp: Im Sommer wird in der Cala Benirràs jeden Sonntagabend offiziell ein rituelles Mond-Trommeln veranstaltet.

Boot fahren – all das kann man in dem familiär geführten Agroturismo und außerdem auf den Terrassen mit schönem Weitblick essen, trinken und die hauseigenen Pferde streicheln.

Total entrückte Welt – **Agroturismo Can Talaias:** Straße Richtung Es Figueral, nach 2 km erste Möglichkeit rechts, ab dem Spar-Supermarkt ausgeschildert (Wiedehopf-Logo). Tel. 971 33 57 42, http://hotelcantalaias. com, DZ 140–165 €. Die ehemalige Finca des englischen Filmkomikers Terry-Thomas (der Bindestrich ist eine Hommage an seine Zahnlücke), bekannt aus Filmen wie »Eine total, total verrückte Welt« oder »Tollkühne Männer in ihren fliegenden Kisten«, wurde zum Agroturismo umgebaut und bietet statt Slapsticks sechs wunderschöne Zimmer und einen unvergleichlichen Ausblick vom naturnahen Pool oder der Terrasse aufs Meer mit dem Hausberg Talaias de Sant Carles im Rücken. Very british: eine großzügige Konversationshalle, and, of course, Tennis, ein eigenes Gewächshaus und der eigene Pfau.

Essen & Trinken

Legende ohne Ende – **Bar Anita:** An der Kreuzung Sant Carles im Zentrum

Nach wie vor ist Anitas Bar Anlaufstelle Nummer eins für Einheimische und Althippies

des Dorfes. Bier, Wein, Hierbas, Tapas und Snacks. Ein berühmter, selbst gemachter Hierbas, Postfächer für die Umgebung, ein zauberhafter kleiner Innenhof, und die kleinen Tische und Stühle direkt an der Straße, um die sich die Besucher prügeln – das ist ein Erlebnis für sich. Zumindest waren die heutigen Besitzer so schlau, die authentische Atmosphäre aus Anitas Zeiten zu erhalten (s. S. 198).

Aktiv & Kreativ

Peace, Love and Happiness – **Hippiemarkt und Kulturzentrum Las Dalías:** am südlichen Ortsausgang. Nicht nur Hippiemarkt-Location, sondern auch Restaurant, Konzertsaal, Kunstgalerie und Location für Tranceparties: aktuelles Programm unter www.lasdalias.es. Mittwochs Namasté-Party im Hippie-Stil (s. S. 198).

Strände im Norden und Osten von Sant Carles

Abwechslung ist an den Stränden im Norden und Osten von Sant Carles angesagt: Verträumte Buchten finden sich hier ebenso wie touristisch hochfrequentierte Strände.

S'Aigua Blanca ▸ J 2

Wildes, weiß schäumendes Wasser gibt der 300 m langen und nur 15 m breiten Bucht mit dunklem, feinem Natursand ihren Namen. Manchmal verschwindet der ganze Strand unter Wasser. Wenn nicht, bietet er durch die langen Schatten der hohen Felsklippen idealen Schutz vor hochsommerlichem »Grillen«. Deshalb ist er sehr beliebt bei großer Hitze, selbst bei den oftmals recht starken Ostwinden.

Gemeinsam mit dem Strand Es Cavallet ist er offizieller FKK-Strand. Trotzdem kommen auch viele Familien, die den frühen Schatten suchen. An seinem Horizont sind das Kap Punta Grossa im Norden und die Insel Tagomago im Süden zu sehen. Viele reiben sich am Nordende mit roter Erde ein, da diese angeblich gut für die Haut ist.

Es wird empfohlen, das Auto oben stehen zu lassen, um dem Verkehrschaos oder Zugeparktwerden zu entgehen.

Zwei Kioscos bieten etwas für den kleinen Hunger: »El Chiringuito« (im Süden) etwas rustikaler, aber beliebt-belebt, »Aigües Blanques« (im Norden) etwas schicker.

Übernachten

Ganz in Weiß – **Encanto del Rio:** Abzweigung links an der Straße von S'Aigua Blanca, Tel. 971 33 50 34, www.encantodelrio.com, DZ (Studio) 144–224 €. Schön und kühl, aber nicht zu opulent gestaltete Hazienda mit Pools, Apartments und Studios im modern-ibizenkischen Stil, inklusive Kochecke und Restaurant. Ideal für alle, die heimlich, leise urlauben wollen.

Schnell zum Strand – **Sa Plana:** in unmittelbarer Strandnähe, Tel. 971 33 50 73, DZ 57–68 €. Ohne große Ansprüche, aber sauber und seelenruhig gelegen. Zum Wasser- und Sonnenbaden stehen auch Pool und Terrasse zur Verfügung.

Platja d'es Figueral ▸ J 2

Ein 350 m langer, sehr touristischer, hauptsächlich von den Anwohnern der gleichnamigen Feriensiedlung besuchter Strand aus dunklem, feinem Natursand, an dem allein zwei pauschal zu buchende Clubhotels für eine hohe Frequentierung sorgen. Ganz hässlich ist die Verlängerung der Aigua Blanca jedoch nicht: Nur unterbrochen von einem Klippenabschnitt mit dem »Heuhaufen«-Felsen (Es Paller des Camp), trifft der Name »Unter den Feigenbäumen« immer noch zu. Augen auf: teilweise bis knapp unter die Oberfläche ragende Felsen. Im Sommer an der prominenten Anlegestelle Bootstransfer zu den benachbarten Stränden, nach Santa Eulària und (!) Formentera (in der Saison tgl., www.ferrysantaeulalia.com).

Übernachten

Am Strand – **Pension Hostal El Alocs:** Tel. 971 33 50 79; Mai–Oktober, DZ 35–55 €. Einfache Behausung mit Charme und deutsch sprechenden Besitzern, inklusive Restaurant.
Schnell ausgebucht – **Pension Las Golondrinas:** an der Straße zum Strand, Tel. 971 33 52 25, DZ 40–50 €. Siehe oben (schlicht, praktisch, deutschsprachig), nur noch einen Tick billiger und schnell ausgebucht.

Es Pou des Lleó ▶ J 3

Die kleine Bucht von gerade mal 60 m Länge und 15 m Breite befindet sich in der Mündung des Canal d'en Martí und bildet für sich ein eigenes, einzigartiges Fischerörtchen – noch mit traditionellen Fischerhütten. Obwohl der Strand recht winzig ist, findet man entlang der Küste unzählige Felsnischen, die sich zum Sonnen eignen. Der Meeresboden ist leider flach und felsig, bietet aber eine üppige Meeresvegetation. Die Restaurants der Umgebung repräsentieren die örtliche Küche aufs Beste. In unmittelbarer Entfernung liegt der schöne und gut erhaltene Turm Torre d'en Valls. Und die Bucht birgt ein Geheimnis ... s. S. 204.

Übernachten, Essen

Einfach lecker – **Pou des Lleó:** an der Zufahrtstraße, Tel. 971 33 52 74, www.poudeslleo.com, DZ 60–80 €. »Frieden und eine angenehme Sensation von Wohlergehen wird Sie gefangen halten, während Sie Ihren Urlaub in unserem Hostal verbringen«: Dem ist kaum noch etwas hinzuzufügen – außer, auf die hervorragenden Fisch- und Paellagerichte für relativ wenig Geld hinzuweisen.

Aktiv

Wandern zur Spitze – **Torre/Punta d'en Valls:** Auf einer Höhe in Richtung Cala Boix befindet sich der Wehrturm aus dem 17. Jahrhundert, von dem aus man einen wunderbaren Blick auf die Insel Tagomago hat. Der Weg hinauf ist allerdings besser nur zu Fuß zu absolvieren.

Cala Boix ▶ J 3

Einer der schönsten Strände des Nordens. Feiner Sandstrand zwischen Felswänden mit besonders ungewöhnlich dunklem, bräunlich bis bleifarbenem Sand auf 120 m Länge, der bis ins transparente Wasser hineinreicht. Die Bucht verfügt über ein Strandlokal und mehrere Restaurants, die für ihre hervorragenden Meeresfrüchte und den frischen Fisch bekannt sind. Der Zugang zum Strand erfolgt über ziemlich steile Stufen, weshalb Personen mit Gehschwierigkeiten abgeraten werden muss.

Lieblingsort

Traumstrand mit historischem Bezug – die Platja Pou des Lleó ▶ J 3

Wieder einmal eine Bucht, wenn auch eine besonders schöne, mit Blick auf die Insel Tagomago, und aufgrund der Lage etwas intimer als die großen Strände. 60 m lang, 20 breit, rote Erde, Pinien, ein paar Bootsschuppen, ein Steg, ein steiniger Zugang ins Wasser, das war's. Touristen suchen den Ort selten auf. Aber neben der Romantik reizt hier das Wissen darum, dass man sich gerade an einer ehemaligen römischen Purpurproduktionsstätte befindet. Dafür mussten die alten Römer allerdings lange sammeln und trocknen: Die stationierten Soldaten gewannen für die Roben ihrer Herrscher aus 8000 Purpurschnecken gerade mal 1 Gramm des kostbaren Farbstoffes.

Übernachten

Schlicht und ergreifend – **Hostal Cala Boix:** 50 m vom Strand, am Parkplatz, Tel. 971 33 52 24, www.hostalcala boix.com. DZ 50–70 €. Schlichte Einrichtung, die den Preis erklärt, aber herzlich mit dem charmanten Stil alter Hostals und ideal für Ausflüge in die schöne Umgebung.

Cala Mastella ▸ J 3

Leicht zu übersehen und am besten per Boot erreichbar, liegt die winzige Bucht eng und idyllisch an einem schilfigen Sumpfgebiet eines Sturzbaches. Zu ihrer Linken befindet sich nur ein Fischerhafen mit Bootshäusern, einer improvisierten Mole und einem Strandlokal. All dies versteckt sich in einer 60 m breiten Bucht zwischen Felsformationen und Pinienwäldern mit einigen Privathäusern. Beschwerlicher Abstieg, es wird empfohlen, den Wagen oben stehen zu lassen.

El Bigote !
An der Mole von Cala Mastella. Kein Telefon, kein Handy, schon gar keine Website, oben an der Straße an einem großen aufgemalten Schnauzbart (bigote) zu erkennen, im Sommer mittags 12–16 Uhr.
Er ist vermutlich der berühmteste Bart Ibizas, gehört dem Chef des gleichnamigen Lokals und ist natürlich gleichzeitig dessen Spitzname. Hinter diesem Bart verbirgt sich ein ehrlicher Fischer, der seine gefangenen Erzeugnisse vor Ort selbst zubereitet und seinen Gästen serviert. Er ist so ehrlich, dass er dem spanischen König höchstselbst eine Absage erteilte – Majestät hatte sich nicht einen Tag zuvor persönlich bei ihm angemeldet. Dieser Mythos lebt bis heute weiter, denn nach wie vor muss man einen Tag vorher vorbeischauen oder per Boten reservieren. Das liegt nicht an Arroganz, sondern eher an der Logistik und mangelnder Telekommunikation. Im Erfolgsfall bereitet »El Bigote« vor Ihren Augen einen Fisch zu, der fast noch zuckt. Wer zu spät kommt, den bestraft das Leben, aber er bekommt immerhin etwas zu trinken. Noch bemerkenswerter als diese Legende ist die Essenslogistik: Ein 1,20 m breiter Riesentopf reicht für die Kartoffeln, dann den Fisch und schließlich im gleichen Sud aufgekochten Reis. Das Ergebnis ist durchgehend safrangelb. Serviert wird für alle das Gleiche. Und statt Kaffee gibt es den berüchtigten »Café Caleta« mit Brandy und Zitrone.

Strände südlich von Sant Carles

Cala Llenya ▸ J 3

Ein recht touristischer, 190 m langer Strand mit hellem, feinem Natursand, aber dennoch mit angenehm ruhiger Atmosphäre und einem breiten Serviceangebot. Die *urbanizaciones* wie Can Jordi machen die Umgebung jedoch nicht attraktiver. Hier haben Sie die Möglichkeit, zahlreiche Wasser- und Strandsportarten zu betreiben. Ausläufer des Sturzbaches Torrent des Coix; ein nahegelegener Wanderweg führt bis zur Bucht Cala Nova. Von hier trifft man bis hinunter nach Santa Eulària immer häufiger auf touristische Urbanisationen.

Cala Nova ▸ J 3

Die Bucht ist entweder über die schmale Straße von der Cala Mastella oder direkt von Sant Carles aus zu erreichen. 250 m langer Strand mit feinkörnigem, goldgelbem Sand und transparentem Wasser inmitten eines dichten Waldes aus phönizischem Wacholder. Die natürliche Umgebung hat man glücklicherweise relativ erhalten. Obwohl er Strand gut besucht wird, ist die Atmosphäre dort friedlich und ruhig. Es stehen zahlreiche Serviceleistungen inklusive Tretboote zur Verfügung sowie mehrere Restaurants und Strandlokale. Bevor man sich ins kühle Nass begibt, muss man unbedingt auf die Gefahrenanzeige der Wasserwacht achten, da diese Bucht häufig Ostwinden und starken Strömungen ausgesetzt ist.

Übernachten

Für Camper – **Camping Playa de Cala Nova:** auf der Höhe der Bucht im Hinterland, Tel. 971 33 17 74, www.campingcalanova.com, 2 Pers. mit eigenem Zelt 12–18 €, Bungalow 25–70 €. Der gepflegteste Campingplatz in der Umgebung, mit Bar, Restaurant und kleinem Supermarkt.

Platja d'es Canyar ▸ J 3/4

Ursprünglich ein kleiner, lauschiger Fischerhafen, um den herum der Touristenmoloch Es Canyar entstanden ist. Im Sommer ist der helle, feinkörnige Sandstrand mit 350 m Länge und 30 m Breite für den Andrang eigentlich zu klein und platzt entsprechend aus allen Nähten.

Es Canyar ▸ J 3

Es Canyar liegt nur noch etwa 5 Kilometer von Santa Eulària entfernt und ist eines der größten Touristenzentren auf Ibiza: im Winter Geisterdorf, im Sommer überfüllt. Der Ort bietet alles, was das touristische Herz begehrt, inklusive Camping und diverser Wassersportmöglichkeiten. Die Trabantenstadt entstand auf dem Reißbrett in den 70er-Jahren und ist entsprechend ein Symbol der Küstenverbauung, die heute glücklicherweise gestoppt ist.

Der Ort empfängt im Sommer ein internationales Publikum mit vorwiegend britischen, aber auch vielen deutschen Gästen. Das Umland ist landwirtschaftlich geprägt. Bekannt ist Es Canyar ansonsten wegen des wöchentlichen stattfindenden Hippiemarktes Punta Arabí auf dem Gelände des gleichnamigen Ferienclubs, der jeden Mittwoch – sogar mit dem Schiff – noch mehr Menschen anzieht, als ohnehin in der Gegend sind.

Übernachten

Fast alle Hotels vor Ort, inklusive des gigantischen Clubs Punta Arabí, werden gemeinhin von Veranstaltern aus England oder Deutschland gebucht und pauschal weitergereicht.

Man spricht deutsch – **Hostal Casa Pepe:** Avinguda Punta Arabí, Tel. 971 33 02 56, www.hostal-casa pepe.com, DZ 45–65 €. Von Familie Gebhard deutsch geführt, von den 20 Zimmern verfügt ein Teil über Meerblick.

Camping I – **La Playa:** direkt an der Küste hinter dem Club Punta Arabí, Tel. 971 33 85 25, www.campingibizalaplaya.com, 2 Pers. m. Zelt 19–38 €. Auch Holzhütten zur Miete (max. 4 Pers., 60–175 €). Hübsche, schattige Lage an der Ausläuferbucht der Punta Arabí mit direktem Zugang zum Meer, gleich um die Ecke liegt der Strand der Cala Martina.

Camping II – **Vacaciones Es Canyar**: an der Hauptstraße in den Ort, etwa 300 m davor, Tel. 971 33 21 17, 2 Pers.

mit Zelt 15–21 €. Sauber, mit Pool, aber auch viele fest gemietete Caravans auf dem Gelände.

Einkaufen

Das Original – **Hippiemarkt Punta Arabí:** Club Punta Arabí, auf der Halbinsel Punta Arabí, südlich außerhalb des Zentrums, während der Sommerzeit immer mittwochs 10–19 Uhr, www.clubpuntaarabi.com. Um dem unsäglichen Stau zu entgehen, ist es ratsam, den Markt mit einem der Ausflugsboote von Eivissa oder Santa Eulària aus anzusteuern. Der Flohmarkt von Es Canyar ist mit seinen bis zu 400 Ständen nicht der schönste, aber auf jeden Fall der größte und älteste Hippiemarkt der Insel. Gründungsjahr: 1969. Heute lässt er sich eher in die Kategorie »Massentourismus« einordnen, in erster Linie werden hier billige Souvenirs angeboten. Ein ursprüngliches Ambiente sucht man hier vergebens, ebenso wie auch hochwertiges Kunsthandwerk. Das meiste kommt dann doch aus China und ist industriell gefertigt.

Infos

Touristeninformation
Fremdenverkehrsamt von Santa Eulà-

Die einstige Ikone der Hippies, Bob Marley, ist noch heute ein Verkaufsschlager

ria des Riu, Playa de Es Canyar, Tel. 971 33 07 28, Mai–Okt. 10–14 Uhr.

Verkehr

Anreise mit dem Schiff: mit der Linie »Cruceros Santa Eulària« Santa Eulària–Es Canyar im Sommer 10mal täglich, hin und zurück (Vuelta) 8 €. Die Fähre fährt auch von hier aus in die Cala Llonga und an die Nordstrände von Formentera: www.ferrysantaeulalia.com.
Mit dem Auto: über Santa Eulària oder Es Canyar, wegen der häufig auftretenden Staus und begrenzten Parkmöglichkeiten besser das Boot nehmen.

Strände um Es Canyar

Cala Martina ▸ H 4

Direkt gegenüber den Inseln Illa de Sant Eulària und Illa Rodona gelegen, bietet diese 150 m und 20 m breite Bucht mit hellem, feinem Natursand die idealen Voraussetzungen für Wassersport (inklusive Segeln). Am Strand hat man die Möglichkeit, Boote zu mieten. Der Hausstrand des Ferienclubs und der ganzen Umgegend ist nicht sonderlich gepflegt, die Unterwasserlandschaft kann sich jedoch sehen lassen.

S'Argamassa ▸ H 4

Dieser mit 50 m Länge und etwa 5 m Breite viel kleinere Strand nahe der Cala Martina setzt sich aus mehreren kleineren Buchten zusammen, die jeweils miteinander verbunden sind, und weist einen mit Steinen versetzten bräunlichen, mittelkörnigen Natursand auf. Er befindet sich mitten in dem Touristikgebiet, aber sehr geborgen zwischen Pinien und phönizischem Wacholder. Der Strand wird wegen seines transparenten Wassers, seiner friedlichen Atmosphäre und den zahlreichen Serviceangeboten besonders von den Feriengästen in der Umgebung geschätzt. Er bietet neben Bars zahlreiche Gelegenheiten zum Austoben, zum Beispiel Parasailing und Wasserski. Der kurze Weg in die benachbarte Cala Pada lohnt einen Spaziergang.

Aquädukt S'Argamassa

In unmittelbarer Nähe von S'Argamassa befindet sich eine 425 m lange Steinmauer, in deren oberem Teil sich

Kanäle zum Wassertransport befinden. Sie war im 1. und 2. Jahrhundert n. Chr. wahrscheinlich Teil einer Industrieanlage zum Pökeln von Fischen. Der noch nicht ausgegrabene untere Bereich könnte ein Teil der Räume sein, in dem das »garum« gelagert wurde, eine Würzessenz aus getrockneten Fischen (ähnlich der modernen Fischsauce, die in der asiatischen Küche verwandt wird).

Einige Meter meereinwärts kann man noch die Fortsetzung eines Kanals sehen, der unerwartet über einen Felsen, heute eine Klippe, hinausgeht. Dass die Produktion außerhalb einer größeren Ortschaft lag, hatte einen guten Grund: Es stank bestialisch.

Cala Pada ▸ H 4

Inmitten eines dichten Waldes aus Pinien und Wacholder an der Feriensiedlung Cala Pada ragt dieses dennoch reizende Küstenfleckchen von 200 m Länge und 15 m Breite hervor. Sein kristallklares Wasser und die geringe Tiefe eignen sich für Kinder ideal zum Spielen, während die Erwachsenen die breite Servicepalette des Strandes genießen können, der sehr gut auf der Landstraße zu erreichen ist – im Sommer auch per Bus oder mit dem Schiff von Santa Eulària aus.

Übernachten

Das ganze Programm – **Apartmentdorf Club Cala Pada:** in der Cala Pada, Tel. 971 33 08 86, www.clubcalapada.com, Apartment 45–105 €. Auch eine All-inclusive-Feriensiedlung mit dem üblichen Angebot (Tennisplätze, Pool), aber mit extra Kinderbetreuung und -programm – z. B. Fußballtraining mit DFB-Trainer. Hauseigene Segel- und Surfschule, Yoga, Pilates, betreute Mountainbike-Touren über die ganze Insel und sogar eine »Vollmondfahrt«.

Platja Estanyol/Platja Es Niu Blau ▸ H 4

Der 130 m lange Sandstrand hat zwei Namen und zweigt von Süden kommend an der letzten Ausfahrt vor Santa Eulària ab. Er befindet sich an der Mündung des Sturzbaches Torrent d'Arabí und liegt von einem dichten Kiefernwald umgeben, der bis zum Meer reicht und so die dahinterliegende Wohngegend versteckt. Das »blaue Nest«, wie der Name sagt, ist ein friedvolles und ruhiges Refugium, inklusive Wassersportmöglichkeiten und Restaurants. Dem Restaurantschild »Bora Bora« folgen (nicht zu verwechseln mit dem Tanzclub in Platja d'en Bossa).

Santa Eulària del Riu ▸ H 4

Stadt, Land, Fluss: Dieser Ort hat alles. Und liegt in Sachen Attraktivität zwischen Eivissa und Sant Antoni, von der Einwohnerzahl her (etwa 8000) dagegen an dritter Stelle. Im Unterschied zur attraktiven Hauptstadt und der recht unattraktiven Touristikmetropole Sant Antoni ist Santa Eulària die typische spanische Kleinstadt mit durchschnittlicher Infrastruktur, der typischen spanischen Promenade (*Rambla*), Stadtstränden, guten Einkaufsmöglichkeiten und ein paar touristischen Höhepunkten.

Der gleichnamige Bezirk, die sich von Jesús bis fast nach Cala de Sant Vicent und weit ins Landesinnere erstreckt, umfasst etwas mehr als 30 000

Einwohner. Die rapide Zunahme der Stadtbewohner (jährlich um 6–7 %) ist auf den Massentourismus zurückzuführen und den Wunsch, in Santa Eulària sesshaft zu werden. Mehr als ein Viertel der Bewohner sind heute Nichtspanier, vor allem aus Deutschland, England, Rumänien, Italien, Frankreich, aber auch aus Argentinien oder Marokko.

Santa Eulària liegt am Rande einer bewaldeten Bergkette, die sich über den gesamten Bezirk gleichen Namens zieht, an dem einzigen Fluss (Riu) der Balearen, der am Ortseingang von einer beeindruckend schönen (alten) Brücke, dem Pont Vell gekrönt wird. Nur in der regenreichen Winterzeit führt der Riu etwas Wasser. Bis ins 18. Jahrhundert war der Fluss jedoch für die Bewässerung und das Betreiben der Mühlen in der Ebene wichtig.

Gegenüber auf einem Hügel fällt dem Besucher sofort die beeindruckende Anlage des Puig de Missa ins Auge, eine der bekanntesten Sehenswürdigkeiten der Insel, inklusive zweier Museen.

Im Ort selbst halten sich die Attraktionen in Grenzen – aber er lebt. Die spanischen, britischen und deutschstämmigen Einwohner leben hier übers ganze Jahr, gehen ihren Geschäften nach und genießen die Atmosphäre einer Stadt, in der man nach dem Tagwerk barfuß von der Wohnung an den Strand gehen kann. Die Stadt bietet als einzige der drei großen Zentren Ibizas gleich zwei attraktive Stadtstrände. Zwar gibt es auch die unvermeidlichen Bettenburgen, rein äußerlich wirken sie aber wenigstens in sich geschlossen und strahlen, durch die rosa Brille betrachtet, den

Beeindruckende Kulisse: die Akropolis von Santa Eulària

Charme der Anfänge des Massentourismus aus. Die Rambla, der vornehme Jachthafen und die gepflegte Uferpromenade zeugen von Niveau – ganz anders als etwa der Vorzeige-Chic in Eivissas Botafoc und die größtenteils hässliche, unbebaute Promenade von Sant Antoni de Portmany.

Im Sommer zahlt es sich buchstäblich aus, in Santa Eulària zu logieren, aber auch im Winter, denn die Bürgersteige werden auch außerhalb der Saison nicht etwa »hochgeklappt«, und daher ist auch im Winter abends immer ein nettes Restaurant zu finden. Seit Neuestem verfügt Santa Eulària über das einzige Kultur- und Kongresszentrum Ibizas, das auch architektonische Ansprüche anmeldet, sogar in Bezug auf ökologische Bauweise.

Unter arabischer Herrschaft hieß das Gebiet um Santa Eulària noch »Xarc« und erhielt erst nach der katalanischen Eroberung seinen heutigen Namen. Direkt nach der Eroberung wurde eine Kapelle gebaut, die allerdings zu Beginn des 16. Jahrhunderts durch Angriffe zerstört wurde. Wenig später erbaute man die heute existierende Kirche Puig de Missa, die im 17. und 18. Jahrhundert erweitert wurde. Ein Dorf existierte bis dahin noch nicht. Der Bau der Brücke (heute Pont Vell) erleichterte den Zugang zu den Mühlen und leitete den Beginn einer infrastrukturellen Entwicklung ein. Durch den Bischof Eustaquio de Azara wurde Santa Eulària zu einem Dorf. Er erwarb das Land um die Kirche und baute Häuser, in denen sich nach kurzer Zeit die ersten Familien niederließen. Im Jahre 1833 wurden die Gemeindegrenzen endgültig festgelegt und Santa Eulària wurde Hauptort des gleichnamigen Bezirks.

Santa Eulària del Riu

Sehenswert
1 Església Es Puig de Missa
2 Museu Etnològic des les Illes Pitiüses
3 Museu Barrau

Übernachten
1 Aguas de Ibiza
2 Hostal Buenavista
3 Can Parramatta
4 Les Terrasses
5 Hotel Tres Torres
6 La Colina

Essen & Trinken
1 Casa Colonial
2 El Naranjo
3 The Royalty
4 Rincon de Pepe
5 Babylon Beach
6 Mezzanotte
7 La Cueva
8 Vegi at Chet's Jazz Café

Einkaufen
1 Es Mercat
2 Plaça Isidor Macabich
3 Werner Salewski
4 Sal de Ibiza Store
5 Bodega Tagomago
6 Tot-Test

Aktiv
1 Volkstanz
2 Passeig Maritim
3 Centro Deportivo Nautico Boca Rio
4 Kandani

Abends & Nachts
1 Guarana
2 Café Mirage
3 Sansara

Wehrkirche Església Es Puig de Missa ! 1

Zufahrt über die Umgehungsstraße, hinter dem Berg in die Carrer del Sol (beschildert), geöffnet sonntags 11 Uhr (Messe), ansonsten nach Terminvereinbarung: Tel. 971 33 00 71

Es ist schon beeindruckend, was da bei der Anfahrt nach Santa Eulària auf den Besucher zukommt: der mächtige, weiß gekrönte Kirchhügel Puig de Missa (»Gottesdienst-Hügel«) gegenüber der heutigen Stadt braucht sich wahrlich nicht zu verstecken, ist er doch der geografische wie touristische »Höhepunkt« der Stadt. Auf dem 52 m hohen Puig de Missa steht die imposanteste Wehrkirche Ibizas mit einem dazugehörigen Friedhof. Unmittelbar gegenüber befindet sich das ethnologische Museum der Pityusen, das über das alte Leben Ibizas Aufschluss gibt, sowie ein privates Kunstmuseum mit Bildern des in Santa Eulària wirkenden Laureà Barrau. An dieser strategisch bedeutsamen Stelle stand schon zu maurischen Zeiten eine Moschee. Nach der Rückeroberung durch die Spanier entstand im 14. Jahrhundert auf ihren Trümmern eine Wehrkirche, die allerdings 1555 den angreifenden türkischen Piraten nicht standhalten konnte. Erneut wurde sie bis auf die Grundmauern niedergerissen. Wenig später wurde jedoch vermutlich der Architekt Giovanni Batista Calvi, der Erbauer der Stadtmauer Eivissas, von Philipp II. mit dem Bau einer neuen Kirche beauftragt, der heutigen Wehrkirche Església Es Puig de Missa aus dem Jahr 1568. Geweiht ist sie selbstverständlich der heiligen Eulalia, ebenfalls Schutzpatronin von Barcelona, die unter römischer Herrschaft als Märtyrerin starb. Im 17. Jahrhundert kamen die zwei Seitenschiffe sowie die für das ländliche Sozialleben wichtige Vorhalle (*portxo*) hinzu.

Selten wurde eine Kirche in einem solchen Maße als Verteidigungsanlage vor Angreifern konzipiert. Zeitweise befand sich sogar ein festes Waffenarsenal im Inneren, mit dem man aus den Scharten die Angreifer in die Schranken wies. Rund um die Kirche wurden immer mehr Häuser angebaut, Ursprung der Siedlung Santa Eulària und bis weit ins Land sichtbare weiße Festung. Auch der Blick über die Region und das Meer sind den Aufstieg wert. Zur Kirche gehören ein Friedhof mit den typisch spanischen »Schränken« und Fotos der Verstorbenen sowie ein schöner Kreuzgang.

Museu Etnològic des les Illes Pitiüses, Finca Can Ros 2

Neben der Kirche Puig de Missa, Tel. 971 33 28 45, April–Sept. Mo–Sa 10–14 und 17.30–20 (Winter nur Di–Sa 10–14), So 11–13.30 Uhr (Eintritt frei), vom 20. Dez. bis 20. Jan. geschlossen

Das Ethnografische Museum gegenüber der Wehrkirche Es Puig de Missa befindet sich in einem ehemaligen Bauernhof und dokumentiert anschaulich das alte ibizenkische Landleben – jedoch nur auf katalanischer Sprache. Zu sehen sind neben ehemals traditionellem Hochzeitsschmuck und authentischer historischer Kleidung auch eine komplette Küche, eine Weinkelterei und eine Ölpresse. Das echte Ambiente einer Finca verstärkt die Eindrücke ursprünglicher, ibizenkischer Lebensweise, die man in der Ausstellung gewinnen kann.

Wehrhaft und doch anmutig bot die Eingangshalle der Església Es Puig de Missa jahrhundertelang den Einwohnern von Santa Eulària Schutz

Museu Barrau 3

Puig de Missa. Tel. 971 33 00 72. Ganzjährig, offiziell Di–Fr 10–14 (Sommer), 10–13 Uhr (Winter), jedoch häufig geschlossen

Der katalanische Impressionist Laureà Barrau i Buñol (1863–1957) kam 1912 zum ersten Mal nach Ibiza, wollte verständlicherweise nicht wieder weg und bezog wenig später für den Rest seines Lebens das Wohnhaus in Santa Eulària, in dem heute seine Ausstellung untergebracht ist. Daher gilt er heute auch als echter Eulàrienc und liegt auch hier auf dem Hügel begraben. Ein *nice-to-have,* das ohnehin aufgrund ständig wechselnder Öffnungszeiten ein Glücksspiel ist.

Übernachten

Für Stars – **Aguas de Ibiza 1**: Carrer Salvador Camacho 9, Tel. 971 31 99

Mein Tipp

Entspannung nach einem anstrengenden Tag – Hostal Buenavista 2

So ein Kulturausflug kann sehr anstrengend sein – vor allem im Sommer und ganz besonders, wenn Sie den Puig de Missa auf Schusters Rappen erobert haben. Eine echte Erfrischung bietet da das Hostal Buenavista: nicht nur an der Bar, sondern auch im Pool, der allen zahlenden Gästen zur Verfügung steht, oder im Höhlenrestaurant. (Camino Viejo De La Iglesia 9, Tel. 971 33 00 03, www.buena-vista-ibiza.com, auch zum Logieren).

91, www.aguasdeibiza.com, DZ 150–315 €. Mit fünf Sternen weit und breit das neueste, modernste und teuerste Hotel der Stadt, unweit des Kongresszentrums gelegen. Es ist allerdings keineswegs ein 08/15-Kongresshotel, sondern hat sehr geschmackvoll eingerichtete Zimmer und bietet Thalassotherapie, Wellnessclub, Dach-Chill-out mit Blick auf die gegenüberliegende Küste – und ganz zeitgemäß ökologisch korrekt.

Zum Abheben – **Can Parramatta 3**: Sa Rota den Cosmi 63, Tel. 971 33 69 43, www.parramatta-ibiza.com, DZ 175–325 €. Das Hotel darf sich nicht Agroturismo nennen, da nach 1940 erbaut, ist aber dennoch ein schönes Landhotel. Nach Bedarf bietet es alle »Extrawürste« wie Massage und Yoga, und sogar Jacht- oder Automiete. Das etwa 15 Fußminuten von Santa Eulària entfernte, sehr familiär geführte Landhotel liegt inmitten eines zwei Hektar großen Olivenhains. Noch heute wird hier hauseigenes Olivenöl gewonnen. Mit sechs Suiten und einem Doppelzimmer. Sehr großzügiger Swimmingpool. Die Zimmer sind dem Hobby des Hausherren gemäß nach Falkenarten benannt.

Filmkulisse – **Les Terrasses 4**: Straße von Santa Eulària nach 1 km beim blauen Stein, Tel. 971 33 26 43, www.lesterrasses.net, März bis Mitte Nov., DZ 125–350 €. Besonders geschmackvolle Finca mit romantisch eingerichteten Zimmern, Tennis, Pool und – wie es sich für Franzosen gehört – sehr guter Küche. Besonderheit: Service für Film- und Fotoproduktionen inklusive Equipment, Catering (die Küche!) und Transport.

Dominant-chic – **Hotel Tres Torres 5**: Bahia Ses Etaques, Tel. 971 33 03 26, www.ecohoteles.com, DZ 100–220 €. In der Nähe des Sporthafens, aber ruhig gelegenes Großhotel inklusive »Kunstgalerie« und Animation. Wegen der kurzen Wege ist das Haus bei Senioren sehr beliebt.

In aller Stille – **La Colina 6**: an der C 733 Richtung Eivissa, nach 5 km vor dem Schild zur »Casa Colonial« rechts, Tel. 971 33 27 67, www.lacolina-ibiza.com, Feb.–Okt., DZ 70–110 €. Schweizerisch geführtes Etablissement vor den Toren der Stadt, seelenruhig, mit schönem Frühstücks- und Kaminraum, Bar und dem bei Schweizern üblichen aufmerksamen Service, inklusive geführter Wanderungen im Winter.

Die kleine englische Art – **Ca's Català**: etwas außerhalb, dem Carrer del Sol nach Norden folgen, Tel. 971 33 10 06, www.cascatala.com, DZ 115–130 €. Im Winter geschlossen. Nettes, von Engländern geführtes Hostal am Fuße des Berges mit Pool und Garten – quasi eine »Oase der Ruhe« mit familiärer Atmosphäre während der tobenden Saison: Bei den Getränken kann man sich im Notfall auch selbst bedienen und auf Vertrauensbasis aufschreiben.

Essen & Trinken

Santa Eulària hat eine »Fressgasse«, den **Carrer de Sant Vicent** mitten in der Stadt, die aber nicht unbedingt den Charakter der berüchtigten »Schinkenstraße« im mallorquinischen El Arenal aufweist. Dort und außerhalb gibt es die folgenden Tipps:

Mein Tipp – **Casa Colonial** 1: s. Kasten rechts.

Unter Orangen – **El Naranjo** 2: Carrer Sant Josep 31, Tel. 971 33 03 24, Di–So 18.30–23.30, Winter 13.30–15.30 und 19.30–23.30 Uhr, Hauptgerichte 19–23 €. Parallel zur »Fressgasse« Carrer de Sant Vicent hübsch gelegenes, mit Orangenhain ausgestattetes Kreativ-Restaurant der ersten Stunde: seit 30 Jahren zitiert die »Orange« schon Highlights aus europäischen Küchen.

Dabeisein – **The Royalty** 3: Carrer Sant Jaume, Ecke Plaça de Espanya, Tel. 971 33 18 19, 8–1, Winter 8–23 Uhr. Beliebtes Café zum Ausschauhalten und Frühstücken, Kuchenessen und Ersten-Longdrink-Nehmen.

Tapas satt – **Rincon de Pepe** 4: Carrer Sant Vicent 53, Hauptgerichte 8–17 €, So Ruhetag (im Winter Mi). Urige, gute Tapas-Bar und origineller, preiswerter Fels in der Brandung der Carrer Sant Vicent, wo sich Essladen an Essladen reiht.

Bio-Bar – **Babylon Beach** 5: Barrio Sa Caleta, 20 (nicht verwechseln mit Sa Caleta im Süwesten), Tel. 971 33 21 81, www.babylonbeachbar.com. Vom grünen Salat bis zum Bio-Burger *by the sea:* Hier kann der Abend schon mal länger werden.

Hafenatmo – **Mezzanotte** 6: Passeig de s'Alamera, 22, Tel. 971 31 94 98. Hübsches, am Hafen gelegenes kleines Bistro zum Draußensitzen und Genießen.

Italienisch-modern – **La Cueva** 7: Carrer San Vicente 29, Tel. 675 97 41 69, www.restaurantlacueva.com. Leonardo, Riccardo und Ana zaubern eine italienische, um einen spanischen Hauch ergänzte Küche auf den Tisch – preiswert mit besten Zutaten.

Mein Tipp

Kulinarisches aus aller Herren Länder – Casa Colonial 1

Ein Münchener Gastronom nimmt auf seinen Weltreisen alles mit, was ihm gefällt – dazu zwei Kumpels aus Übersee –, und konzentriert es auf der Weltenbummlerinsel Ibiza. So entsteht an der unspektakulären Landstraße nach Santa Eulària auf einem Hügel ein kultureller und kulinarischer Mix zwischen Chill-out und Buddha, bayerischer Forstwissenschaftsliteratur im großväterlichen Eichenschrank und jede Menge anderer interessanter Requisiten aus aller Herren Länder. Und das Essen erst ... Durch den thailändisch-europäisch-französischen Küchenmix stellt etwa eine Art Matjes neben einer essbaren Blüte zum typisch thailändischen Cocktail einen »Gruß aus der Küche« dar. Weiter geht's mit Spezialitäten aus dem Wok oder dem Olivenholzofen. Und wer es nicht lassen kann, bestellt sich zum Nachtisch ganz kolonialistisch eine dicke Zigarre zum Champagner an den Kamin. Donnerstags im Sommer gibt es stimmungsvolle Live-Konzerte (An der Straße von Santa Eulària bei km 2, Tel. 971 33 80 01, www.casa-colonial-ibiza.com, Menü 36 €).

Junges Gemüse – **Vegi at Chet's Jazz Café** 8: Cala Vicente 19, Tel. 971 59 20 63. Nettes, jazziges Café ohne Schnörkel, dafür aber mit veganen Gerichten.

Einkaufen

Für Selbstversorger – **Es Mercat** 1: Carrer del Sol, vormittags außer Sonntag. Santa Eulàrias »Bauch«! Die Markthalle, mit täglich frischem Gemüse-, Fleisch- und Fischangebot, ist ein Erlebnis – nicht nur für Selbstversorger.

Shoppen mit Niveau – **Rund um die Plaça Isidor Macabich** 2: Wo Menschen ganz natürlich leben, haben sie auch normale Bedürfnisse. Über den touristischen Bedarf hinaus kann man an dem kleinen Platz am Ende des Carrer Macabich, zwischen dem Carrer de Moulins und dem Carrer del Mar, sehr hochwertig einkaufen: Markenboutiquen bieten Kleidung, Dessous, Kindermode, aber auch kreative Flechtware oder Öko-Haarshampoo.

Erste S'Alami am Platze – **Werner Salewski** 3: Passeig S'Alamera 17, Mo–Fr 8.30–14 und 17–20.30, Sa 8.30–14 Uhr. Fleisch ist Ihr Gemüse? Dann nix wie hin! Wer fürs Erste mal genug von Knoblauch, Sobrasada und Botifarra hat und sich einfach mal wieder nach echter deutscher »Wurscht« sehnt, kommt hier auf seine Kosten. Nicht nur bei Deutschen, auch bei den Einheimischen sehr beliebt – das gilt nur eingeschränkt fürs Sauerkraut.

Das Salz der Erde – **Sal de Ibiza Store** 4: Carretera Sta Eulària km 3,4, Tel. 637 07 92 49, www.saldeibiza.com. Im offiziellen Store der Marke Sal de Ibiza gibt es neben Speisesalz aus dem Naturschutzgebiet Parc Natural de Ses Salines alles Mögliche wie Fleur de Sel, Chips, Nüsse (nur Sommer).

Insel-Weine und Hierbas – **Bodega Tagomago** 5: Carrer Sant Jaume 69, April–Oktober, Mo–Sa 9–22 und 18–22, So 9–13.30 Uhr. Die bekannten Hierbas-Marken bekommen Sie auch im Duty Free kurz vor dem Abflug, hier bekommen Sie spezielle Kreationen und die Inselweine.

Keramik vom Land – **Tot-Test** 6 **et. al.**: An der Landstraße E1300 Eivissa Santa Eulària zw. km 2,4 und 3,4. Sommer 10–20.30, Winter Mo–Sa 10.30–13.30 und 15.30–19 Uhr. Das klassische rote, tönerne Kunsthandwerk Ibizas, so weit das Auge reicht – aber auch Buntes aus ganz Spanien. Im Sommer gibt es noch zwei weitere Keramikgroßhandlungen in unmittelbarer Nachbarschaft.

Aktiv

Zum Schauen – **Volkstanz** 1: Im Sommer wird an jedem ersten und dritten Samstag im Monat vor dem Rathaus (Plaça d'Espanya, 1) der traditionelle Tanz Ibizas aufgeführt.

Zum Joggen – **Passeig Maritim** 2: Lauffreunde haben im Urlaub oft das Problem, keine geeigneten Strecken zu finden. Eine erfreuliche Ausnahme ist Santa Eulàrias Stadtpromenade Passeig Maritim, die sich über drei Kilometer hinzieht. Sie verläuft vom Kap Ses Etaques um den Jachthafen bis in den Vorort Siesta direkt am Strand entlang, meistens unter schattenspendenden Bäumen.

Zum Abtauchen – **Centro Deportivo Nautico Boca Rio** 3: Platja Santa Eulària del Riu, Tel. 971 33 00 44 (auch Parasailing), sowie **Club Nautico:** Tel. 971 31 33 63.

Zum Ausfahren – **Kandani** 4: Carrer César Puget 27, Tel. 971 33 92 64. Der »Allrounder« in Sachen Rad an der Ostküste. Verleih von allen Sorten Rädern vom gemütlichen Treter mit Körbchen (15 €/Tag) bis hin zum Marken-Mountainbike (15–30 €) oder Rennrad (35 €). Bei längerer Miete und Gruppentouren wird es billiger. Auch geführte Radausflüge.

Abends & Nachts

In Santa Eulària leben viele Menschen, die großen Wert auf ihre Ruhe legen – und die Urlauber tun es ihnen meist gleich. Aber auch hier gibt es natürlich Ausnahmen. Besonders der von Cafés und Touri-Läden gesäumte Jachthafen verwandelt sich abends in eine quirlige Amüsiermeile. Die Verteuerung der Jachtliegegebühr auf Eivissa-Niveau ist zudem ein Indiz für die zunehmende Schickisierung der Stadt.

DJ Culture – **Guarana** 1: im Jachthafen. Ab 22 Uhr. So etwas wie Stimmung à la Chill-out und Disko zu zelebrieren, probiert man in Santa Eulària natürlich auch. Am besten gelingt das noch im Guarana – vor allem mit Hilfe überregional bekannter DJs.

Ironisch ausgehen – **Café Mirage** 2: im Jachthafen, www.cafe-mirage.com. Unter den markanten lila Markisen jeden Abend Late-Night-Entertainment für die ganze Familie, sprich: Skiffle, Rock'n'Roll oder auch mal Ibiza-Flamenco. Und morgens schon wieder Café. Sonntags Karaoke. Zum Einstimmen: Auf der Website singt Julio Iglesias »Amor, Amor« ...

Außerhalb

Livemusik und Liege-Ecken – **Sansara** 3: an der Straße zwischen Santa Eulària und Sant Carles, Di Ruhetag. Gemütliches, auf Entspannung bedachtes Restaurant mit vegetarisch-asiatischem Einschlag im Hippie-Stil und dem Bemühen, Kreative anzulocken. Donnerstags ist beispielsweise »Open Stage«, wer sich für einen Künstler hält, kann sich provisionsfrei ausstellen (bei Leopold melden). Im Winter laufen montags im Minikino Filme in deutscher Sprache (Beginn 20 Uhr).

Strände in Santa Eulària

Platja de Santa Eulària des Riu ▶ H 4

Obwohl direkt am Ende der Rambla gelegen, ist der 300 m lange Strand doch wegen der außergewöhnlichen Transparenz des Wassers und der Qualität des feinen Sandes vollkommen annehmbar. Sanfter Einstieg ins Wasser, daher auch ideal für Familien. In dieser gut besuchten Bucht steht natürlich jede Art von Service zur Verfügung. An der Seepromenade, die entlang der Küste verläuft, gibt es Bars, Restaurants, Geschäfte und ein unermessliches Angebot, das jeden längeren Gang ins Zentrum überflüssig macht.

Platja des Riu de Santa Eulària ▶ H 4

An dem 400 m langen Strand direkt an der Mündung des Flusses, der selten einer ist, liegt ein kleiner Hafen. Der Strand weist aufgrund des Ausflusses mehr Kies, Felsen und Algen auf als sonst üblich. Beliebter Treff für Kanufahrer und Segelsportler. Breites Angebot für all jene, die Wassersport betreiben möchten. Von hier aus wird es bereits wieder rustikaler, wie etwa auf dem Wanderweg Richtung Cala Llonga.

Caló de s'Alga ▶ H 4

Etwas weiter südlich an der *urbanización* Siesta gelegene Minibucht von 25 m Länge mit feinem Sand, die schon wieder wesentlich idyllischer gelegen ist. Roter Sand, an den Seiten Fels, türkisfarbenes Wasser und wie immer ein kleiner Kiosco mit Liegen- und Schirmverleih.

Das Beste auf einen Blick

Die Ostküste und das Hinterland

Highlight !

Santa Gertrudis de Fruitera: Ländlicher Essenstreff im Herzen der Insel, mittlerweile auch die »Restaurant-Hauptstadt« Ibizas genannt. Selbst viele, die nur wegen des Nachtlebens auf die Insel kommen, fühlen sich verpflichtet, wenigstens einmal bei »Costa« hereinzuschauen. S. 234

Auf Entdeckungstour

Der Weg des Wassers – Wanderung zur maurischen Wasseranlage von Es Broll: Welche Bedeutung das Wasser für Ibiza hat, verdeutlicht der Kulturpfad Son Buscatell, der an kleinen Kult-Quellen, jahrtausendealten, noch intakten Bewässerungssystemen, Kultstätten, Bachverläufen und Zisternen entlangläuft. S. 228

Vielfalt auf dem Teller – die »Restaurant-Road«: Auf einem einzigen Straßenabschnitt mitten auf dem Land trifft man ganz Ibiza auf dem Teller an. Eine kulinarische Reise von uribizenkischer bis zur modernen Küche. S. 236

Kultur & Sehenswertes

Keramik in Sant Rafel: Die alte Handwerkskunst Ibizas wäre vom Aussterben bedroht, gäbe es nicht diese zwei Betriebe direkt nebeneinander. S. 231

Aktiv unterwegs

Hipódromo Sant Rafel: In ländlicher Romantik Trabrennen genießen und dabei schöne Pferde beobachten. S. 230

Mountainbike-Tour rund um Santa Gertrudis: Die Gegend rund um Santa Gertrudis, ihre Wacholderwälder und die fantastisch erhaltene arabische Wasseranlage Es Broll sind Orte, die den meisten Ibizabesuchern verschlossen bleiben, da sie fernab aller touristischen Wege liegen. Mit dem Mountainbike oder Trekkingrad sind sie ideal zu erreichen. S. 234

Genießen & Atmosphäre

El Clodenis in Sant Rafel: Edel speisen mit Weitblick über die Ebene von Eivissa, und wer weiß, anschließend in die Disko? S. 231

Abends & Nachts

Privilege & Underground bei Sant Rafel: In der Großdiskothek mit weltberühmten »hosts« wird bis in die Morgenstunden hervorragend aufgelegte Techno-, Trance- und Dance-Musik zelebriert. Auch auf der anderen Straßenseite lockt ein netter Party-Club. S. 231

Ländlicher Charme trifft auf Großdiskotheken

Durch die neue Autobahn C 731 von Osten nach Westen hat die Mitte Ibizas einen deutlichen Einschnitt erfahren. Nun geht es flott von der Hauptstadt Eivissa hinüber nach Sant Antoni – aber für welchen Preis: Wo früher auch nur eine verträumte Landstraße den Weg wies, mussten geschockte Anrainer zusehen, wie ihr stolzer Besitz zur lärmgeplagten Randexistenz auf Raststättenniveau verkommt – auch wenn ihr der Protest der Bevölkerung sicher war. Gewollt hat die große Straße außer den Investoren niemand so recht. Nun zuckelt man mit Maximaltempo 80 von Kreisverkehr zu Kreisverkehr und fragt sich, wieso man die ca. 15 km überhaupt schnell zurücklegen sollte. Das passt nicht zu Ibiza.

Trotzdem – und trotz einiger anderer Errungenschaften moderner Zivilisation wie etwa den Großdiskotheken – hat sich im Hinterland ein ländlicher, friedlicher Charme erhalten können. Wenn man schon ein Auto hat, sollte man es für ein paar Landpartien nutzen. Ganz nach dem Motto: Wer vom Weg abkommt, bleibt nicht auf der Strecke.

Landschaftlich hebt sich Ibizas »Mittelerde« nicht von ihrer Umgebung ab – dafür kann man auf anderen Ebenen deutliche Unterschiede feststellen. In der ehemaligen Töpfermetropole Sant Rafel sind beispielsweise im Winter die Bordsteine hochgeklappt – wie auch in vielen Dörfchen der Umgebung. Im Sommer dagegen gibt es außer Ton, Steine und Scherben auch edle Party-Restaurants und die zweitgrößte Diskothek der Welt. Santa Gertrudis ist zwar ein Dörfchen, aber aus irgendwelchen Gründen für viele Ibiza-Fans ein absolutes Muss auf der Stippvisiten-Karte. Aus irgendwelchen Gründen? Sie gilt immerhin als die »Restaurant-Stadt« Ibizas! Die Küste weist Ibizas einzigen Golfclub und ein paar hübsche Buchten auf. Dazwischen gibt es Trabrennen, mit dem Bambuddha Grove das kulinarische Lebenswerk eines Weltenbummlers und eine Ruhe zu entdecken, die jeglichen Diskolärm vergessen macht.

Infobox

Touristeninformation
Fremdenverkehrsamt von Santa Eulària del Riu, Cala Llonga (Strand), Tel. 971 33 07 28, Mai–Okt. 10–14 Uhr.

Strände an der Ostküste

Cala Llonga ▸ H 5

Die 190 m lange und 100 m breite Bucht mit ihrem hellen, feinen Sandstrand befindet sich inmitten der gleichnamigen Touristensiedlung. Zwischen hohen Bergformationen an der Mündung eines kleinen Sturzbaches und umgeben von üppiger Vegetation haben Tausende von Urlaubern die Gelegenheit, ihre Ferien oder ihr Dasein zwischen Strand und Hotel zu fristen. Entsprechend ist natürlich jede

Aus alten Fincas des Hinterlandes entstehen sensationelle Agroturismos: hier die edle Can Lluc

Möglichkeit zur wassersportlichen Entfaltung geboten und es gibt Bars und Restaurants, in denen man Englisch spricht. Am Fuß der umliegenden Steilküste hat man allerdings auch die Möglichkeit, die fast menschenleeren Felsnischen sowie ein paar kleine, schwer zugängliche Buchten wie etwa die Cala Blanca im Norden oder die Salt d'en Serra zu entdecken. In ihnen kann man sich ebensogut, aber wesentlich ruhiger entspannen. Wenn auch bei Weitem nicht mit dem üppigen Service wie in der Cala Llonga.

Übernachten

Habitation Golf – **Agroturismo Can Pere:** Landstraße Jesús–Cala Llonga Höhe km 7,5, Tel. 971 19 66 00, www.canpereibiza.com, DZ 125–175 €. Eine weite Anfahrt in recht einsamer Gegend, die sich vor allem für die Golfer als Herberge auszahlt (1,5 km entfernt). Das schöne Anwesen im Kolonialstil des 19. Jh. bietet ein Restaurant und einen herrlichen Blick über Täler und Felder aus individuell eingerichteten Zimmern. Neben dem Golfen lässt es sich in der Umgebung trefflich wandern, joggen oder trekken.

Fast nebenan – **Agroturismo Can Domo:** Landstraße Jesús–Cala Llonga km 7,6, Tel. 971 33 10 59, www.candomo.com, DZ 90–300 €. Das James-Bond-Thema auf der Homepage ist ein Wink mit dem Zaunpfahl: Hier würde sich der Geheimagent mit ein paar Grazien nicht lange einsam fühlen. Vom Design her naturbelassener

Mein Tipp

Gran Lluxus – Can Lluc
Ein ibizenkischer Agriturismo muss immer um eine ursprüngliche Finca herum gebaut sein – was der Erbe der Can Lluc, Lucas Parts, sich nicht hat zweimal sagen lassen. Mittlerweile liegen rund um die uralte Finca zwölf gemütliche Zimmer und ein Pool mit Bullaugen, aus denen man in einen Konferenzraum blicken kann (üblicher wird es umgekehrt sein). Dazu gesellt sich eine neuere Siedlung von Apartments. Im Whirlpool schaut man weit in die Täler, und abends braucht man zum Dinner gar nicht weg: Das Restaurant Olea bietet Kulinaria auf höchstem Niveau. Einige Apartments sind mit Kitchenette ausgestattet (nördl. an der Landstraße PMV-812-2 Richtung Santa Agnès, rechts in den Camí des Tercet, Tel. 971 19 86 73, www.canlluc.com, DZ 180–300 €).

rustikaler Chic, vom »Sonnen«- bis zum »Erd«-Zimmer jeweils mit den Farbtönen spielend.

Essen & Trinken

Tu felix Cala Longa – **La Casita:** Urbanisation Valverde/Cala Llonga, Tel. 971 33 02 93, http://ibizalacasita.com, Dienstag Ruhetag. Eine Entdeckungsreise der besonderen Art führt zu österreichischer Küche, wo man sie nicht vermutet – aber es gibt sie schon seit über dreißig Jahren: In der Urbanisation Valverde zwischen Santa Eulària und der Cala Longa kann man tatsächlich ›zum Österreicher‹ gehen, dort trifft man neben Palatschinken und Apfelstrudel zu Preisen im Mittelfeld auch internationale Küche an, gepaart mit sehr romantischem Flair. *Tu felix Austria,* möchte man da ausrufen.

Für Cliffhanger – **Amante:** C/Fuera SN, Sol d'en Serra Beach, Tel. 971 19 61 76, www.amanteibiza.com, Mai–Okt. tgl. außer Di, Küche von 12–24 Uhr. Der Beach Club-Gewinner des ›White Ibiza Reader's Choice Award 2012‹ ist eng an die Kliffs geheftet. Die Lage lässt nur einen schmalen Gang zu, sodass die Liegen und Sunbeds schnell belegt sind. Innen kann man mit einem herrlichen Blick über die Bucht Sol d'en Serra moderne mediterrane Küche genießen. Regelrecht gemütlich ist es hier. Im Sommer dienstags um 9 Uhr morgens Yoga und Frühstück.

Aktiv

Es kann nur einen geben – **Ibiza Golf/ Golf de Roca Llisa:** Landstraße Richtung Jesús – Cala Llonga bei km 9,3. Tel. 971 19 61 18. Green-Fee 90 €/Tag, für Kinder in Begleitung 20 €, Caddy 41 €. 9-Loch- und 18-Loch-Platz sowie Driving Range. Auch geführt unter »Ibiza Golf«. Der einzige Golfplatz Ibizas, der nach einem Bauskandal mittelfristig wohl auch der einzige bleiben wird. Er gilt als »sehr schön gelegen, aber nicht leicht« zu spielen. Das liegt vermutlich an der wirklich idyllischen Einbettung der Löcher und Abschläge in die sehr hügelige und teils bewaldete Landschaft.

Cala Olivera ▸ G 5

Eine der abgelegeneren und kleineren Strandbuchten der Insel – aber nicht unbedingt sehr »einsam«. In der Hauptsaison steuern viele der Einwohner der privaten Nobel-Urbanisation Roca Llisa den kleinen Strand an. Der Weg führt direkt über das Gelände der Siedlung – eine Art »Gated Community« mit Videoüberwachung, Checkpoint und Schranke –, obwohl der Strand frei zugänglich ist. Nach etwa zwei Kilometern Schotterweg erreicht man den wahrscheinlich einzigen Badestrand Ibizas ohne Kiosk, Liegen und Sonnenschirme. Hier treffen sich Insider, die die absolute Ruhe schätzen. Auch sehr viele FKK-Gäste liegen in den Klippen rings um den kleinen Kiesstrand, der mit kristallklarem Wasser und wahrlich Natur pur aufwartet. Die Parkmöglichkeiten sind hier allerdings begrenzt.

Cala Espart ▸ G 5

Ebenfalls durch Roca Llisa erreichbar, nach der Schranke rechts. Die Bucht mit Kieselstrand ist noch einsamer, noch kleiner und hat noch weniger Annehmlichkeiten – dafür herrliches Wasser, das ideal zum Schnorcheln ist.

Platja s'Estanyol ▸ G 5

Auf der Straße zwischen Jesús und Talamanca beim Fußballstadion rechts abbiegen. Weiter geradeaus, ist der Strand nach etwa 1,5 km ausgeschildert. Es geht eine sehr holperige Straße immer geradeaus hinunter. Wenn man glaubt, es kommt nichts mehr, ist es nicht mehr weit. Wenig besuchte, aber sehr schöne, etwa 70 m breite Bucht mit bräunlichem, mittelkörnigem Natursand. Entlang der Küste schlängeln sich mehrere Wanderwege mit sensationellen Küstenpanoramen. Unten wartet einer der interessantesten Chill-outs der Ostküste Ibizas. Natürlich geht die Sonne auf dieser Seite nicht frontal unter, wirft aber mit ihren letzten Strahlen ein wunderbares Rosa an die Felsen.

Abends & Nachts

Einsam groovt der Clubber – **PK2** in **S'Estanyol:** zwischen Eivissa und Santa Eulària (nicht verwechseln mit gleichnamiger Bucht weiter nördlich von Santa Eulària), www.pk2ibiza.com. Wann haben Sie das letzte Mal an einem Dienstagmorgen am Strand »Disko gemacht«? Der Strand von S'Estanyol ist einer der abgeschiedensten der Insel und nur über eine lange, von Schlaglöchern gesäumte Schotterpiste zugänglich, sodass sich eigentlich nur Eingeweihte hierher verirren. Sven Väth unterbrach bislang die Ruhe des Strands, wenn er am Dienstag früh seine legendäre After-hour-Party des Cocoon-Clubs weiter steigen ließ. Ob das weiterhin erlaubt sein wird, muss sich in Zukunft noch zeigen. Das Strandrestaurant »PK2« (»Republik S'Estanyol«) liefert aber auch ohne Aftershow den coolen Soundtrack zum Beachlife. Manchmal dient der ganze Strand als Kulisse für Dinner-Events oder Hochzeiten.

Jesús ▸ F 5

Wie Talamanca und Puig d'en Valls ist der kleine Ort Jesús mehr ein Ort der Einheimischen als touristisch hervorstechend. Entweder passiert man ihn oder man ist hier untergekommen, ohne es vorher richtig zur Kenntnis zu nehmen. Auf jeden Fall liegt er strategisch recht gut, wenn man sich ein bisschen von Eivissa fernhalten, zum Strand mal in den Norden oder in den Süden fahren oder zum Dinner aufs Land fahren möchte – was ja sehr üblich ist. Die Dorf- und Wehrkirche Església Nostra Senyora des Jesús aus dem 16. Jahrhundert ist wegen ihres prächtigen Bildaltars beachtenswert – Hauptmotiv der sieben Bildtafeln ist die Muttergottes (geöffnet Di–Sa 9.30–13.30 Uhr). ▷ S. 230

Lieblingsort

Ein Hauch von Road-Movie
▶ E 4
... liegt in der Luft, wenn man sich abends mit dem Wagen von Sant Rafel kommend über die Berge schraubt und schließlich in die Vorebene von Santa Agnès hinunterfährt. Oder auch von Sant Antoni auf dem »Schweineweg« kommend. Denn hier kreuzen sich diese beiden Straßen, und weit und breit ist nichts außer der staubigen Kreuzung, Strommasten und ein einsamer Parkplatz. Wären da nicht einige wenige Häuser, ein kleiner Markt und das **Can Tixedo Art Café,** das einen recht lebendigen Eindruck macht: Willkommen in Forada, Fremder. Tritt ein und genieße unsere Tapas, trinke unseren Wein und gehe unseren in Laptops starrenden Hippies nicht auf den Geist. Trinke nicht zu viele Feuerwasser, setze deinen Weg in die tiefe Dunkelheit fort und komme wohlbehalten und beseelt an dein Ziel (Carretera Santa Agnès km 5, Tel. 971 345 248, Glas guter Rotwein 2 €, Tapa 4,30 €).

SANT ANTONI
C.P. Buscastell
SANTA AGNÈS
SANTA GERTRUDIS
SANTA AGNÈS

Auf Entdeckungstour: Wanderung zur maurischen Wasseranlage Es Broll

Welche Bedeutung das Wasser für Ibiza hat, verdeutlicht der Kulturpfad am Torrent Buscatell entlang, der an jahrtausendealten, noch intakten Bewässerungssystemen, Bachverläufen und Zisternen vorbeiführt.

Reisekarte: ▶ E 4–E 3

Planung: Von Sant Antoni stadtauswärts Richtung San Mateu, bis rechts an Abzweig ein Schild Richtung Buscatell weist. Bei der Kreuzung der PM V 812-2 geradeaus auf dem Wanderweg bleiben. Er führt an der Quelle Es Broll entlang bis San Mateu.
Dauer: Zu Fuß ca. 2–3 Stunden. Man kann den Weg auch mit dem Auto befahren oder per Mountainbike. Er ist aber relativ beschwerlich (teilweise eng, Steigungen).

Wasser – das Lebenselixier jeder Insel

»Pou« bedeutet Brunnen. Und gleichzeitig bedeutet es ibizenkisches Lebenselixier. Pous findet man überall auf der Insel und selbst wenn sie längst nicht mehr genutzt werden, haben sie für die Einwohner noch immer eine große Bedeutung. Zum Beispiel der **Pou de Forada** an der PM V 812-2, in dessen Nähe wir die Tour beginnen lassen. Früher lagen die Fincas – fast immer ohne Wasseranschluss – auf der wenig besiedelten Insel weit voneinander entfernt. Die Brunnen – deren Überreste meist noch zu sehen sind – waren die Orte, an denen man sich traf und Neuigkeiten austauschte. Sie waren Treffpunkt und Mittelpunkt dörflicher Feste, deren Anlass kleine, für das Dorf aber bedeutsame Ereignisse oder das Fest eines Schutzpatrons waren.

Seit über tausend Jahren kultiviert

Wie auf allen Inseln in warmen Gebieten ist Wasser kostbar, doch selten wird es so gut genutzt wie auf Ibiza – wie diese Tour beweist. Wenn man den Blick schärft, fällt es doch ziemlich schnell auf: Ibiza ist stark bewaldet und selbst dort, wo Bauern früher einmal das Land kultiviert haben – was man an den Parzellenmauern erkennt –, ist der Boden nicht ausgetrocknet und versteppt. Meistens macht eher der Wald Boden wett. Dies mag an den im Vergleich zu anderen Inseln, auf denen viel Wald gerodet wurde, besseren topografischen Bedingungen liegen. Ibiza kann aber auch für sich reklamieren, mitunter die ältesten Bewässerungssysteme weit und breit zu haben. So liegt auch im ›Brachland‹ zwischen Botafoch und Talamanca keineswegs Bauland, sondern eine riesige maurische Bewässerungsanlage. Zum noch aktiven Paradebeispiel maurischer Kultivierung geht es jetzt, durch das Tal von Buscatell hinauf zur Anlage Es Broll und weiter nach Sant Mateu.

Entlang eines sprudelnden Bachs

Ab der Abzweigung der **Straße nach Sant Mateu** begleitet uns auf unserem Feldweg bereits der Bach, der weiter oben aus der Quelle sprudelt. Nachdem es zunächst an einzelnen Häusern vorbeigeht, wird es langsam steiler. Wir wandern **»in den Berg hinein«** und schon hier fällt links und rechts auf, dass (außer im Hochsommer) die Felder doch recht üppig bestellt sind: Orangen- und Zitronenhaine gedeihen in dem engen Tal, natürlich neben all dem anderen, was der Bauer sonst noch so anbaut.

Festungsartige Idylle

Der Höhepunkt erreicht uns ganz augenfällig beim Anblick einer Anlage, die fast etwas von einer Burg hat: Gegenüber liegt ein **kleiner Turm.** Davor erstrecken sich schnurgerade kleine Kanälchen an Zitronen- und Orangenhainen vorbei, und das in einem engen Tal quasi mitten im tiefsten Wald: die Zisternen und Kanäle der Quelle von **Es Broll,** einer der ältesten Bewässerungsanlagen aus maurischer Zeit. Man kann sie teilweise begehen und staunen, wie gut sie auch heute noch funktionieren. Heute ist es auf Ibiza nicht mehr ganz so idyllisch ums Wasser bestellt, wie es beim Anblick der Anlagen erscheint. Die Pityusen haben gegen Touristenmassen zu kämpfen: Diese benötigen so viel Wasser, dass die Einwohner die Leidtragenden sind. Keine Region in Spanien zahlt mehr für Wasser. Wir wandern noch etwas weiter: Ein kurzer, **scharfer Anstieg** und man hat es auf die **Ebene vor Sant Mateu** geschafft, die übrigens vor Millionen Jahren ein See war.

Essen & Trinken

Zum Kreuz – **Croissantería Jesús:** Am Mittelpunkt des Ortes gelegene Kultbäckerei. Für viele ist sie die letzte Station vor dem Strand oder – wegen der hervorragenden Croissants – ein idealer Frühstücksort.

Puig d'en Valls ▸ F 5

Auch der kleine Ort nördlich von Jesús ist ein Dorf, das in erster Linie von Einheimischen bewohnt ist und von den Urlaubern überwiegend zum Schlafen genutzt wird. Zudem liegt es direkt an der Rennstrecke von Eivissa nach Sant Antoni und hat außer der Hierbas-Produktion von Marí Mayans keine wirklichen Attraktionen. Einsamer Höhepunkt ist eine vollkommen restaurierte Mühle, die man von der Hauptstraße aus gar nicht wahrnimmt, die aber 200 Jahre nach ihrer Entstehung im Jahr 1991 originalgetreu wiederhergestellt wurde. Außerhalb des Ortes konkurrieren zwei Agroturismos, die aber letztendlich zusammengehören, miteinander um den schöneren Flecken Erde (gut ausgeschildert).

Übernachten

Fruchtbar – **Ca n'Arabí:** nördlich von Puig d'en Valls, bei der Hierbas-Produktion »Marí Mayans« rechts, dann ausgeschildert, Tel. 971 31 35 05, www.canarabi.com, DZ 150–240 €. Wunderbar zwischen Obstbäumen gelegene ehemalige Molkerei der Jahrhundertwende. Hier kommt der Orangensaft direkt vom Baum ins Glas und auch andere Produkte sind aus ökologischem Anbau. Wunderschöner Pool, in arabischem Stil in Mosaike gefasst. Ohne Restaurant.

Can auch was – **Can Jaume:** Tel. 971 31 88 55, www.canjaume.org, DZ 140–260 €. Der zweite, neuere Agroturismo liegt gleich neben dem Ca n'Arabí. Mit ihm haben sich die Besitzer ihrer Meinung nach noch übertroffen. Das Kaminzimmer sieht schon fast wie ein deutsches Wohnzimmer aus.

Aktiv

Nebenstrecke – **Camí Vell de Sant Mateu:** Der »alte Weg« verläuft am nördlichen Ende des Ortes und war früher die Hauptverkehrsader zum nördlichen Sant Mateu. Heute ist er ein idealer Weg für Radfahrer, die nicht auf der Hauptstraße in den Norden wollen oder ihn teilweise für eine schöne Tagesradtour von Eivissa aus nutzen (s. S. 118). Außer dem »Montecristo«, der bald zur Linken erscheint, und dem Traber-Hippodrom zwischen Sant Rafel und Santa Gertrudis gibt es keine bedeutenden

Mein Tipp

All die schönen Pferde – Hipódromo de Sant Rafel ▸ E 4/5
Ein besonderes Vergnügen für die Ibizencos, eine echte Abwechslung im touristischen Rahmenprogramm: Im Unterschied zum Hippodrom in Sant Jordi werden hier keine Hippiemärkte, sondern – meistens samstagnachmittags – ausschließlich Trabrennen ausgetragen. Aber auch eine Besichtigung lohnt sich, vor allem, wenn man einen Blick auf die schönen Pferde werfen kann. Termine muss man beim Tourismusbüro erfragen (An der Landstraße PMV 812–2 Richtung Santa Eulària, erste Kreuzung links).

Sehenswürdigkeiten an der Strecke. Dafür ist sie aber einmalig einsam und ruhig. Und die Strecke zieht sich ganz schön in die Länge, was einiges an Kondition erfordert.

Sant Rafel ▶ E 4/5

Dorf der Gegensätze: Im Winter mau, im Sommer Diskometropole, wenn man's auch nicht gleich bemerkt. Auf jeden Fall war Sant Rafel früher die Ton- und Keramikmetropole Ibizas, als die Töpferei noch ein wichtiges Handwerk und bedeutender Wirtschaftszweig war. Letzteres kann man heute eher vom »Privilege« behaupten, bis vor Kurzem mit 10 000 potenziellen Besuchern die größte Disko der Welt. Davon, und auch von dem Trubel des gegenüberliegenden »Underground« oder des »Amnesia«, kann, muss man aber nichts mitbekommen. In der Ortsmitte und um die Kirche herum gibt es etwas Feines zum Dinieren und außerhalb etwas ebenfalls Gutes zum Übernachten. Die Kirche aus dem 18. Jahrhundert selbst ist ein Hin- und zugleich Weggucker, denn auch der Ausblick über die Ebene von Eivissa und auf die fern gelegene Hauptstadt ist ein romantisches Highlight par excellence. Und gleich nebenan kann man die Auserwählte dann chic zum Essen ausführen.

Essen & Trinken

Marrokanisch – **El Ayoun:** An der Hauptstraße im Ortskern, Tel. 971 19 83 35, www.elayoun.com, nur im Sommer. Das orientalische Interieur macht schon was her, doch mittlerweile will man mehr: Es gibt neben marrokanischer Küche auch Sushi, Musik, Events und einen Chic-up-Club, der zum Vorglühen fürs Pacha oder Amnesia dienen soll (bis 4 Uhr morgens geöffnet).

Impressionistisch – **El Clodenis:** direkt neben der Kirche, Tel. 971 19 85 45, Menü ca. 45 €. Glücklicherweise hat das Restaurant nach dem Tod des Chefs wieder eröffnet – provenzalische Küche gibt es in Ibiza ja nicht gerade häufig.

Einkaufen

Altes Handwerk – **Cerámicas Icardí** und **Can Kinoto:** hintereinander am Ortsausgang Richtung Sant Antoni (Tel. 971 19 82 62, www.cankinoto.com). Bei Icardí töpfert noch der Chef persönlich in seinem Kabäuschen direkt am Eingang: So verpasst er hinter seiner Drehscheibe nichts, während er Kunst herstellt und sich um die Zukunft der Keramik sorgt. Nebenan werden etwas bodenständigere Produkte wie Vasen oder auch schöne Armbänder als Mitbringsel verkauft. Beide Hersteller sind auch Künstler, in puncto Selbstverwirklichung unbedenklich und haben schon diverse Ausstellungen, auch in Deutschland, bestritten.

Abends & Nachts

Disko alter Schule – **Underground:** An der Autobahn Sant Antoni genau gegenüber auf Höhe der Kirche. Kein Ticketvorkauf, keine Shows, keine Top-DJs, dafür gute Stimmung und Einstimmung auf einen möglichen Wechsel ins Amnesia oder Privilege auf der anderen Straßenseite. Wenn man nicht einfach bleibt.

Voll die Disko – **Privilege:** Straße C 731 nach Sant Antoni bei km 7 (Sant Rafel), www.privilegeibiza.com, tgl. ca. 24–6 Uhr (je nach Party), Restaurant 22–3, im Winter geschl., Eintritt 30–60 € (online 25 €). Diskobus-Shuttle vom Ha-

Lieblingsort

Auf eine Extraportion Hierbas – Bar Costa in Santa Gertrudis ▶ F 3

An der Decke und den Wänden hängen Schinken – die an den Wänden sind meist alte aus den Siebzigerjahren. Trotzdem will man den Ort nicht missen, weder im Sommer, wenn die kleinen Stühlchen begehrter sind als eine Loge in der Oper. Von nah und fern kommen sie hierher, Weltenbummler, Strandperlen, Diskoschönheiten, Ureinwohner, im Winter wie im Sommer. Wahrscheinlich macht es der soziale Mix und natürlich die Speisekarte, obwohl auf ihr auch nur fettigere Sachen zu finden sind. Egal, Costa muss einmal sein, wenn man auf Ibiza weilt. Im Winter ist der Kamin im Hinterzimmer wahrscheinlich der heimeligste Platz der Pityusen.

BERNARDINO
Estrella
Damm Lemon

fen Eivissas, 0–6 Uhr alle 30 Min. (Tel. 971 31 34 47, www.diskobus.es). Mit einer Ladekapazität von 10 000 Gästen »nur noch« zweitgrößte Disko der Welt (die größte steht nun in Dubai) im Besitz des unbeliebten Ibiza-Patriarchen Matutes. Dienstags F-House, bei Gays sehr beliebt.

Schaum statt Scham – **Amnesia:** Autobahn Sant Antoni Höhe km 6, Tel. 971 19 80 41, www.amnesia.es. Zweitgrößter Laden Ibizas mit einem Fassungsvermögen von 5000 Menschen. Heimat der legendären Schaumpartys (mittwochs und sonntags), aber auch der Top-DJs Ferry Corsten, Paul van Dyck und Sven Väths »Cocoon Party« (montags).

Santa Gertrudis de Fruitera ! ▸ F 3

Das »Restaurant-Dorf« im Herzen Ibizas – und eigentlich entsprechend einsam gelegen – ist ein Magnet für Touristen wie für die Szene. Dabei ist es natürlich auch nicht viel größer als andere Dörfer und hat die obligate Wehrkirche aus dem 18. Jahrhundert, allerdings wurde dort einiges hinzugebaut. Sehr interessant ist die Infrastruktur des Ortes: Viele Einwohner sind keine Spanier, und eine ganze Menge von ihnen hat hier ihr kleines Lädchen aufgeschlagen. Das sorgt vor allem für Facettenreichtum im Speiseplan, aber auch für einen gut sortierten Buchladen oder ein Möbelauktionshaus mit angeschlossenem Café. Und an Costa (s. S. 232) kommt irgendwie ja niemand wirklich vorbei. Als gäbe es nur bei ihm den berühmten Ibérico-Schinken der schwarzen Schweine …

Mountainbike-Tour rund um Santa Gertrudis

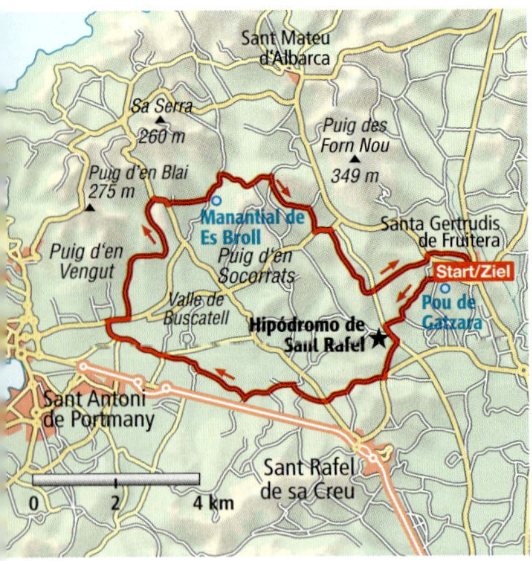

Mountainbike-Tour rund um Santa Gertrudis

Die Gegend rund um Santa Gertrudis, ihre Wacholderwälder und vor allem die fantastisch erhaltene arabische Wasseranlage Es Broll sind Orte, die den meisten Ibizabesuchern verschlossen bleiben, da sie fernab aller touristischen Wege liegen. Doch diese Ziele sind ideal mit dem Mountainbike oder Trekkingrad zu erreichen. Kurze, aber ›giftige‹ Anstiege und einige enge, steinige Passagen markieren die Strecke, aber zur Not kann man ein paar Meter schieben. Außerhalb des Dorfs geht es nach einer kurzen asphaltierten Strecke durch bewaldetes Gebiet. Bald erreicht man den sagenumwobenen Brunnen **Pou de Gatzara,** um den sich zahlreiche Legenden ranken. Er strahlt angeblich magische Energien aus, weshalb Freunde des Okkulten den Ort gerne nachts auspendeln. Jeweils am ersten Samstag oder Sonntag im Oktober werden hier traditionelle Tänze aufgeführt. Ab hier verläuft die

Tour bis zum **Valle de Buscatell** auf Wegen mit Anstiegen und Abfahrten, die Mountainbiker-Herzen höher schlagen lassen. Besonders spektakulär ist die schmale, steile und etwas anspruchsvolle Abfahrt hinunter in jenes Tal, das von der Quelle **Manantial de es Broll** hinab in die Orangen- und Zitronenhaine rund um die Jahrtausende alten arabischen Wasserterrassen führt. Die Tour ist relativ lang und führt teilweise durch dichte Wälder, auch schnelle Reaktion und Geschicklichkeit sind gefragt. Wanderern und Autofahrern sei eine kürzere Version empfohlen, die auch die Wasserspeicher aus maurischer Zeit umfasst (s. S. 228).

Übernachten

Ländlicher Charme in zeitlosem Chic – **Can Guillem:** Crta. Santa Gertrudis km 0,1, Tel. 971 31 62 04, www.canguillem.com, DZ 150–303 €. Luxus-Ambiente auf 140 000 m^2: Die schöne Schwarz-Weiß-Kombination im Inneren passt zur Kubenarchitektur im Kolonialstil. Der Stil ist den Betreibern des Event- und Catering-spezialisten Casa Colonial geschuldet (s. Tipp S. 217). Ideal für die Flitterwochen – die Hochzeitsparty am Strand kann man samt Catering gleich mitbuchen.

Königlich – **Agroturismo Cas Gasí:** Camí Vell de Sant Mateu, Tel. 971 99 77 00, www.casgasi.com, DZ 204–303 € (Standard). In tiefster Einsamkeit gelegener Agroturismo der Sonderklasse, mit langer Auffahrt und unter Ausschluss der Öffentlichkeit. Das Parkgebäude aus dem Jahr 1888 besteht erst seit einem Jahrzehnt als Luxuslodge mit nur zehn Zimmern. Bei der Entfernung (15 Min. zum nächsten Strand, was für Ibiza lang ist) sind ein eigener Pool und ein eigenes Restaurant willkommen. Mit Spa, Fitnessraum und privater Segeljacht.

Essen & Trinken

Alle Restaurants befinden sich, wenn nicht anders angegeben, zentral rund um die Kirche.

Edel italienisch – **Macao Café:** Carrer Venta des Poble 8, Tel. 971 19 78 35. Schöner Außenplatz, herrlicher Innenraum, ein bisschen wie beim Edelitaliener.

Essen und Heia – **Ecocentro Ibiza:** Carrer Venda de sa Picassa, 4, Tel. 971 19 72 74, www.ecocentroibiza.com. Im Ableger des Madrider Erlebnisrestaurants darf man sich neben moderner und vegetarischer Küche sogar zu einem Siesta-Nickerchen unter dem Rebendach hinlegen.

Draußen französisch – **La Plaza:** Plaza de la Iglesia, Tel. 971 19 70 75. Menü ca. 35 €. Französische Küche, nicht spektakulär, aber anständig. Die besondere Versuchung ist der schöne Garten direkt am Kirchplatz.

Reich gedeckter Tisch – **La Petite Table:** Carrer Venda de Fruitera, 4, Tel. 971 19 75 12, www.lapetitetableparis.com. Die ibizenkische Filiale des Pariser Mode- und Bistro-Labels hat sich auf der anderen Seite der Kirche mit Terrasse und hellem Innenraum den schönsten Ort reserviert, wo Tapas und Kulinaria aus lokalen Zutaten serviert werden.

Außerhalb einheimisch – **Can Bernat:** direkt an der Landstraße Richtung Eivissa an der ersten Kreuzung rechts fahren. In dem Großrestaurant auf dem Land direkt an der Straße gehen ibizenkische Familien essen, wenn sie eine Hochzeit feiern oder großen Hunger haben – entsprechend gibt es hauptsächlich Rustikales und Landestypisches. Zum Essen und Mitnehmen endemischer Speisen (s. a. Can Caus S. 239).

▷ S. 239

Auf Entdeckungstour: Vielfalt auf dem Teller – die »Restaurant-Road«

Ibiza bietet viele kulturelle Facetten – auch auf dem Teller. Von bäuerlicher Tradition bis zu den »mediterrAsiatischen« Einflüssen der modernen Fusion-Küche kann man sich die Liebe zur Insel auf einem einzigen Straßenabschnitt durch den Magen gehen lassen.

Reisekarte: ▶ G 3–F 4

Planung: Auf dem Abschnitt der EI300 (ehemals C-733) von Sant Joan nach Eivissa auf Höhe von Santa Gertrudis bis km 9,5 (Entfernungen jeweils von Eivissa, entsprechend der Kilometerangaben).
Dauer: Je nach Hunger oder Geschmack, jedoch sind zum Genuss aller Küchen sicher mehrere Anläufe nötig. Die Strecke selbst fährt man netto in wenigen Minuten ab.

Von deftig bis ibizenkisch

Zwischen km 15,4 und km 14,8 trifft man auf der EI300 praktisch die ganze klassische Küche Ibizas an. Das Spektakel beginnt auf der Höhe des wunderschönen Kuben-Ensembles um die Torres de Balàfia mit gleichnamigem Restaurant: das **Balàfia** ist besonders beliebt wegen seiner Kartoffel- und Grillgerichte (Tel. 971 32 50 19, Sa–Do 20–24 Uhr, Hauptspeisen um 28 €).

Nur rund 400 m weiter stehen bei **Can Pepeta** ländliche Spezialitäten wie Brathähnchen, Spanferkel oder Lamm ganz oben auf der Speisekarte (km 15,4, Tel. 971 32 50 23, tgl. 7–16 und 20–23.30 Uhr, Di Ruhetag), gefolgt vom **Juanito** mit Tapas, Grill- und Eintopfgerichten schlicht, einfach und prima vom ibizenkischen Lande (Tel. 971 32 50 82, tgl. 7–16 und 20–23.30 Uhr, Mo Ruhetag, Hauptspeisen 10–15 €).

Wiederum nur 200 m weiter liegt das bei Einheimischen sehr beliebte Restaurant **Es Pins.** Es handelt sich bei diesem um ein typisches Landrestaurant, das von Familien, die es sich mal so richtig schmecken lassen wollen, gerne sonn- und feiertags aufgesucht wird (deshalb sollte man sonntags am besten vorbestellen, Tel. 971 32 50 34, tgl. 7–16 und 20–23.30 Uhr, Menü 15–20 €).

In diesen Restaurants bieten sich besonders die absoluten Ibizaklassiker an: Aioli, selbst gebackenes Brot und spezielle Ibizagerichte wie das *sofrit pagès* (gesprochen: »sofritt paiess«), das vielleicht typischste Essen Ibizas, oder der Eintopf *guisado*.

Auf so viel Deftiges gibt es am besten einen *hierbas,* den klassischen Kräuterschnaps (der oftmals der Rechnung »beiliegt«), oder auch Johannisbrotlikör. Kenner trinken ihn mit einem Schuss Gin und Zitrone. So schmeckt Ibiza!

Mediterran bis mediterrAsian

Ibizas andere kulinarische Seite lernt man »etwas weiter unten« kennen. Bei km 13 liegt das **Restaurant Aura,** in dem es Kissen, Lounge, People, Party, und, ach ja, hervorragende mediterrane Küche neueren Stils gibt (Tel. 971 32 53 56, www.auraibiza.com). Auf der Website findet man viele Insider-Tipps, was das Haus sonst noch so in der Gegend empfiehlt.

Einen kleinen Sprung muss man bis zum **Ocho** machen, es liegt bei km 9,5. Auch die Küche macht einen kleinen Zeitsprung in die Neunzigerjahre: Die moderne, extrem farbenfrohe Brasserie der ehemaligen Betreiber des »Barbecue Las Banderas« auf Formentera warten mit Marmormosaik-asphaltiertem Garten und kissenbesetzter »Love Lounge« auf (Tel. 971 80 73 08, tgl. 20–1, im Winter Fr 12–16 und Sa 19–23 Uhr).

Essen wie zu Hause beim Lieblingsitaliener kann man hingegen im **Cicale** (km 12): Pizza aus dem Ofen, Pasta auf der Terrasse, Passione gibt es gratis dazu. Besonders zur Mittagszeit erfreut sich das Lokal großer Beliebtheit. Die Besitzer behaupten übrigens, die älteste Finca von ganz Ibiza zu betreiben. Gegenüber liegt das **Nagai,** die jüngste Errungenschaft der Restaurant-Road mit japanischer Fusion-Küche in hochmodernem Chill-Chic (km 12,5).

Den krönenden Abschluss moderner Küche erlebt man im **Bambuddha Grove** (s. auch S. 239). Die Küche kann es mit ihrer Vielfalt zwischen Bambussprossen, Lammsteaks und Tintenfisch tatsächlich mit großen Küchen der Großstädte aufnehmen: vornehmlich indisch und thailändisch beeinflusste Mediterran-Küche mit Rohkost aus biologischem Anbau, mittlerweile der absolute Trend auf der Insel.

Wer immer noch nicht satt ist: Im Rondell an der Kreuzung Richtung Eivissa (km 2,3) trifft man auf die High-End-Küche Ibizas: Das **Ama Lur** ist zwar an der in Spanien sehr geschätzten baskischen Küche ausgerichtet, bietet damit aber den höchsten Standard von Ibiza. Es wurde mehrfach ausgezeichnet (Tel. 971 31 45 54, Mi Ruhetag).

Küche in stetigem Wandel

Wenn er sich durch diese Vielfalt »hindurchgegessen« hat, wird dem Leser nicht entgangen sein, dass sich die Küche Ibizas im Laufe der Zeit von schwerer zu leichter und noch leichterer Kost gewandelt hat. Das ergibt Sinn: Wer nicht allzu schwer gegessen hat, kann im Grove noch bis vier Uhr morgens bei selbst gemixten Cocktails und Musiken chillen.

Wessen Hunger nach neuer oder traditioneller Küche noch immer nicht gestillt ist, kann im Restaurant-Dorf Santa Gertrudis gleich um die Ecke weitermachen (s. S. 234).

Ist man auf die typischen Zutaten Ibizas hungrig geworden, wird man auch für Snacks und Top-Kaffee sowie Olivenöl auf der Restaurant-Road fündig. Wer unterwegs ökologisches Olivenöl genießen möchte, besucht die Oleoteca Ses Ecoles – auch zum Probieren in verschiedenen Gerichten. Ach, und wenn Sie schon auf dem Weg sind, schauen Sie vielleicht noch in der Kaffeerösterei Meke und für etwas auf die Hand im Can Guimo vorbei. Im Sal-de-Ibiza-Store gleich um die Ecke gibt es neben Ibiza-Salz in allen Facetten Ibiza-Fashion und Accessoires (s. S. 218). Der unscheinbare Supermarkt-Verschlag nebenan bietet dazu beste Auswahl an Gemüse, Gewürzen, Weinen und anderen Spezialitäten der Insel.

Der »gulsado« ist ein ebenso traditioneller wie schmackhafter ibizenkischer Eintopf

Mein Tipp

Der Auftakt zur »Restaurant-Road« – Bambuddha Grove

Weder geografisch noch sonst wie ist dies Etablissement auf dem platten Land einzuordnen (so ist es etwa genauso weit von Sa Rafel entfernt wie von Santa Gertrudis oder Santa Eulària). Nur ein paar hundert Meter nach der Kreuzung von Santa Gerdrudis Richtung Sant Joan (Vorsicht: Es gibt zwei »Kreisverkehre«!) weist aus ländlicher Dunkelheit ein beleuchtetes Schild in einen Feldweg – und schon wird man auf einen großen Parkplatz eingewiesen, als ginge es in die Großraumdisko. Tatsächlich eröffnet sich dem Besucher, der von einigen Mädchen mit Headsets in einem riesigen Bambustempel zum Essen »geseated« wird, ein riesiges Areal. Thematisch geht es ringsum um die Liebe in Gestalt kopulierender Buddhafiguren (Kinder sollen nicht allein durch den Chill-out-Bereich zur Toilette gehen). Ein DJ begleitet unter Umständen durch die Nacht. Das Bambuddha Grove ist ein Manifest dafür, dass Ibiza dann doch am Ende der Ort ist, an dem man sich niederlässt. Ach so, das Essen ist außergewöhnlich. Das »Bambuddha Grove« bildet von Süden kommend den Auftakt zur »Restaurant-Road« (s. S. 236).

Einkaufen

Nette Fummel – **Origins:** in der Fußgängerzone. Boutique im alten Ad-lib-Stil, auch Hängematten und andere Mitbringsel aus Ibiza.

Innen einrichten – **Rose:** Carrer Venda de Fruitera 5, Tel. 971 19 79 35, 11–15 und 18–22 Uhr, direkt an der Kirche. Geschmackvolle Dinge zum Einrichten, gar nicht ländlich, sondern sehr mondän.

Zum Ersten, zum Zweiten, zum Dritten – **Casi Todo:** Tel. 971 19 70 23, www.casitodo.com. Legendäres Café, in dem regelmäßig die Tische und etliche andere Dinge versteigert werden, meistens samstagmorgens (Termine siehe Website).

Literatur – **Libro Azul:** Sa Nova Gertrudis (Straße nach Sant Mateu zur Rechten), Tel. 971 971 19 74 54, www.libro-azul-ibiza.com, Mo–Fr 10.30–14 und 17–20, sommers 18–21 Uhr. Ausgesuchte Literatur in mehreren Sprachen, viel Fachliteratur zu Ibiza.

Spezialitäten – **Can Caus:** Richtung Eivissa auf der rechten Seite (Extra-Ausfahrt, ganzjährig). Sobrasada und alle anderen »Schweinereien« Ibizas, zuzüglich Ziegenkäse und jeder Menge kleiner Kulinaria zum Mitnehmen für daheim. Das Landrestaurant nebenan ist ebenfalls hervorragend, vor allem die Grillgerichte.

Schöner Wohnen – **Sluiz:** Außerhalb von Santa Gertrudis, an der Ausfallstraße Richtung Eivissa lädt das hippe Mode-, Möbel- und Kreativ-Kaufhaus zum Stöbern, Essen, Trinken und Loungen ein. Eine Zweigstelle befindet sich zwischen Eivissa und Sant Josep (Höhe km 5).

Mütter der Klamotte – **Es Cucons:** Venda de Parada 19 (zentral). In den niedlichen Rundarkaden befindet sich ein sehr netter Laden, der alles zum Anziehen und Einrichten anbietet, was weiblich, hübsch und in Crèmetönen daherkommt. Mit Ausnahme der Edwin-Jeans – und wo gibt es die noch?

Das Beste auf einen Blick

Formentera

Highlights!

Fonda Pepe in Sant Ferran: So viele Mythen und Legenden aus alten Hippiezeiten ranken sich um die unscheinbare Bar, dass viele Formenterafans ihretwegen immer wieder kommen. Auf www.fonda.de tauscht man übers ganze Jahr Leidenschaften aus. S. 253

Far de la Mola: Nach wildromantischer Fahrt über die Hochebene steuert man nur noch auf das »Ende der Welt« zu. So hat es auch Jules Verne gesehen, der hier einen Kometen abstürzen ließ. S. 261

Auf Entdeckungstour

Das Loch am Leuchtturm – die Cova Foradada: Mitten in dem unscheinbaren Umland des Kaps klafft ein ungeschütztes Loch. In dem Kultfilm »Lucía und der Sex« spielt es eine bedeutende Rolle. S. 262

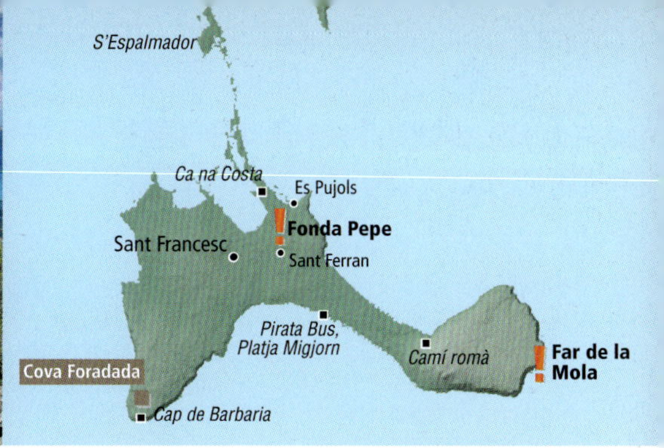

Kultur & Sehenswertes

Ca na Costa: Die archäologische Grabstätte aus karthagischen Zeiten ist der Stolz der Bewohner Formenteras, denn sie ist noch älter als diejenige auf Ibiza. S. 250

Cap de Barbaria: Der Punkt, der den herannahenden »Berbern« den Namen gegeben hat, wartet mit einer ganz besonderen Stimmung auf. S. 266

Aktiv unterwegs

Motorrollern: Wind in den Haaren, warme Luft um die Beine und auf dem Trittbrett die Sporttasche – das ist Fahrvergnügen schlechthin auf Formentera. S. 243

Castell und Camí romà: Der »Römische Weg« ist nicht anspruchsvoll und bezaubert mit Aussichten wie aus dem Inselbilderbuch. S. 257

Genießen & Atmosphäre

Sant Francesc: Formenteras »Hauptstadt« mit netter Fußgängerzone und dem sozialen Treffpunkt vor der Kathedrale. S. 254

Abends & Nachts

Pujols: In der Saison ist »Buchholz« Anlaufstelle Nummer eins zum Trinken und Hotten. S. 251

Pirata Bus an der Platja Migjorn: In der Dämmerung kommen die Fans, um bei Sonnenuntergang und Musik eine Stimmung zu feiern, wie es sie selten gibt. S. 259

Ein Ausflug in die Vergangenheit

Keine Ampel. Kein Campingplatz. Ibizas kleine Schwester mit der markanten Kreuzform ist lediglich 83 km^2 groß, die Küste ist nur 82 km lang, und die längste Strecke – identisch mit der Hauptstraße vom Hafenort La Savina bis zum Leuchtturm La Mola – beträgt 19,5 km. Mit anderen Worten: Die Insel ist ziemlich überschaubar. Trotzdem verbringen in der Saison rund 35 000 Menschen ihre Ferien auf Formentera, die Ibiza-Tagesausflügler nicht mitgerechnet. Denn wenn die Einwohner Ibizas auf Shoppingtour gehen wollen, fahren sie nach Palma de Mallorca. Wenn sie Urlaub machen wollen, fahren sie nach Formentera – schließlich ist es dort nach landläufiger Meinung wie auf Ibiza vor drei Jahrzehnten. Hausbesitzer wie Ex-Tennisstar Arantxa Sánchez oder die Designer Philippe Starck und Xavier Mariscal wissen das zu schätzen.

Viele Ibizaurlauber fahren mittlerweile sogar einmal nach Formentera, um sich zwischendurch vom Trubel Ibizas zu erholen! Denn die kleine, markante Insel mit zwei höherliegenden Plateaus und einer verbindenden Ebene ist heute eines der letzten Refugien für lässigen Urlaub, in dem man mit dem Inhalt einer Sporttasche auskommt, Wind und Wetter genießt und abends im Kulttreff Fonda in Sant Ferran feststellt, dass man doch gar nicht so viel braucht, um

Infobox

Touristeninformation

Municipal de Turisme: am Hafen La Savina, Tel. 971 32 20 57, www.formentera.es, tgl. 10–14 und 17–19 Uhr. Es ist das einzige Fremdenverkehrsamt der Insel und vermittelt auch die auf der Insel favorisierten Ferienapartments von zugelassenen Immobilienagenturen. Umgekehrt sollten Sie sich vergewissern, dass Ihre Immobilienagentur eine solche Zulassung vom Fremdenverkehrsamt besitzt.

Internet

Die kommerzielle Website www.guiaformentera.com bietet gute Informationen auch auf Deutsch. Die Szenewebsite www.fonda.de informiert umfassend über das Geschehen auf der Insel. www.formentera-island.de verrät dank Besucherbewertungen, wo es wirklich gut ist und wo weniger.

Anreise und Weiterkommen

Man kommt von Ibiza nur per Schiff auf die Insel. Die unregelmäßigen Abfahrtszeiten machen die Anreise nicht unbedingt planbar, und so sollte man ausreichend Zeit und Geduld dafür einplanen.

Auf Formentera selbst bewegt man sich am besten per Motorroller, Auto oder auch Fahrrad (wegen der Hitze nicht im Hochsommer zu empfehlen), die man direkt am Hafen von La Savina mieten kann.

glücklich zu sein – man muss nur am richtigen Fleckchen Erde sitzen. Was andere wiederum davon träumen lässt, für immer zu bleiben. Nicht wenige (fast 30 % der rund 10 000 gemeldeten Einwohner!) haben diesen Traum mehr oder minder erfolgreich wahr gemacht. Die meisten Formentera-Urlauber sind übrigens Deutsche und Italiener.

An den Kioscos und natürlich in der Fonda Pepe treffen sich Ur- und Neu-Einwohner regelmäßig zum Plaudern, Sich-unter-die-Arme-Greifen und Sich-das-Leben-Erklären. Zu ihrem Bedauern haben Luxus und Lifestyle à la Ibiza natürlich längst abgefärbt. Es gibt zwar nicht viele Luxushotels – etwa 5000 Betten zählt man auf der Insel – die Preise liegen jedoch längst auf Ibizaniveau. »Dank« der mühsamen Anreise wird Formentera aber weiterhin ein Ort für echte Liebhaber bleiben. Viele von ihnen kommen wieder. Und wieder. Und wieder.

La Savina ▶ E/F 10

Hin und weg: In dem Hafenort im Nordwesten der Insel kommt zwangsläufig jeder an, der mit dem Schiff auf Formentera landet. Aber deshalb hat La Savina eher den Charakter eines Durchgangsortes und selbst wenig zu bieten. Von dort geht es für fast alle Besucher gleich weiter auf der durchgehenden Straße in alle Himmelsrichtungen.

Das Hafengebiet ist geprägt von den zahllosen Buden der Fahrzeugvermieter mit entsprechenden Parkflächen und den stolzen Jachten aus allen Ecken des Mittelmeeres, die im Sporthafen liegen.

Gegenüber dem Marinehafen liegt eine modernere Feriensiedlung. Auch gibt es diverse Hafenbars und -restaurants – aber die meisten Besucher kehren hier nicht ein. Im Winter bietet vor allem das Restaurant im Hafengebäude die Gelegenheit, eine Mahlzeit einzunehmen – was auf dem Rest der Insel nicht unbedingt gegeben ist.

Übernachten

Gehoben – **Hostal Bellavista**: Port de La Savina, Tel. 971 32 22 36, www.hostal-bellavista.com, DZ 75–140 €. Mit Pool, Palmen und Jachten vor der Tür verströmt das erste Haus am Platze einen Hauch von Florida.

Gepflegt – **Hostal Bahia:** Port de la Savina, Tel. 971 32 21 42, www.hbahia.com, DZ 75–130 €, gleich nebenan. Familiär geführtes Hotel mit Hafen-, Ibiza- und Es Vedrà-Blick und viel Tradition.

Aktiv

Abgefahren – **Motorrollern:** Das Fahrgefühl auf zwei Rädern gehört auf Formentera einfach dazu. Der Anlegehafen von La Savina besteht fast ausschließlich aus Unternehmen, die fahrbare Untersätze vermieten. Üblich ist das Zweirad als Fortbewegungsmit-

Einen 125-ccm-Motorroller mieten

Mieten Sie sich für einen geringen Aufpreis (ca. 26 €/Tag) einen **125-ccm-Motorroller,** auch wenn Sie keinen Motorradführerschein besitzen – in Spanien ist das Flitzen mit mehr Kubik nämlich erlaubt! Sie können beim Mieten nichts falsch machen, schließlich gibt der Vermieter das Fahrzeug nur gegen Vorlage des Führerscheins aus. Seien Sie aber beim Fahren vorsichtig, wenn Sie größere Maschinen nicht gewohnt sind.

tel – sogar das Fahrrad erfreut sich mit 2500 leihbaren Exemplaren auf dem ehemals »Fahrradinsel« genannten Formentera großer Beliebtheit. Aufgrund der Hitze ist das Radfahren im Sommer aber sehr mühsam, besonders die Auffahrt auf die zwei Hochplateaus der Insel. Die meisten entscheiden sich daher für einen Roller, gewissermaßen das Kultfahrzeug auf Formentera.

Abtauchen – **Diving Center Vellmarí:** Marina de Formentera, 14, www.vellmari.com, Tel. 971 32 21 05. **Blue Adventure,** Carrer Almadrava 67–71, Tel. 971 32 11 68, www.blue-adventure.com. Was bietet sich auf dieser Insel mehr an, als ein Tauchgang in einem der schönsten Gebiete des Mittelmeeres? Die Anbieter kennen sich nach eigenen Angaben über und unter dem Meeresspiegel wie in ihrer Westentasche aus. Also nichts wie hin zu Schildkröten, Barrakudas oder zumindest zu den berühmten Neptungraswiesen.

Wandern und Mountainbiken – **zur Punta de sa Gavina:** Rund um La Savina ist nicht viel los – es sei denn, man ist Naturfreund. Dann wird man an den natürlichen Salzwasserbecken Estany del Peix (westlich) und Estany Pudent (östlich, Richtung Ses Illetes) seine Freude haben. Den Salzsee

Nicht so überfüllt wie Ibizas Strände, eignen sich die Formenteras auch im Sommer zum Beachvolleyball

Estany del Peix sieht man unmittelbar außerhalb von La Savina rechts liegen. Einen tiefen Frieden strahlt das Becken mit seinen zahlreichen fest ankernden Booten aus. Tatsächlich wurde das fischreiche Becken früher ebenfalls als Saline sowie zur Fischzucht genutzt. Wer Lust hat, wandert dahinter auf den zahlreichen Trampelpfaden zur Punta de sa Pedrera oder sogar bis zum Wachtturm an der Punta de sa Gavina, genießt mit den Vögeln die Stille und an der felsigen Küste einen wunderbaren Sonnenuntergang. Einen Kiosco oder ähnliche Verpflegungsstationen sucht man allerdings vergebens.

Die Nordspitze

▶ E/F 8–9

Viele Besucher der Insel zieht es der Fährnähe wegen an diese Strände: hinter La Savina zur Landzunge Platja de ses Illetes und der vorgelagerten Insel S'Espalmador. Dorthin geht es gleich von der Hauptstraße am Ortsausgang von La Savina links ab.

Platja de ses Illetes

Das Salinengebiet Estany Pudent, an dem man unweigerlich vorbeifährt,

gehört immer noch zum Naturpark Ses Salines. Sie werden nicht mehr bewirtschaftet – nicht einmal von Flamingos – ihre in der Dämmerung rosa schimmernden Salzkrusten sind jedoch ein wunderschönes Fotomotiv.

Die Straße führt hinter den Dünen vorbei und wird sandig. Die Zahl der Fahrradfahrer nimmt zu. Vor dem Ziel richtet man in der Saison allerdings einen Parkplatz ein, an dem abkassiert wird. In der Saison ist er oftmals voll und dann komplett gesperrt, alternativ pendelt ein E-Bus zwischen La Savina und den Stränden. Ausflugsbooten wurde zwischenzeitlich untersagt, an den Stränden zu landen, da der plötzliche Massenlandgang teilweise zu chaotischen Verhältnissen inklusive krimineller Handlungen geführt hatte.

Zu Fuß geht es nach dem Parkplatz weiter: Holzstege führen vom Parkplatz über die Dünen zum offenen Meer, zum lang gestreckten, ostwärts weisenden Sandstrand Platja de Llevant (▶ F 9). An der Westseite der Nordspitze Formenteras befindet sich die Platja de ses Illetes, direkt gegenüber der Insel S'Espalmador (▶ F 8/9). Feiner Sand, klares, türkisblaues Meer – solche Szenerien finden sich auf der kleinen Insel gleich mehrfach – und dabei macht sie auch Ibiza noch etwas vor! Diese Ecke ist bei Formenterabesuchern und Tagesausflüglern, die zur Naherholung kommen, besonders beliebt. Hier dümpeln im Sommer zahlreiche Edeljachten, die sich das Essen von den teuren Kioscos sogar an Bord bringen lassen und deshalb die Preise zu ungunsten des Verbrauchers verderben. Die Wahl des Ankerplatzes liegt nicht nur an der ruhigen Lage, sondern auch daran, dass sich in dem karibischen Flair vor Ses Illetes anscheinend hervorragend Geschäfte machen lassen – auf den Decks gehen im Sommer mitunter millionenschwere Fußballer-Transfers und ähnliche Geschäfte über die Bühne.

Der »Inselchen-Strand« Platja de ses Illetes, benannt nach den kleinen vorgelagerten Eilanden Illa Ponet und Illa Rodona, ist eines der Aushängeschilder Formenteras – obwohl er Teil des Naturschutzgebietes ist, das sich bis über das Salinengebiet erstreckt. Auf jeden Fall befindet man sich angesichts der Kulisse Ibizas und des traumhaften Wassers an dem harmonischen, runden Strand mit glasklarem Wasser offenbar in einer anderen Welt, zusammen mit dem weißen Sandstrand könnte es die Karibik sein. Zum Süden, zu Es Cavall d'en Borràs hin wird es mit dem Aufkommen von Felsen und Dünen ein wenig syltiger. Passend dazu die Szene-Kioscos Tiburón und Big Sur. Letzteres atmet weniger die Aura des kalifornischen Hippie-Ortes, sondern wird gerne von Partyvolk frequentiert.

S'Espalmador

Im Sommer und bei ruhiger See marschieren immer wieder Urlauber durch das flache Wasser des Paso des Trocadors, um sich an den einsamen Stränden der unbewohnten Nachbarinsel S'Espalmador zu vergnügen. Aber Achtung: Wegen der starken Strömung ist dieser Ausflug nicht ungefährlich. Es sind schon mehrere Menschen ertrunken!

Eine Besonderheit der Gegend stellen die Kioscos dar. Zum einen, weil sie die einzigen Gebäude weit und breit darstellen, zum anderen, weil sie auch weit und breit die teuersten sind.

Der zum offenen Meer gerichtete Strand Platja de Llevant zieht sich traumhaft über einen Kilometer Länge und ist der ideale Zufluchtsort, falls der Wind einmal auf der anderen

Seite zu stark fegt. Auch hier sollte man jedoch die Strömungen nicht unterschätzen und die Warnflagge respektieren! Es gäbe nichts Unangenehmeres, als in die offene See getrieben zu werden, eventuell noch, wie Gott uns schuf – denn die Platja de Llevant ist eingeschriebener Nacktbadestrand. Der gleichnamige Kiosco ist unprätentiös und bietet erfrischende Abwechslungen. Interessant für Taucher: Neben Barrakudas und Delfinen ist in 32 m Tiefe eine alte Fischfarm zu besichtigen.

Essen & Trinken

Märchenhaft – **Juan y Andrea:** Platja de ses Illetes, www.juanyandrea.com. Juan, ehemaliger Fischer, verliebte sich in Andrea. Um ununterbrochen zusammen sein zu können, wurden sie Inselwächter auf S'Espalmador. Nach 14 Jahren beschlossen sie, einen Kiosco zu öffnen, in dem Andrea die Fische zubereitet, die Juan fängt. Nun bewirten ihre drei Söhne die Gäste, die zumeist barfuß im Sand sitzen und das herrliche Essen genießen. Wie üblich beliefern sie auch die umliegenden Jachten per Zodiac.

Ausnahme – **El Pirata:** Kiosco mit Campingplatzatmosphäre (Plastikstühle etc.). Hier Gestrandete werden piratengemäß ausgenommen (bis zu 30 €/Hauptspeise). Und Salat aus der Büchse, das muss man erst einmal schaffen. Die Rechnung sollte man sorgfältig prüfen. Das ehrlichste ist, so betrachtet, die Piratenflagge. Nicht zu verwechseln mit dem »Pirata Bus« an der Platja de Migjorn!!

Chillen mit Kusshand – **Beso Beach:** Platja de Cavall d'en Borràs, Tel. 622 22 21 13, www.besobeach.com. Ein Beachclub im Vintage-Design, den man von der Fähre aus mit dem Rad erreicht und der schnell glücklich macht.

Mein Tipp

Die Schlammbäder auf S'Espalmador ▸ F 8

Eigentlich ist S'Espalmador eine Halbinsel, denn nur durch ein paar hundert Meter hat die Naturgeschichte sie von der Landzunge Es Trocadors getrennt. Statt der sehr gefährlichen Übersetzversuche zu Fuß sollte man ein Boot vorziehen. Außer dem Wehrturm Guardiola und einer verlassenen Finca gibt es hier nicht viel, aber die Strände sind sehr beliebt.

Etwa auf mittlerer Höhe bietet S'Espalmador noch ein Highlight: schwefelhaltige Schlammlagunen, in denen man sich früher genüsslich suhlen konnte – im nahe gelegenen Meer kann man sich ja schnell wieder reinwaschen. Aufgrund ökologischer Schutzmaßnahmen für die unter Naturschutz stehende Insel ist das Schlammbaden leider offiziell nicht mehr erlaubt, die Lagunen sind jedoch nicht versperrt. Bootstransfer ab La Savina (Tel. 609 84 71 16), von Ibiza ab Santa Eulària (Tel. 971 33 2251).

Entspannter geht's nimmer – **El Ministre:** Tel. 609 60 05 38, www.restauranteesministre.com. Strandbar mit leckeren Cocktails, Essen, Musik und Shuttle-Service.

Platja de sa Roqueta ▸ F 10

Von der Platja de Llevant Richtung Süden erstrecken sich drei weitere Strände, die im Einzugsgebiet von Es Pujols liegen und teilweise kleine Feriensiedlungen aufweisen. Eigentlich

Lieblingsort

Schlemmen mit Ausblick ▶ F 9

Schon vom Wasser aus auf dem Seeweg nach Formentera sieht man den weißen Turm liegen, der kein Leuchtturm, sondern eine Salzmühle war. Neben dem hervorragenden Essen verdankt das teure Fischrestaurant **Es Molí de Sal** an der Platja de ses Illetes auch dieser besonderen Lage seine Beliebtheit. Weil der Turm ein wenig höhergelegen ist, bietet sich ein Panorama über die Traumstrände direkt unterhalb, wie auch über die gesamte Meerlandschaft hinüber nach Ibiza und die Halbinsel Es Vedrà. Bei diesem Blick sollte man sich von dem Gedränge in der Saison nicht abschrecken lassen. Und falls es zu Liebeserklärung oder Heiratsantrag kommt – die Meerestiere auf dem Teller sind schon das Gedicht dazu. Es findet sich kaum ein geeigneterer Ort, zumal die Preise der »Salzmühle« naturgemäß gesalzen sind (Tel. 971 18 74 91, tgl. 13–15, 20–1 Uhr, im Winter geschl., Hauptgerichte 13–25 €).

handelt es sich jedoch um die Verlängerung der Platja Llevant, die damit stolze 5 km lang ist und bis zur Platja des Pujols in Formenteras Hauptferienort Es Pujols hineinragt. Wie auch die Platja de ses Canyes ist die Platja de sa Roqueta sandig und nur leicht felsig. Wer im Urlaub Wert auf Ruhe legt, liegt hier genau richtig. Denn das Abendprogramm beschränkt sich mehr oder weniger auf das Naturschauspiel. Die Profis buchen übrigens meistens nur das Zimmer und gehen an den Kioscos essen. Richtung Pujols reihen sich die gut geschützten Strände als malerische Buchten aneinander, was schließlich für viele Urlauber den Reiz ausmacht.

Megalithgrab Ca na Costa ▶ F 10

Auf der Rundfahrt entlang der Salinen in Richtung Süden

Stolz weisen die Bewohner Formenteras auf das Megalithgrab aus dem 19.–16. Jahrhundert v. Chr., das 1974 freigelegt wurde, hin. Schließlich ist es noch älter als die Ausgrabungen Ibizas und damit ein Beweis dafür, dass die Pityusen früher besiedelt waren, als die Ausgrabung von Sa Caleta rückschließen lassen. Leider muss die Stätte vor Souvenirjägern und Vandalismus durch einen wenig schönen hohen Zaun geschützt werden.

Übernachten

Schlicht und ergreifend – **Rosamar:** Tel. 971 32 84 73. DZ 95–115 €. Eher bescheidenes Hotel mit recht gutem Restaurant.

Es Pujols ▶ F 10

... oder auch »Buchholz«, wie der Ferienort aus Gründen der schweren Aussprache von seinen Teilzeiteinwohnern genannt wird. Spötter sprechen auch von »Klein-Düsseldorf«. Und da liegt der Hase im Pfeffer: Pujols ist zwar ursprünglich ein Fischerort gewesen, seit dem Boom in den Siebzigerjahren aber ein fast reiner Ferienort, der förmlich nur im Sommer existiert. Andererseits bietet er in der Saison natürlich das größte Angebot an Unterkünften und Unterhaltung. Die lange Strandpromenade hat durchaus ihren Charme. Aufgrund der zahlreichen Ferienapartments und -anlagen verbringen hier so viele Menschen ihren Urlaub, dass zahllose Bars, Restaurants und Musikkneipen für das unterhaltende Wohl sorgen. In der Saison, wohlgemerkt. Während man außerhalb der Saison nicht tot überm Zaunpfahl hängen möchte, bietet Es Pujols im Sommer regelrechte Verkehrsprobleme, sogar für Zweiräder.

Übernachten

In Pujols kommt man in den meisten Fällen durch die Vermittlung von Reiseveranstaltern oder privat unter, was die hohe Dichte an Urlaubern in Relation zum Hotelaufkommen erklärt. Aufs Geratewohl kann man in der Saison Pech haben.

Klassiker am Kap – **Roca Bella:** Tel. 971 32 81 30, www.roca-bella.com. DZ 60–150 €. Barrierefrei. Nomen est omen: Schöne, spektakulär gelegene Anlage am Ende des Hausstrandes. Eines der ersten großen Hotels auf der Insel. Das hauseigene Café Zulman bietet leckere, selbst gemachte Kuchen!

Brav – **Roca Plana:** Carrer Espalmador 41–55, Tel. 971 32 83 35, www.rocaplana.es, DZ 75–110 €. Am spektakulärsten ist wohl die markante gelbe Kante am Eingangsbereich des Hostals. Dann aber wird es recht bieder. Für wen original nachgedruckte Gemälde im Zimmer ein No-go sind: na herzlich willkommen. Ansonsten ist es aber ein anständiges Haus, 200 m vom Strand entfernt.

Apart – **Reinhard Touristik:** Carrer Espalamador 33, Tel. 971 32 83 05, www.isla-formentera.com, Apartment (4 Pers.) pro Woche 470–510 € p. P. inklusive Flug und Transfer, Studio (2 Pers.) leicht teurer. Seit Jahrzehnten der Profi unter den Apartmentvermittlern Formenteras mit eigenem Büro vor Ort, das oft auch noch »Last Minute« etwas hat. Die eigenen Anlagen befinden sich ein wenig außerhalb des Zentrums – nahe genug, um nicht weit vom Schuss zu sein, und entfernt genug, um garantiert Ruhe zu haben.

Weitere Anbieter dieser Kategorie: **Apartamentos Es Pujols** (im Ortskern, mit Pool, Tel. 971 32 82 82, http://apartamentosespujols.com), **Astbury Formentera** (Tel. + 44 16 42 21 01 63, www.formenteraurlaub.de).

Essen & Trinken

Original – **Luzius:** Carrer Fonoli Marí 2, Tel. 971 32 84 17, Hauptgerichte 15–20 €. Am nordlichen Ende der Promenade trifft man sowohl auf inspiriertes Essen, die ideale Location mit Blick aufs Meer, wie auch – ganz besondere Touristenattraktion – Einheimische!

Italienisch – **Pizza Pazza:** Carrer Espalmador, Höhe Hotel Roca Plana. Pizza/Pasta um 12 €. Spanische Küche schön und gut, aber irgendwann muss mal wieder eine anständige Teigware italienischer Herkunft auf den Teller. Das zieht auch viele Urlaubskollegen aus dem Heimatland der Pizza an – und ist Beweis genug.

Öko – **Integral:** direkt neben Pizza Pazza. »Integral« bedeutet »Vollkorn« und kommt Schwarzbrotvermissern und Besseressern gelegen. Auch preislich gesehen.

Man spricht Deutsch – **Espardell:** Passeig Miramar 94, Tel. 971 32 83 57. Nicht ganz Eisbein mit Sauerkraut, aber generell alles gegen das kulinarische Heimweh. Keine deutschtouristische Nepp-Bude, sondern gar nicht schlecht.

Populär – **Mini Bar:** direkt an der Promenade. Durchgehend Küche. Das beliebte Strandrestaurant mit dem weißen Türmchen bekommt von den Besuchern durchgehend fünf Sterne. Nicht nur wegen der Paella und den Fischgerichten, auch wegen Angelos persönlicher Beratung und der guten Stimmung.

Abends & Nachts

Ausgehen – **Carrer d'Espardell:** Pujols' klassische, wenn auch etwas in die Jahre gekommene Ausgehgasse inklusive inoffiziellen »Kontakthofs«. Interessanterweise teilt sich das vorwiegend deutsche und italienische Publikum die Locations auf. Oder vielleicht doch lieber mit einem Bier an den Strand ...

Musik und Bier – **Riman Blue:** Am Ortsausgang an der Ausfallstraße Richtung Sant Ferran. Musikbar oder auch schon Diskothek. Jedenfalls offenes Haus für Menschen, die trinken, tanzen und zuhören wollen.

Musical Cocooning – **tipic:** Av. Miramar 164 (am Stadtrand Richtung Sant Ferran), Tel. 676 88 54 52, www.club tipic.com. Beliebte Disko vornehmlich mit Housemusik. Spielt in einer Liga, in der ab und zu Fritz Kalkbrenner, Carl Craig oder auch Sven Väth vom Cocoon Club zum Auflegen vorbeischauen. Insofern dient der Club tipic als günstig zu erreichender Formentera-Ableger der großen Diskos auf Ibiza.

Mein Tipp

Selbstgemachte E-Gitarren und Bässe bei Formentera Guitars
Keine Lust, im Urlaub nur herumzuhängen, sondern sich lieber eine eigene Gitarre bauen? Auf Formentera lässt sich diese Idee trefflich realisieren. »Formentera Guitars« ist längst eine anerkannte Institution (auch außerhalb der Insel), wenn es um die Konstruktion von E-Gitarren und Bässen geht. In dreiwöchigen Kursen bauen die Teilnehmer ihre E-Gitarren und E-Bässe unter kundiger Anleitung von Ekkehard Hoffmann selbst. Die Endprodukte entsprechen professionellen Ansprüchen und vor allem den Vorstellungen ihrer neuen Besitzer. Die jeweiligen Kursteilnehmer werden auch mit einer Unterkunft bedacht und zur Siesta geht's gemeinsam an den Strand. Auch Gitarrenfreaks, die keine drei Wochen Zeit haben, sollten einmal die Werkstatt gleich um die Ecke vom Carrer Major aufsuchen, wo es die handgemachten Exemplare auch zu kaufen gibt (Sant Ferran, Carrer Sant Jaume 17, Tel. 971 32 86 88, www.formentera-guitars.com. Kursgebühr inklusive allen Materials fürs Instrument 2300 €, für »Wiederholungstäter« 2000 €).

Aktiv

Sportsfreunde – **WET4Fun:** Carrer Roca Plana 51–69, Tel. 971 32 18 09, am Strand direkt neben dem Hotel Roca Plana, www.wet4fun.com. Sportcamp mit allen Sportarten rund ums Wasser: Surfen, Segeln, Paragliden, Wasserski ... Privatunterricht, Wochenkurse sowie Vermietungen. Man darf aber auch mal einfach im Liegestuhl liegen bleiben. Weitere Außenposten an der Platja Migjorn sowie Es Arenals.

Sant Ferran ▶ F 10

Zwischen Pujols und der Inselhauptstadt Sant Francesc liegt für viele das geistige Zentrum Formenteras: Sant Ferran. Noch genauer:

Fonda Pepe !

Wer sich aufs Leben noch nicht hundertprozentig versteht, hier wird es erklärt – Abend für Abend auf der berühmtesten Mauer der Balearen bei einem, zwei oder drei Bierchen. Eigentlich handelt es sich nicht um eine außergewöhnliche Kneipe (was man tagsüber merkt), sondern um einen Lebensstil, eine Haltung, eine Philosophie – deutlich ersichtlich an der Website, in deren zahlreichen Foren Fans aus aller Welt Themen wie »Mein erstes Mal« diskutieren und die damit die Tage herumbringen, bis sie endlich wieder auf der kleinen Mauer sitzen.

Carrer Major

Die Fonda Pepe liegt auf der Ess- und Trinkmeile Carrer Major, die nicht mehr wiederzuerkennen ist, wenn sie abends aus ihrer Siesta erwacht. Die Hauptstraße des Ortes liegt im Zentrum und führt zur Dorfkirche aus dem 19. Jahrhundert. Drumherum siedeln sich ein paar weitere Highlights an, neben Restaurants und Kneipen auch der Gitarrenworkshop »Formentera Guitars« (s. S. 252) – lebendige Relikte jener Ära, die Formentera so liebens- und lebenswert gemacht haben. Ein Geheimtipp ist Sant Ferran allerdings nicht mehr, was viele Alteingesessene stört. Mittlerweile hat es sich herumgesprochen, dass abends im Carrer Major der Papst im Kettenhemd boxt. Es ist aber noch nicht so weit, dass Touristen die Trinkenden auf den berühmtesten Mauern Formenteras beim Trinken und Reden knipsen. Man redet nach wie vor lieber mit.

Übernachten

Klassisch – **Hostal Illes Pityuses:** Av. Juan Castelló Guasch, 48, Tel. 971 32 81 89, www.illespitiuses.com, DZ 66–116 €. Apartes, weißes Hotelgebäude mit schöner Fassade und Terrasse unter Bäumen, wo man auch mal hübsch einen Kaffee trinken kann. Zur Straßenseite wird es nachts etwas lauter.

Klassiker – **Hostal Fonda Pepe:** Carrer Major 88, Tel. 971 32 80 33, DZ 50–60 €, nur im Sommer. Wer gar nicht von der Fonda Pepe lassen kann oder nach dem Zechen einfach nur noch ins Bett will, dann liegt nichts näher als das Namensvetterhostal direkt gegenüber. Das weiß-türkisfarbene Gebäude hat etwa den Charakter einer Jugendherberge. Das passt ins Bild. Bescheidene Zimmer, nach hinten gibt es einen Pool, an dem es sich tagsüber herrlich ausnüchtern lässt. Nach vorne ist es naturgemäß bis tief in die Nacht laut. Aber da kann man sich nicht beschweren.

Bescheiden – **Pension Bon Sol:** Carrer Major, DZ 40–60 €. Kleines Café, das auch ein paar Zimmer bietet. Billig und bescheiden, da des Nachts natürlich kaum ein Auge zugemacht wird.

Essen & Trinken

Wenn nicht anders angegeben, liegen die Restaurants im Carrer Major.
Traditionell – **Can Forn:** Alles rund um den Ofen, klein und fein. Schwerpunkt Inselküche, nicht teuer.
Die wahre Fonda – **Peyka:** Seit 1963 eine feste Institution, Zentrum der Hippiebewegung und heute noch immer allabendliche Anlauf- und Tankstelle für Tausende Formenterafans. Man sitzt weniger drinnen als auf der legendären Sitzmauer außen. Viele gehen in der »Fonda« auch essen, dabei heißt das ansehnliche Restaurant im Innenteil eigentlich »Peyka«. Was der Einrichtung oder dem Lamm keinen Abbruch tut. Deshalb auch sehr beliebt (keine Reservierungen; nur abends).
Pizza und Szene – **Macondo:** An den literarischen Ort von Gabriel Garcia Marquez' Roman »Hundert Jahre Einsamkeit« erinnert hier vielleicht die Veranda. Aber einsam ist man auch nie. Trubeliger Laden mit prima Pizzen.
Außerhalb – **La Tortuga:** km 6,8, Tel. 971 32 89 67. Die »Schildkröte«, eine nicht zu übersehende Finca an der Straße nach La Mola, bietet viel Fleisch, teilweise sogar deutsche Gerichte, und das »Formentera-Schwein«.

Abends & Nachts

Irish – **San Fernando:** Passt eigentlich nicht richtig in die Umgebung, ist aber umso irischer aufgezogen. Und Irish Pubs funktionieren ja überall auf der Welt. Auch wenn die schweren Läden verrammelt sind (was öfter mal vorkommt), macht es optisch was her.
Mythos – **Fonda Pepe:** Carrer Major. www.fonda.de, s. S. 253.

Aktiv

Höhlenbesichtigung – **Coves d'en Xeroni:** km 6,2 Richtung La Mola, ein paar hundert Meter vor dem Restaurant La Tortuga rechts (ausgeschildert), tgl. 10–20 Uhr, Eintritt 3 €. Schöne, etwa 700 m² große Tropfsteinhöhle.
Umschauen – **Cala en Baster/Ses Roques:** vom Ortskern über eine kleines Straße (ausgeschildert). Die »Hafenbucht« von Sant Ferran mit ihrem Naturhafen für Fischerboote ist nicht spektakulär, aber sehr idyllisch und fern von allem Trubel. »Ses Roques«, das Sant Ferran seinen Beinamen gibt, ist heute eine sehr angenehme Feriensiedlung, in der auch einige sehr schöne Villen stehen. Ein paar davon sollen von sehr prominenten Menschen bewohnt sein. Am besten, mal gezielt bei Reiseveranstaltern nach Apartments fragen.

Sant Francesc ▸ F 10

San Francisco, wie Formenteras Hauptstadt auf Spanisch heißt, ist ein hübsches kleines Städtchen mit einer Fußgängerzone, dem Carrer Jaume I., die in den Kirchplatz »Plaça de sa Constitució« mündet. Das Gotteshaus entstand um 1726 als Wehrkirche und gilt als Symbol der Beendigung der unbesiedelten Epoche, nachdem die Insel wegen marodierender Piraten fast 300 Jahre lang unbewohnt war. Die trutzige, aber auch schöne Kirche bot den Siedlern jedoch Schutz und bot die Voraussetzung für eine Neubesiedelung, da man sich bei Piratenangriffen dorthin flüchten konnte.

Heute leben etwa tausend Menschen in der »Hauptstadt« und etwa 1500 im Einzugsgebiet. Politisch korrekt ist jedoch die Bezeichnung »Verwaltungszentrum des Gemeindebezirks Formentera«, da die ganze Insel als eine Gemeinde gilt. Deshalb findet man hier auch das Rathaus, die Polizei, die Hauptpost, eine Touristeninformation sowie das Dorfleben.

Sant Francesc liegt am »Drehkreuz« zwischen La Savina (etwa 3 km entfernt) und Sant Ferran sowie der Strecke ans Cap de Barbaria. Aber auch, wenn alle Wege über die Hauptstadt führen (es sei denn, man kommt über Pujols), besteht kein Vergleich etwa zu dem Nachtleben von Sant Ferran. Dafür geht es vormittags in den Läden wesentlich geschäftiger zu. Sant Francesc hat sowohl Supermärkte als auch Fachgeschäfte, Mode- und Souvenirläden – die meisten in der schönen Fußgängerzone gelegen – sodass man sich ideal mit allem, was der Selbstversorger braucht, eindecken kann.

Übernachten

Solide – **Can Rafal:** Carrer I. Macabich 10, Tel. 971 32 22 05, DZ 50–80 €, ganzjährig geöffnet. Solide geführte Pension mit acht Zimmern, nur wenige Meter vom Hauptplatz entfernt. Die schlichten Zimmer sowie die anständigen Mahlzeiten im Restaurant sind in Ordnung, die Miete eines Zimmers mit Gemeinschaftsbad (etwa 50 €) natürlich nicht jedermanns Sache.

Essen & Trinken

Für Kenner – **Bar del Centro:** Plaça de sa Constitució. Der erste Treff am Platze, direkt gegenüber der Kirche gelegen. Hier sitzt jeder, der vom regen oder auch trägen Treiben in der »Innenstadt« alles mitbekommen möchte. Auch hier werden ein paar Zimmer (40 €) vermietet, die den Charme einer südamerikanischen Dorfpension versprühen und in der Saison natürlich schnell weg sind.

Madrilenisch – **Estrella Dorada:** Carrer Jaume I 8, Tel. 971 32 25 92, tgl. durchgehend Gerichte um 14 €. Sehr beliebt in der Mittagszeit (Mittagstisch), gemäß Madrilener Art teilweise etwas deftiger. Mit schöner Terrasse in der Fußgängerzone.

Preiswert – **Ca na Pepa:** Plaça de sa Constitució 5, Tel. 971 628 12 20 57, Mo–Sa 9–16 und 20–0, So 9–14 Uhr. Süßes Finca-Restaurant mit schönem Innenhof, richtig nett zubereiteten, preiswerten Gerichten und guter Stimmung.

Baskisch – **Lizarrán:** Carrer Sa Senieta, pro Zahnstocher 1 €. Zweigstelle einer populären baskischen Kette, die vornehmlich die typischen *pintxos* auf der Theke arrangiert. *Pintxo* bedeutet »Zahnstocher«, und an denen sind die leckersten »Schweinereien« aufgespießt, die die baskische Küche, eine der besten und eigensten Europas, zu bieten hat.

Einkaufen

In der Fußgängerzone Carrer Jaume I befinden sich zahlreiche nette Souvenirläden und Boutiquen, teilweise mit sehr ausgesuchten Kleidungsstücken. Sehr interessant, wenn man sich zum Beispiel endlich mit einem T-Shirt oder Strandtuch mit Formenteras inoffiziellem Wappentier, der Eidechse, eindecken will. Täglich findet in der Saison auch ein »Hippiemarkt« statt, der aus zahlreichen Ständen besteht.

Schmucker Schmuck – **Majoral:** Carrer Jaume I Nr. 29, Tel. 971 32 70 15, www.majoral.com. Enric Majoral ist zweifellos der erste Juwelier am Platze, sogar mit einem eigenen Museum (So 16.30–20.30 Uhr). Auch die Filiale in La Mola ist beeindruckend opulent aufgemacht (Avinguda de la Mola, Tel. 971 32 34 39).

Aktiv

Volksnah – **Museu Etnològic:** Carrer Jaume I Nr. 17, Mai–Sept von Di–Sa 10–14, 19–21, Mo 19–21, So und feiertags 10–13 Uhr, Eintritt frei, Tel. 971 32 26 70. Liebevoll gestaltetes Heimatmuseum, das dem Besucher die Sitten und Gebräuche Formenteras auch vor der Hippiezeit nahebringt, wie etwa die Salzgewinnung, das Handwerk und die Trachten.

Infos

Touristeninformation an der Plaça de sa Constitució, Mo–Fr 9–15 Uhr.

Platja de Migjorn ▸ F/G 11

Die Platja Migjorn ist für viele Menschen das Nonplusultra eines unbeschwerten Urlaubs. Sie ist mit über 6 km Gesamtlänge der längste Strand der Pityusen. Ihre jeweiligen Anlaufstellen sind mit der Angabe der Kilometersteine an der Straße gekennzeichnet – auf diese Weise weiß man immer, auf welcher Höhe sich die teilweise sehr bekannten Strandetablissements befinden.

Die Straße von Sant Francesc nach La Mola verläuft fast auf der gesamten Länge parallel zur südlich gelegenen Platja de Migjorn. Immer wieder geht rechts ein kleiner, meistens nicht asphaltierter Weg ab, der von Schildern gesäumt ist, die darauf hinweisen, was man am Ende der Stichstraße vorfindet. Häufig sind dies kultige Strandbars oder auch romantische Touristendörfer wie zum Beispiel die reine Feriensiedlung Ca Marí mit Hotels, Apartments, Supermarkt und Autovermietung. Eine professionelle Bearbeitung, wie es an solchen Stränden meistens der Fall ist, fehlt an der Platja Migjorn völlig. Wenige große Hotels, keine Strandpflege, sondern alles eher naturbelassen, was zu langen Spaziergängen einlädt – angezogen oder auch nicht. Kommt der Wind allerdings vom Meer, kann es rau werden. Dann entstehen schnell gefährliche Strömungen (Warnflagge beachten!), und es wird oft tonnen-

weise Seetang angeschwemmt, der an sich nicht schmutzig ist, aber auch nicht entfernt wird.

Ein hektischer Tag an der Platja Migjorn sieht in etwa aber so aus: Baden und tauchen in klarem Wasser, türkisfarben wie im Pool, liegen in feinstem Sand wie in der Karibik, plätschernde Musik von der Blue Bar oder dem Pirata Bus und von dort verträumt auf das weite Meer schauen, bevor man wieder zum Strand heruntergeht, badet oder den Sonnenuntergang beobachtet.

»Römisch Wandern«: Castell und Camí romà

Km 10,1–Km 15,1 (ausgeschildert)
Es besteht zwar kein Zweifel an der zeitweiligen Besiedelung Formen-

Der Pirata Bus – eine Kiosco-Legende

Castell und Camí romà

teras durch die Römer, doch gibt es keinen triftigen Beweis dafür, dass das Castell romà de Can Blai wirklich römischen Ursprungs ist. Das Kastell besteht fast nur aus einem Grundriss, auf dem allerdings sehr deutlich eine quadratische Struktur sowie Wachtürme zu erkennen sind.

Von hier nimmt auch der ›römische Weg‹, der Camí romà, seinen Lauf, dessen römischer Ursprung ebenso strittig ist. Er führt über **Es Caló de Sant Agustí** bis hinauf zur Straße und weiter in die Ebene von **La Mola,** ist nicht anspruchsvoll und bezaubert am Berg mit Aussichten wie aus dem Inselbilderbuch.

Für den steinigen Aufstieg unbedingt festes Schuhwerk anziehen.

Übernachten

Auch an der Platja Migjorn gibt es Apartments der einschlägigen Anbieter, die im Abschnitt zu Pujols erwähnt werden. Sie befinden sich in einigen wenigen Minisiedlungen, in denen man natürlich das Glück hat, direkt am Strand zu wohnen. Die größte Siedlung heißt »Platja Migjorn« und liegt am inoffiziellen Beginn des schönen Strandabschnitts im Westen. Weiter westlich befindet sich die Apartmentsiedlung »Ses Eufabietes«, die jedoch, wie viele Apartmentkomplexe der Gegend, von Veranstaltern geblockt ist, sodass es unwahrscheinlich ist, eines der günstigen Apartments auf direktem Wege zu ergattern (www.seseufabietes.com). Östlich schließt sich an den gleichnamigen Strandabschnitt die Hotel- und Bungalowsiedlung Mar i Land (auch »Maryland« genannt) an. Sie gehört zur Insotel-Gruppe, die hier auch einen der großen »Kästen« inklusive Animation und Sportmöglichkeiten stellt (DZ 70–310 €, Tel. 971 32 70 70, www.insotelhotelgroup.com).

Familien-Club unter Palmen – **Gecko Beach Club:** Höhe km 6,7, 800 m hinter Sant Ferran rechts (ausgeschildert), Richtung Ca Marí an der Urbanisation Platja Migjorn, Tel. 971 32 80 24, www.geckobeachclub.com, DZ 120–235 €. Nur ein paar Meter vom Strand gelegenes, mit Palmen und Garten versehenes Boutiquehotel mit schönen Designerzimmern, tagsüber auch Beachclub und Restaurant. Obwohl es sehr schick zugeht, sind auch Kinder herzlich willkommen und werden neben Spielplätzen auch mit einem Piratenmenü inklusive Schatzsuche bedacht. Auch für Hochzeitsfeiern beliebt. Jede Menge Wassersport sowie Bootstouren im Angebot.

Volle Infrastruktur – **Hotel Ca Marí:** In der Urbanisation Platja Migjorn, Tel. 971 32 81 80, DZ 55–120 €. Hotel- und Apartmentanlage, die sich bis zum Strand erstreckt. Bei den Preisen darf man nicht meckern, aber zu meckern gibt es – von den durchschnittlichen Zimmern mal abgesehen – nicht viel.

Der Service ist freundlich, das Essen ist mehr als in Ordnung und der unfreundliche Oberkellner ist weg. Auch Studios und Apartments sowie zwei weitere Hotels, die sich die Nutzanlagen (Pool, Supermarkt etc.) teilen.
Preis und Reise wert – **Apartments Duna Playas:** Höhe km 11, Tel. 971 32 80 41, www.dunasplaya.com, DZ 55–95 €. Schöne, unaufdringliche, weitläufige Anlage im Kiefernwald. Vom Studio bis zum Chalet alles dabei, auch Restaurant und Pool.

Essen & Trinken

(Von West nach Ost; wo man von der Straße zu den Lokalitäten abbiegen muss, ist meistens ausgeschildert.)
Am Turm – **Sol y Luna:** Nettes, preiswertes Restaurant rechter Hand nahe des Wachtturms Torre des Pi des Català.
Bunt – **Sunsplash:** Karl Dall drehte in den Achtzigern mal den Film »Sunshine Reggae auf Ibiza«, die Stimmung am Kiosco Sunsplash hat er dort aber nicht eingefangen – obwohl die bunten Cocktail- und Musikmischungen dafür sprechen. Seeehr entspannt und unaufdringlich geht es hier zu.
Blau – **Blue Bar:** Bei km 8 am Strandabschnitt namens »Es Arenals«. Das »Blaue Wunder« war schon zu Hippiezeiten eine der wichtigsten Anlaufstellen Formenteras. Aber der auf ewig unverbaute Blick aufs Meer zieht nach wie vor alle an, die auf ein Bier oder auf ewig aussteigen wollen. Gute Speisekarte mit unterschiedlichen Einflüssen und leicht angehobenen Preisen. Bei Fußballevents Public Viewing. Blau zu sein ist, auch wenn der Name etwas anderes suggeriert, hier wie an den anderen Strandbars relativ uncool. Viel italienisches Publikum. Die kitschige UFO-Ästhetik erschließt sich nicht wirklich.
Unbändig – **Las Banderas:** bei km 8,7. Hübsch im Wind flatternde Fähnchen (Banderas) kennzeichnen das sehr populäre Restaurant. Prima Küche, aber eben oft recht voll.
Flagge zeigen – **Pirata Bus:** Höhe km 11. Die legendäre Strandbar am oberen Ende der Platja Migjorn. Der Bus ist entsorgt, die Hütte steht – wie die meisten anderen auch – nun das ganze Jahr, bietet leckere Tapas, Erfrischungen, Sampler und Piraten-Memorabilien, vor allem aber die unvergleichliche Stimmung, die seit drei Jahrzehnten ihre Fans in den Bann der Piratenflagge zieht.

Einkaufen

In der Anlage der *urbanizacíon* Ca Marí befindet sich ein Supermarkt.

Aktiv

Abtauchen – **Tauchbasis La Mola:** Tel. 971 32 72 75, www.tauchen-lamola.de, zw. 70 € (Anfänger) und 400 € (CMAS-Lehrgang). Tauchen dort, wo es unten am schönsten ist, das macht Sinn. Die deutschsprachigen Unterwasserführer steuern alle schönen Gebiete rund um das Plateau von La Mola an. Schnupperkurse sind kostenlos!

Abends & Nachts

Man trifft sich an den Kioscos, um bei Tapas, Kaltgetränken und Musik (oftmals vom eigenen Label) das Schauspiel der Sonne optimal einzufangen, die sich anschickt, am Horizont zu versinken und einen watterosa Himmel zu hinterlassen. Oft geht es dann bis weit nach Mitternacht weiter. Neben den genannten trifft man sich auch am Kiosco Lucky (km 7,8) und dem Restaurant Vogamari (km 9,5).

Richtung La Mola

Es Caló de Sant Agustí ▶ G 11

Auf dem Weg quer über die Insel in Richtung La Mola durchquert man am Ende bei km 13 die kleine Siedlung direkt am Meer, am Fuß der Hochebene. Ein paar Holzwege zu kleinen Strandbuchten, Ses Platgetes genannt (km 11,5), ein paar Häuser, mehr gibt es nicht – wären da nicht die hochromantische Lage und der kleine, idyllische Fischerhafen in der hübschen Bucht Racó des Caló und vor allem eine gute Infrastruktur. So gibt es dort ein paar Restaurants und einen Supermarkt, der die gesamte Umgebung versorgt. Der Strandname Platja de Tramuntana bezeichnet den Wind, der gerne über die Ebene fegt. Sie hat zusammen mit Ses Platgetes ihren großen Auftritt, wenn der Wind das Baden an der Südseite zu einem unangenehmen oder gar gefährlichen Vergnügen macht. Das restliche Ufer ist bis zu den Siedlungen vor Sant Ferran fast durchgehend felsig und deshalb zum Baden nicht sonderlich geeignet, geschweige denn ausgewiesen.

Übernachten

Freie Sicht – **Can Rafalet:** Tel. 971 32 70 16, und **Mar Blau:** Tel. 971 32 70

Üppige Vegetation und weite Strände, so zeigt sich die Ebene von Formentera

30, im Winter geschlossen, DZ 46–65 €. Zwei Brüder besitzen je eines der schlichten Hotels mit einfachen Zimmern und fantastischen Aussichten aufs Meer. Im Mar Blau kann man mit Auskünften zu Apartments aushelfen.

Rustikal – **Huéspuedes Miramar:** DZ 40–50 €. Gemeinschaftsbad im Hof, Toilette auf dem Gang, also eine charmant-altmodische Herberge alter Schule – was nicht böse gemeint ist.

Essen & Trinken

Frischer Fisch – **Pascual:** Tel. 971 32 70 14. Traditionelles und traditionell als bestes Fischrestaurant Formenteras bezeichnet. Und dabei ist es selbst bei den Preisen anständig geblieben. Hier kann man nach freien Apartments fragen.

Aussichtsreich – **Can Rafalet:** Tel. 971 32 70 16. Das Restaurant, das zum gleichnamigen Hotel gehört, liegt direkt am Hafen und bietet unter anderem leckere Fischgerichte zwischen 10 und 20 €.

Mexikanischer Einschlag – **Acapulco:** Richtung El Pilar de la Mola, am Berg: Höhe km 12,7. Auf dem Anstieg Richtung El Pilar de la Mola liegt diese hübsche Anlage am Straßenrand und lädt zu eventartigem Essen unter freiem Himmel und dem bei Spaniern so beliebten *Barbacoa* (Barbecue) ein. Deshalb sehr populär bei Einheimischen und Urlaubern.

Super Sicht – **El Mirador:** zwischen Es Caló und La Mola, Höhe km 14,3 (fast genau dort, wo der Camí romà wieder auf die Straße trifft), Tel. 971 32 70 37. Eigentlich kein toller Laden, sondern eher ein biederes und typisches Ausflugslokal. Aber solch ein Panoramablick über ganz Formentera bei Trockenfisch und Salat muss man lange suchen.

La Mola ▶ H/J 11

Oben auf dem Hochplateau La Mola angekommen, fährt man zunächst durch das kleine Dörfchen El Pilar, bevor sich die weite, schöne Ebene von La Mola vor dem Auge des Betrachters erstreckt. Dann geht die Straße schnurgerade auf das östliche Ende der Insel zu, an dem der Leuchtturm von La Mola steht. Fruchtbare Felder durchziehen die sonst eher karge Ebene, was auch daran liegt, dass der Wind hier ungehemmt übers Land zieht. Nur einige Kiefernwälder stechen aus dem Panorama heraus. La Mola bietet mit seinem reinen Naturschauspiel einen schönen, romantischen Kontrast zum üblichen Strandprogramm.

El Pilar de la Mola ▶ H 11

Das Dörfchen am Beginn der Ebene ist zugleich die einzige zusammenhängende Siedlung auf dem Plateau. Aber auch hier gibt es außer ein paar Restaurants und ein paar Läden wenig, was den Besucher aus der Fassung bringt. Vielmehr lädt der Ort zu Ruhe und Besonnenheit ein.

Schnurgerade erstreckt sich die Zufahrtsstraße zum »Ende der Welt«, an dem der markante Leuchtturm steht, weiter: das Cap de la Mola mit gleichnamigem Leuchtturm Far de la Mola. Viele kehren nach dem Besuch der Inselspitze auf dem Weg zurück in ihre Ferienwohnung noch mal ein.

Far de la Mola ! ▶ J 11

Auf der asphaltierten Straße weiter in Richtung Osten nach El Pilar de la Mola erreicht man schließlich den Leuchtturm Far de la Mola ▷ S. 265

Auf Entdeckungstour: Das Loch am Leuchtturm – die Cova Foradada

Der spanische Kultfilm »Lucía und der Sex«, der international Furore machte, wurde zu einem großen Teil auf Formentera gedreht. Aber gäbe es nicht die Höhle neben dem Leuchtturm am Cap de Barbaria, gäbe es nur Lucía – und keinen Sex.

Reisekarte: ▶ E 12

Planung: Zum Far de Cap de Barbaria (mit dem Roller von Sant Francesc ca. 10 Minuten), dann ein paar Schritte nach rechts und – aufpassen!

Es gibt immer noch Filme, die gedreht werden, ohne ein fertiges Drehbuch zu haben. »Lucía und der Sex« zum Beispiel sollte ursprünglich ganz anders verlaufen. Bis der Regisseur zu der Höhle am Cap de Barbaria kam. Bis dahin hatte er eine Geschichte im Kopf, die sich um eine junge Frau und ihren Freund drehte, der eines Tages verschwindet und auf »der geheimnisvollen Insel« nach vielen Irrungen und Wirrungen wieder auftaucht – genau dort, wohin sich Lucía nach seinem vermeintlichen Tod zurückzieht. Unverkennbar handelt es sich um Formentera, auch wenn Regie und Schnitt ihr Übriges tun, um daraus eine neue Insel zu machen: Lucía schaut sich am Cap de

Barbaria um – und blickt auf die von dort aus nicht einsehbare Ebene von Formentera herunter. In einer anderen Szene fahren zwei Figuren die lange Straße entlang, bis sie stoppen – im Hintergrund unverkennbar die alte Salzmühle vor Illetes. Auf diese Weise wird Formentera zu einer Fantasieinsel, die die Facetten der realen Insel auf wundersame Weise verdichtet.

Ihre Hauptrolle bekommt sie durch diese Höhle. Sie brachte den Regisseur Julio Medem auf eine grandiose Idee: »Auf einer meiner Fahrten entdeckte ich einen Leuchtturm, in dessen unmittelbarer Nähe sich im Boden ein Loch von einigen Metern Durchmesser auftat. Die sexuelle Konnotation dieses Orts interessierte mich zunächst nicht. Ich wollte keinen Sex für Lucía. Rückblickend hat mich dieser Anblick aber auf eine neue Fährte gebracht und beinhaltet die klarste, natürlichste und tiefste Bedeutung von ›Lucía und der Sex‹.«

Der Film dreht sich um eine junge Madrilenin, die sich erst in die Bücher eines Schriftstellers verliebt und dann in ihn selbst. Sie führen eine leidenschaftliche Beziehung, bis der Freund schließlich spurlos verschwindet und Lucía in ihrer Trauer nach Formentera reist, in der »Blue Bar« anfängt zu weinen, weil es die Paella nur ab zwei Personen gibt, und versucht, ihr Leben wieder auf die Reihe zu bekommen.

An dem Punkt, an dem sie es geschafft hat, würde, böse gesagt, ein deutscher Spielfilm wahrscheinlich enden. »Lucía und der Sex« beginnt erst hier. Nun zeigt sich erst die dunkle, tragische Seite des so harmlos wirkenden Schriftstellers: Es tauchen merkwürdige Figuren auf, die wesentlich abgründiger sind als die nette Liebe, die Lucía und Lorenzo verbindet. Als diese Geschichte erzählt wird, ist allerdings das Kind längst in den Brunnen gefallen ...

Eine Höhle macht noch keinen Sex

Die deutsche Zeitschrift Cinema bezeichnete Julio Medems Werk als »mysteriöses Liebesmärchen voller Erotik«, andere Medien sehen den Film an der Grenze zum Porno. Genießern aber dürfte die Einschätzung gefallen, dass die schönsten, erotischsten Szenen der jüngeren Filmgeschichte in diesem Film stattfinden. Paz Vega ist zumindest in ihrer Rolle der Luciá zum Star avanciert, der Film brachte Ruhm und Ehre von Rotterdam bis zum Sundance Festival. Allein in Spanien gingen bei der Premiere im Jahr 2002 zwei Millionen Menschen auf Anhieb ins Kino.

Der Sex ist jedoch nur die plakativere Seite der Höhle neben dem Cap de Barbaria. In Wirklichkeit hat es mit dem Loch noch mehr auf sich. Man kann fast behaupten, dass die Höhle den Film rettet. Zumindest ist sie ein Brückenkopf der Handlung, die – wie manche Filmkritiker meinten – immer wieder den Faden verliert und mit scharfen Sexszenen darüber hinwegtäuscht, dass es so ist.

Keine Angst, die Handlung, wird an dieser Stelle nicht verraten. An einer Schlüsselstelle des Films wird jedoch erklart, was es mit den Kapriolen in der Handlung auf sich hat. Lucías Pensionswirtin und mittlerweile Freundin (auch sie hat eine lange Geschichte), erzählt Lucía, es gäbe einen Menschen im Internet, der sie vollkommen zu verstehen scheint. »Dieses kleine Symbol, sein Chatname, siehst du, ist ein Leuchtturm. Er nennt sich ›Leuchtturmwärter‹. Er hat eine Geschichte geschrieben«, fährt sie fort. Lucía wird neugierig – schließlich war ihr vermisster Freund auch ein Schriftsteller. »In der Mitte der Geschichte ist ein Loch. Da kannst du hineinspringen und woanders wieder herauskommen. Du kannst in der Mitte die Richtung ändern«, erklärt die Freundin Lucía. So ändert auch der Film seine Richtung.

Sprung ins Dunkel

Lucía kommt die Geschichte sehr bekannt vor. Sie muss ihre Gedanken ordnen. Wenig später fährt sie mit dem Roller zum Cap de Barbaria – eine legendäre Filmfahrt – steht allein vor der Klippe, und fällt in das Loch. Dunkelheit, Totenstille. Schnitt. Aufblende: Madrid, ein paar Jahre vorher … Lucía ist also in der Geschichte selbst hereingefallen und kommt woanders wieder heraus. Schade, dass manche Kritiker vor lauter Sex diesen erzählerischen Kunstgriff übersehen haben.

Übrigens, keine Angst, man kann nicht so tief fallen wie Lucía in dem Film – offenbar hat man die Kamera quer zum Licht gestellt, dass eine etwa 8 m lange Perspektive von unten entsteht. In Wirklichkeit ist das Loch in der Höhle etwa 1,50 m »tief«. Mit etwas Geschick oder Hilfe klettert man herunter und kann nach etwa 30 m bis an den Rand der Klippen treten – und damit ans Ende der Welt.

Nur noch 168 km bis Tunesien: der Leuchtturm am Cap de Barbaria

mit einem kleinen Jules-Verne-Denkmal. In seinem Roman »Reise durch das Sonnensystem« lässt der Autor Formentera durch einen abstürzenden Kometen zerstören.

Hoch über den steilen Kliffen, unter sich die Brandung und einen sagenhaft weiten Blick über das Meer, hält der Betrachter an diesem weiteren Höhepunkt inne. Links und rechts vom Leuchtturm ist nicht viel Spektakuläres ausfindig zu machen, aber man kann mit Vorsicht am Klippenrand entlanggehen und sich dort zu einer beschaulichen Minute hinsetzen und nichts anderem als dem Wind und den Vögeln zuhören.

Essen & Trinken

Links: leicht – **Can Blaiet:** von unten kommend, am Ortseingang zur Linken. Auch als »Casa Catalina« geführtes kleines, nettes Tapasrestaurant mit guter Stimmung und moderaten Preisen.

Rechts: schwer – **Pequeña Isla:** Tel. 971 32 70 68. Die »Kleine Insel« liegt genau gegenüber der Can Blaiet und bietet eher Deftigeres aus der Küche Formenteras zu bekömmlichen Preisen (zw. 10 und 15 €).

Snacken und Chillen – **Codlce Luna:** direkt am Leuchtturm. Speisen unter 10 €. Besonders viel ist außer dem Naturspektakel am Ende der Welt nicht gebacken – außer in dem kleinen Chill- und Hangout direkt am Parkplatz. In dem Lokal kann man in der Saison trefflich kleine Snacks verzehren und die Seele unter Planen baumeln lassen.

Aktiv

Trödeln – **Hippiemarkt:** Im Sommer findet jeden Mittwoch und Sonntag von 16 bis 21 Uhr ein Hippiemarkt statt.

Folkswanderung – **Molí Vell de la Mola:** (zur rechten außerhalb des Ortes Richtung Kap). In der Mühle aus dem Jahr 1778 wohnte in den 1960er-Jahren angeblich Bob Dylan für eine Weile. Einer der vielen Mythen, die sich hartnäckig halten, ohne dass es dafür Zeugen gäbe. Für viele Dylan-Pilger ein Grund, mal vorbeizuschauen: Sie sollten dann aber nicht allzu enttäuscht sein.

Der Süden ▸ E/F 11–12

Vom »Drehkreuz« Sant Francesc geht es auch in die südliche Spitze Formenteras hinein, auf der PM V 802-1 bis hinunter zum Cap de Barbaria, dem »anderen Ende« der Welt. Der etwas holperige und schmale Weg bietet wunderschöne Ausblicke in die breite Ebene.

Die einzig weitere »große« Straße geht rechts ab und führt in die Cala Saona, dem Strandhighlight an der sonst eher felsigen westlichen Küste. Weiter geradeaus führt die Straße an den für die Pityusen charakteristischen Trockenmauern entlang, durch Wiesen und Felder, an entlegenen Fincas vorbei und schließlich aus einem Wald heraus in eine hügelige weite Ebene.

Links liegen noch ein paar Überreste einer punischen Siedlung, es wird merkwürdig kahl, dann geht es noch ein paar Mal in die Kurve, bis schließlich jener Moment kommt ... an dem sich an einer ganz bestimmten Stelle überraschend der Leuchtturm zeigt, um erstmal wieder zu verschwinden: ein Motiv, millionenfach fotografiert, aber niemals wirklich getroffen.

Am Weg dorthin steht außerhalb von Sant Francesc als eine der wenigen Sehenswürdigkeiten die umzäunte Kapelle Sa Tanca Vella, weniger

Kapelle als Denkmal der Christianisierung Formenteras durch die Katalanen im 14. Jahrhundert.

Cala Saona ▸ E 11

Die breite Strandbucht mit dem feinen Sand liegt ziemlich weit vom Schuss und bietet dank ihrer Hotelanlagen und der örtlichen Versorgung einen komfortablen Urlaub. Sie ist von Felsen umschlossen und relativ breit, was man eigentlich mehr von den Buchten Ibizas kennt – die »restliche« Küste ist ja eher strandlastig. Rundum bietet die von Bäumen geprägte Landschaft Gelegenheit zum Spazierengehen. Weitere Strecken bedürfen jedoch eines fahrbaren Untersatzes, die man aber an Ort und Stelle mieten kann. Überhaupt ist die Bucht aufgrund ihrer »Kindertauglichkeit« beliebt bei Familien.

Übernachten

Schön schattig – **Hotel Cala Saona:** Platja Cala Saona, Tel. 971 32 20 30, www.hotelcalasaona.com, DZ 65–135 €. Bescheidenes, aber recht großes Hotel, zurückgesetzt von der weiten Bucht mit Sandstrand und schönen Zimmern, größtenteils mit Aussicht auf die Bucht. Tennisplätze.

Aktiv

Vom Weg abkommen – **Camí Vell de la Mola:** Etwas außerhalb zur Linken beginnt der »alte Mola-Weg«, der von der Straße abgehend zur »Torre des Pi des Català« weist. Das ist leicht irreführend, befindet sich der alte Wachtturm doch am westlichen Ende der Platja Migjorn. Der eigentliche alte Weg führt jedoch parallel zur Straße Richtung La Mola und zweigt immer wieder zur Platja Migjorn ab. Was ihn so überaus wertvoll macht, ist seine Ruhe im Vergleich zur befahrenen Straße und natürlich die tieferen Einblicke in die bäuerliche und von kleinen Wäldchen geprägte Landschaft. Nach 7 km steht man vor dem »römischen« Kastell.

Cap de Barbaria ▸ E 12

Über die Hauptstraße erreicht man in einer beeindruckenden Fahrt durch eine eigenartig kahle, karstige Hochebene das Cap de Barbaria (E 12) am Südende der Insel mit dem Leuchtturm und einem fantastischen Blick übers Meer. Drei Ausgrabungsstätten (Barbaria I, II und III) liegen auf dem Weg, bieten aber außer ihren Grundrissen für den Laien wenig Aufschlussreiches. Aber immerhin sind sie fast 3000 Jahre alt.

Früher verlief das Waldgebiet bis ans Ende, es wurde jedoch im 20. Jahrhundert abgeholzt. So entstand diese von Büschen und Felsen gesäumte Mondlandschaft. Am Ende der Straße prangt der Leuchtturm **Far de Barbaria,** das leuchtende Wahrzeichen der Insel, und dahinter klafft direkt die Steilküste. Von hier aus sind es nur noch 168 km bis nach Tunesien, wie ein Wegweiser verrät. Drumherum gibt es so gut wie nichts, außer einer Steinwüste, in der oftmals Hunderte von Steinpyramiden eine leicht unheimliche Atmosphäre beschwören.

Als wäre das nicht genug, kann man durch ein Loch, etwa 20 m vom Leuchtturm entfernt, hinunter bis zur Spitze der Meeresklippe steigen. Im Sommer ist das Loch aufgrund der zahlreichen Touristen nicht zu übersehen, im einsameren Winter gar wohl. Also aufgepasst, wo man hintritt! Außerdem birgt das Loch ein kleines Geheimnis (s. S. 262). Wer Lust hat, kann auf einem kleinen Weg nach rechts bis zum Wachtturm Torre des Cap de Barbaria wandern – auch wenn ihn dort keine weiteren Sensationen erwarten. Willkommen am Ende der Welt.

Essen & Trinken

Weingut – **Cap de Barbaria:** Carretera de Cap de Barbaria, Höhe km 5,8 (nahe Ausgrabungsstätte Barbaria II), Tel. 617 46 06 29, www.capdebarbaria.com. Formenteras Weingut. Mit ›Ophiusa‹ und ›Cap de Barbaria‹ aus Merlot-, Monastrell-, Cabernet Sauvignon- und Fogoneu-Reben hat der Erzeuger seit 1999 zwei beachtenswerte Weine gekeltert. Der Besuch lohnt sich auch wegen des malerischen Ambientes, mit seinen Rebstöcken und Trockenmauern ein schönes und fruchtbares Fleckchen Erde (Reservierungen unter Tel. 617 46 06 39).

Viel Einsamkeit und eine idyllische Tradition: das ist Formentera

Sprachführer Spanisch

Welche Sprache wählen?

Die richtige Sprache zu wählen, ist auf den Pityusen nicht ganz einfach: Natürlich versteht hier jeder Einheimische kastilisch – aber er spricht und hört es nur ungern. Jedenfalls von Festlandspaniern. Touristen werden da wesentlich mehr geschont und wenn man aus Höflichkeit den einen oder anderen Brocken Català in sein Schulkastilisch mischt, wird man damit Erfolge feiern können.
Mit Englisch und teilweise Deutsch kommt man aber auch weiter.
Betont wird meist auf der vorletzten Silbe. Andernfalls gibt oft ein Akzent die betonte Silbe an.

c vor a, o und u wie k
c vor e und i wie ss
ç wie ss
g vor a, ue, ui, o und u wie j in Journalist
ei wie äi
j wie j in Journalist
ll wie j
ny wie nj
qu vor e und i wie k
ua, üe, üi und uo wie uá, ué, uí und uó
uig wie udsch
tg und tj wie dsch
tx wie tsch
x wie sch
z ist ein stimmhaftes s

deutsch	katalanisch	kastilisch
Allgemeines		
danke/vielen Dank	gràcies/moltes gràcies	gracias/muchas gracias
gern geschehen	de res	de nada
entschuldigen Sie bitte	perdoni	perdone
gestatten?	em permet?	¿permiso?
ja/nein	sí/no	sí/no
wer?/was?	qui?/qué?	¿quién?/¿qué?
wo?/wohin?/woher?	on?/cap a on?/d'on?	¿dónde?/¿a dónde?/¿de dónde?
wie?/wieviel?	com?/quant?	¿cómo?/¿cuánto?
wann?/warum?	quan?/perquè?	¿cuándo?/¿por qué?
gut/schlecht	bo/dolent	bueno/malo
billig/teuer	barat/car	barato/caro
schnell/langsam	ràpid/a poc a poc	rápido/despacio
Begrüßung, Verabschiedung		
guten Morgen/Tag	bon dia	buenos días
guten Abend	bona tarda,	buenas tardes
		bon vespre (Mallorquí)
gute Nacht	bona nit	buenas noches
auf Wiedersehen	adéu; adéu-siau	adiós
Hallo, wie geht's?	Hola, com va això	Hola, ¿qué tal?
Wie heißt du?	Com et dius?	¿Cómo te llamas?
Wie heißen Sie?	Com es diu, vostè?	¿Cómo se llama usted?
Ich heiße ...	em dic ...	me llamo ...

Unterwegs

rechts/links	a la dreta/a l'esquerra	a la derecha/a la izquierda
geradeaus	tot dret; recte	todo recto
Stadt/Stadtviertel	ciutat/barri	ciudad/barrio
Straße (innerorts)	carrer	calle
Fernstraße/Allee	carretera/avinguda	carretera/avenida
Touristeninformation	informació turística	información turística
Polizei	policia	policía
Flughafen	aeroport	aeropuerto
zum Flughafen, bitte	A l'aeroport, si us plau!	!Al aeropuerto, por favor!
Zug/Bahnhof	tren/estació	tren/estación
Busbahnhof	estació d'autocars	estación de autobuses
Schiff/Hafen	vaixell/port	barco/puerto
Fahrkarte(nschalter)	bitllet/taquilla	billete/taquilla
Um wieviel Uhr kommt der Zug in ... an?	A quina hora arriba a ... el tren?	¿A qué hora llega a ... el tren?
Wo hält der Bus nach ...?	On para l'autocar que va a ...?	¿Dónde para el autobús que va a ...?
Was kostet die Fahrkarte nach ...?	Quant costa el bitllet a ...?	¿Cuánto cuesta el billete para ...?
hin/und zurück	anada/i tornada	ida/y vuelta
Wo muss ich umsteigen?	On he de canviar?	¿Dónde tengo que cambiar?
Ist geöffnet/geschlossen?	Està obert/tancat?	¿Está abierto/cerrado?
Wo ist eine Tankstelle?	On hi ha una benzinera?	¿Dónde hay una gasolinera?

Zeit

Montag/Dienstag/Mittwoch	dilluns/dimarts/dimecres	lunes/martes/miércoles
Donnerstag/Freitag	dijous/divendres	jueves/viernes
Samstag/Sonntag	dissabte/diumenge	sábado/domingo
Datum/Stunde	data/hora	fecha/hora
Tag/Woche	dia/setmana	día/semana
Monat/Jahr	mes/any	mes/año
Morgen/am Morgen	matí/al matí	mañana/por la mañana
Nachmittag/am Nachmittag	tarda/a la tarda	tarde/por la tarde
Abend/abends	tarda/a la tarda	tarde/por la tarde
Nacht/nachts	nit/a la nit	noche/por la noche
gestern/heute/morgen	ahir/avui/demà	ayer/hoy/mañana
früh/spät/früher/ später	aviat/tard/més aviat/ més tard	pronto/tarde/más pronto/ más tarde

Geld/Einkaufen/Post

Preis/Wechselgeld	preu/canvi	precio/cambio
Trinkgeld	propina	propina
Was kostet das?	Això, què val?	¿Cuánto vale esto?
Ich brauche ...	Necessito/necessit ...	Necesito ...

Ich suche ...	Cerco / cerc ...	Busco ...
Postamt	correus	correos
Brief/Karte	carta/postal	carta/postal
Briefmarke	segell	sello
Telefon/Anruf/telefonieren	telèfon/trucada/telefonar	teléfono/llamada/llamar

Übernachten

Haben Sie ein Zimmer frei?	Tenen habitacions lliures?	¿Tienen habitaciones libres?
Einzelzimmer	habitació individual	habitación individual
Doppelzimmer	habitació doble	habitación doble
Hotel/Pension	hotel/pensió	hotel/pensión

Notfall

Arzt/Zahnarzt	metge/dentista	médico/dentista
Krankenhaus	hospital	hospital
Apotheke	farmàcia	farmacia
Medikament	medicament	medicamento
Ich habe Fieber/ eine Erkältung/ Kopfschmerzen/ Bauchschmerzen	Tinc febre/ un refredat/ mal de cap/ mal de ventre	Tengo fiebre/ un resfriado/ dolor de cabeza/ dolor de estómago

Zahlen

1	u, un, una	uno, un, una
2	dos, dues	dos
3	tres	tres
4	quatre	cuatro
5	cinc	cinco
6	sis	seis
7	set	siete
8	vuit	ocho
9	nou	nueve
10	deu	diez
20	vint	veinte
30	trenta	treinta
40	quaranta	cuarenta
50	cinquanta	cincuenta
60	seixanta	sesenta
70	setanta	setenta
80	vuitanta	ochenta
90	noranta	noventa
100	cent	cien/ciento
200	dos-cents, dues-centes	doscientos, doscientas
1000	mil	mil

Kulinarisches Lexikon

katalanisch	kastilisch	deutsch
Zubereitung/Spezialitäten		
albergínes farcides	berenjenas rellenas	gefüllte Auberginen
allioli, aioli	alioli	Knoblauchmayonnaise
boccata / entrepà	bocadillo	belegtes Brötchen
brou	caldo	(Kraft-)Brühe
bullit, bollit	cocido	Eintopf mit gekochtem Fleisch und Gemüse
caldereta	caldereta	Eintopf meist auf Fischbasis
empanades / panada	empanadas	gefüllte Teigtaschen
ensaladilla	ensaladilla	Kartoffelsalat
fideuà	fideuá	ein Nudelgericht, ähnlich wie Paella
pa amb oli	pan con aceite	Brot mit Öl, Tomaten, Käse oder Schinken
paella	paella	Reispfanne
peix a la sal	pescado a la sal	Fisch in Salzkruste
sarsuela	zarzuela	Fischtopf
sobrassada	sobrasada	mallorquinische Paprikawurst aus Schweinefleisch
salsa	salsa	Sauce
sopa	sopa	Suppe
Gewürze		
mel	miel	Honig
mostassa	mostaza	Senf
pebre	pimienta	Pfeffer
sal	sal	Salz
Fisch und Meeresfrüchte		
anfós	mero	Zackenbarsch
anxoves	anchoas	Sardellen, Anchovis
bacallà	bacalao	Kabeljau/Stockfisch
boquerons	boquerones	Sardellen
bunyols	buñuelos	Krapfen
calamars	calamares	Tintenfisch
cloissa	almejas	kleine Muscheln
gamba	gamba	Garnele
llenguado	lenguado	Seezunge
lluç	merluza	Seehecht
musclos	mejillones	Miesmuscheln
ostra	ostra	Auster
peix	pescado	Fisch
rap	rape	Seeteufel

salmó	salmón	Lachs
sípia	sepia	Tintenfisch

Fleisch

botifarra	butifarra	Blutwurst
cabrit	cabrito	Zicklein
carn de vaca	carne de vaca	Rindfleisch
carn de porc	carne de cerdo	Schweinefleisch
conill	conejo	Kaninchen
costella	chuleta	Kotelett
escalop	escalope	Schnitzel
llom	lomo	Schweinelende
llom	solomillo	Filet
mé	cordero	Lamm
porc	cerdo	Schwein
porcella	lechona	Spanferkel
pernil dolç	jamón york	gekochter Schinken
pernil salat	jamón serrano	luftgetrockneter Gebirgsschinken
pilotes	albóndigas	Hackfleischbällchen
salsitxa	salchicha	Würstchen

Geflügel und Wild

ànec	pato	Ente
perdiu	perdiz	Rebhuhn
pollastre	pollo	Hähnchen

Gemüse und Beilagen

all	ajo	Knoblauch
arròs	arroz	Reis
bleda	acelgas	Mangold
bolet	setas	Pilze
carabassons	calabacines	Zucchini
carxofa	alcachofas	Artischocken
ceba	cebolla	Zwiebel
ciuróns	garbanzos	Kichererbsen
col	col	Kohl
espàrrec	espárragos	Spargel
espinacs	espinacas	Spinat
faves	habas	weiße Bohnen
fonoll	hinojo	Fenchel
macarrons	macarrones	Makkaroni
mongetes	judías	grüne Bohnen
olives	aceitunas	Oliven
patates	patatas	Kartoffeln

pèsol	guisantes	Erbsen
pebrot	pimientos	Paprikaschoten
tàpera	alcaparra	Kaper
tomàtiques	tomates	Tomaten

Obst

figa	higo	Feige
llimona	limón	Zitrone
macedonia	macedonia	Obstsalat
maduixa	fresa	Erdbeere
melocotó	melocotón	Pfirsich
pinya	piña	Ananas
poma	manzana	Apfel
raïm	uva	Traube
taronja	naranja	Orange

Eier und Milchprodukte

formatge	queso	Käse
mantega	mantequilla	Butter
nata	nata	Sahne
ou	huevo	Ei

Nachspeisen und Backwaren

coca	coca	Blechkuchen bzw. eine Art Pizza
gató	tarta de almendras	mallorquinischer Mandelkuchen
gelat	helado	Speiseeis
pa	pan	Brot
pastís	pastel	Kuchen
ensaïmada	ensaïmada	Blätterteigschnecke

Getränke

aigua amb gas	agua con gas	Mineralwasser mit Kohlensäure
cafè amb llet	café con leche	Milchkaffee
cafè americà	café americano	schwarzer Kaffee
cafè tallat	café cortado	Kaffee mit einem Schuss Milch
cafè tot sol	café solo	Espresso
canya	caña	Bier vom Fass
cava	champán, cava	Sekt
cervesa	cerveza	Bier
herbes	licor de hierbas	Kräuterlikör
llet	leche	Milch
orxata	horchata	Erdmandelmilch
pal	palillo	inseltypischer Aperitif
suc	zumo	Saft
xerez	jerez	Sherry

Agroturismo 28
Aktivurlaub 33
Aleppokiefer 39
Ama Lur 237
Amnesia 113
Anitas Bar 199
Anreise nach Formentera 26
Anreise nach Ibiza 24
Aquädukt S'Argamassa 209
Ärztliche Versorgung 38
Atlantis 143
Aura 237
Aussteiger 63

Baden 38
Balàfia 236
Bambuddha Grove 237, 239
Bar Costa 232
Beachpolo 135
Behinderte 41
Benjamin, Walter 162
Bezahlen 42
Bora Bora 117
Busverkehr auf Formentera 27
Busverkehr auf Ibiza 26

Ca Eivissenc 42
Café del Mar 57, 158
Cala Bassa 154
Cala Boix 203
Cala Carbó 147
Cala Codolar 150
Cala Comte 151
Cala d'Aubarca 174
Cala de Benirràs 185, 200
Cala d'en Serra 194
Cala de Sant Vicent 195, 196
Cala des Cubells 135
Cala des Jondal 130
Cala des Moltons 184
Cala d'es Xuclà 193
Cala d'Hort 146
Cala Es Bol Nou 129
Cala Espart 225
Cala Es Xarcu 134
Cala Gració 168
Cala Gracioneta 168
Cala Llenya 206
Cala Llonga 222
Cala Martina 209
Cala Mastella 206
Cala Molí 149
Cala Nova 206
Cala Olivera 224
Cala Pada 210
Cala Roja 151
Cala sa Caleta 129
Cala Salada 168
Cala Saona 266
Cala s'Illot des Renclí 193
Cala Tarida 149
Cala Vadella 148
Cala Xarraca 193
Caló de s'Alga 219
Caló des Moro 168
Calvi, G. B. 92
Camí de Benimussa 139
Camí romà 257
Camí Vell de Sant Mateu 119, 230
Camí Vell de Sant Rafel 119
Camping 29
Camp Vell 169
Ca na Costa, Megalithgrab 250
Can Lluc 224
Can Pep Benet 199
Can Pepeta 236
Can Tixedo 226
Cap d'Aubarca 174
Cap de Barbaria 266
Castell romà 257
Closing-Partys 38, 106
Cotton Beach Club 138, 150
Cova de Can Marçà 185
Cova des Cuieram 195
Cova Foradada 262
Cova ses Fontanelles 169

Discobus 26
Discos 76
Discosaison 21

Earth-Festival 37
Einreisebestimmungen 24
Eivissa 82, 88
– Aguamar, Wasserpark 117
– Anfora 107
– Angelo 107
– Aniseta Fábrica de Licores 104
– Art Projects Ibiza 109
– Bar Flotante 110
– Bar La Muralla 107
– Bar Show Samsara 107
– Blue Marlin Marina 110
– Café Mar y Sol 105
– Ca N'Alfredo 103
– Capella de Sant Ciriac 97
– Cappucino Grand Café 110
– Carrer de Pere Tur 97
– Casino de Ibiza 111
– Castell Almudaina 91
– Centre d'Interpretació Madina Yabisa 97
– Club Nautico 111
– Convent de Sant Cristòfol 94
– Dalt Vila 89, 96
– Dalt Vila-Führung 99
– Destino Ibiza Pacha Resort 112
– Divina 100
– Eivissa Nova 106
– El Chiringuito 113
– El Corsario 99
– El Hotel Pacha 110
– El Olivo Mio 100

- Es Tap Nou 104
- Festival Eivissa Medieval 98
- Heart Ibiza 111
- Holala 106
- Hostal marblau 103
- Hostal Talamanca 112
- Ibiza Food Studio 105
- Ibiza Granhotel 110
- Incognito 107
- Kathedrale Santa María de les Neus 91
- La Brasa 104
- La Marina 104, 105
- La Oliva 100
- La Plaza 100
- La Torre del Canónigo 99
- La Ventana 100
- Lío Ibiza 112
- Llibrería Vara de Rey 104
- Locals Only 104
- Lune Rouge 109
- Marina Botafoch 106
- Mercat Veill 106
- Mirador de Dalt Vila 99
- Miretti 105
- Museu Arqueológic d'Eivissa 92
- Museu d'Art Contemporani d'Eivissa 98
- Museu Monogràfic 103
- Museu Puget 97
- Nekropole auf dem Puig des Molins 80, 101
- Obelisc als Corsaris 97
- Out of Time 104
- Pacha 112
- Parador Almudaina 99
- Passeig de Vara de Rey 101
- Pastis 104
- Plaça de la Catedral 91
- Plaça del Parc 101
- Plaça de Vila 93
- Platja d'en Bossa 115
- Platja Talamanca 112
- Portal des ses Taules 93
- Puig des Molins 101
- Sa Penya 104
- Sa Punta 113
- Sa Vida 104
- Ses Figueretes 113
- Ses Voltes-Palast 91
- Sombrereria 106
- Stadtmauer 92
- Strände 112
- The Dome 106
- The Harbour Club 113
- the ocean drive 110
- Vara de Rey 101
- Veto Social Club 112
- Vine & Pasta 104

El Bigote 206
Eleonorenfalke 42
El Pilar de la Mola 261
Es Broll 228, 234
Es Caló de Sant Agustí 258, 260
Es Camp Vell 167
Es Canyar 104, 207
Es Cubells 135, 136
Església de Sant Miquel 180, 183
Església Es Puig de Missa 213
Església Santa Agnès de Corona 172
Es Molí de Sal 248
Es Pas de s'Illa des Bosc 184
Es Pins 237
Es Porquet 120
Es Pou des Lleó 203
Es Pouet 167
Es Pujols 250
Essen und Trinken 30
Es Vedrà 143, 145

Fährunternehmen 25
Far de la Mola 261
Feiern auf Formentera 38
Ferienwohnungen 29
Feste 35
Festkalender 36
Fincas 29
Fitness 34
Flohmarkt Ibiza Rastrillo 117
Flora 39
Fonda Pepe 253
Formentera 240
Formentera Guitars 252
Fremdenverkehrsämter 18

Gayvissa 40, 107
Gecko 42
Geld 39
Geografie 46
Geschichte 49
Getränke 32
Ginsterkatze 42
Golf 33

Hard Rock Hotel 116
Hausmann, Raoul 133
Haustiere 39
Heaven's Gate 170
Hï Ibiza 117
Hipódromo de Sant Rafel 119, 230
Hipódromo Ibiza 34
Hipódromo Sant Jordi 34
Hippiemärkte 40, 75
Hippiemarkt (Formentera) 265
Hippiemarkt Las Dalías 198
Hippiemarkt Punta Arabí 208
Hippies 73, 198

Homosexualität 40, 107
Hotels 28

Ibiza Delta Discos 104
Ibizenkische Küche 30
Informationsquellen 18
Internet 40

Jachtcharter 35
Jaume I. 49
Jesús 225
Jesusstatue 119
Johannisfest 37
Juanito 237

Kayaking 34
Kioscos 59
Kirchliche Feiertage 35
Klima 20
Korallenmöwe 42
Korsaren 50
Kriminalität 40

La Mola 261
Landhotel Calador 147
La Olivera 133
La Savina 243
Las Dalías 199
Lesetipps 19
»Lucía und der Sex«, Film 262

Magiclown-Festival 37
Manantial de es Broll 235
Mandelblüte 20, 54, 169
Marí Mayans 119
Mauren 49
Megalithkultur 48
Mietwagen 25
Mittelalterfestival 35
Mondwanderung 169
Montecristo 119
Mountainbike-Tour Es Camp Vell 167
Mountainbike-Tour rund um Santa Gertrudis 234

Neptungras 80, 127
Northride Ibiza 188
Notruf 38

Ocho 237
Opening-Partys 38, 106

Padilla, José 57
Parasailing 33
Parken 40
Partys 76
Patronatsfeste 35
Phönizier 48
Pirata Bus 259
Plá de Corona 169
Platja de Llevant 246
Platja de Migjorn 128, 256
Platja de Santa Eulària des Riu 219
Platja de sa Roqueta 247
Platja d'es Canyar 207
Platja d'es Cavallet 124
Platja des Codolar 127
Platja de ses Illetes 245
Platja de ses Salines 128
Platja d'es Figueral 202
Platja des Riu de Santa Eulària 219
Platja Es Niu Blau 210
Platja Estanyol 210
Platja Pou des Lleó 204
Platja s'Arenal Gros 192
Platja Ses Boques 135
Platja ses Salines 127
Platja s'Estanyol 225
Podenco 42
Polizei 40
Porroig 135
Port de Sant Miquel 184
Port des Torrent 155
Portinatx 189
Port Roig 135
Posidonia-Seegras 80, 127
Pou de Forada 228
Pou de Gatzara 234
Pou des Lleó 204
Preise 39
Puig d'en Valls 230
Punta d'en Valls 203
Punta de sa Gavina 244
Punta de sa Torre 151
Punta des Molí 162
Punta Galera 168
Punta Martinet 133
Punta Roja 170

Quallen 41

Radfahren 33, 69
Rauchen 43
Reconquista 49, 91, 97
Reiseinfos 38
Reisekosten 39
Reisezeit 20
Reiten 33
Reklamationen 41
Restaurant-Road 236
Roller 27
Römer 48
Rundreisen 22
Ruta de la Sal 38
Ruta des Falcó 184

Sabors 31
Sa Caleta, karthagische Siedlung 129
Sa Capelleta d'en Serra 139
S'Aigua Blanca 202
Santa Agnès 169
Santa Agnès de Corona 172
Santa Eulària del Riu 210
– Aguas de Ibiza 215
– Babylon Beach 217
– Bodega Tagomago 218
– Café Mirage 219
– Can Parramatta 216
– Casa Colonial 217
– Ca's Català 216

- Centro Deportivo Nautico Boca Rio 218
- El Naranjo 217
- Església Es Puig de Missa 213
- Es Mercat 218
- Finca Can Ros 214
- Guarana 219
- Hostal Buenavista 216
- Hotel Tres Torres 216
- Kandani 218
- La Colina 216
- La Cueva 217
- Les Terrasses 216
- Mezzanotte 217
- Museu Barrau 215
- Museu Etnològic des les Illes Pitiüses 214
- Passeig Maritim 218
- Plaça Isidor Macabich 218
- Rincon de Pepe 217
- Sal de Ibiza Store 218
- Sansara 219
- The Royalty 217
- Tot-Test 218
- Vegi at Chet's Jazz Café 218
- Volkstanz 218
- Werner Salewski 218

Santa Gertrudis de Fruitera 234
Sant Agustí des Vedrà 142
Sant Antoni de Portmany 158
- Aquarium 161
- Bar Rincón de Pepe 161
- Blaupark 159
- Café del Mar 158
- Café del Mar Fashion 161
- Café Mambo 166
- Can Paris 161
- Can Rich 166
- Cova de Santa Agnès 158
- Eden 166
- Església de Sant Antoni 158
- Es Rebost de Can Prats 160
- Es Ventall 161
- Golden Buddha 161
- Hostal Florencio 160
- Hotel Marfil 160
- Ibiza Rocks 160
- Kanya Beach Club 166
- Mammoth Ibiza 166
- Mercat des Clos Marès 161
- Mint Lounge Bar 166
- Paradis 167
- Pikes 159
- Plastik 166
- Rita's Cantina 161
- Sa Capella 160
- Sundown Ibiza Suites & Spa 160
- Villa Mercedes 160
- Zebra 161

Sant Carles de Peralta 197, 198
Sant Ferran 253
Sant Francesc 254
Sant Francesc d'Estany 126
Sant Joan de Labritja 186, 200
Sant Josep de sa Talaïa 140
Sant Llorenç de Balàfia 189
Sant Mateu d'Aubarca 173
Sant Miquel de Balansat 178, 179, 180
Sant Rafel 231
Sant Vicent de sa Cala 195
S'Arenal de Sant Antoni 168
S'Argamassa 209
Sa Roca Lisa 133
Savina 39
Schweineweg 120, 226
Seeigel 41
Segeln 33
Semana Santa 35
Serra Benimussa 139
Serra de sa Murta 120
Sert, Josep Lluís 133
Service 41
Ses Païsses de Cala d'Hort 141, 147
S'Espalmador 246
Ses Salines 126
Ses Torres d'en Lluc 175
Siesta 41
Son Buscatell 228
Spanisches Fremdenverkehrsamt 18
Spartipps 39
Spezialitäten 31
Sport 33
Sportevents 38
Sprache 41
Strandsaison 21
Sturmtaucher 42
Supermärke 42
Surfen 33

Tagomago 197
Talaïa de Sant Josep 141
Talamanca 133
Tanit 195
Tapas 31
Tauchen 34
Taxi 25
Telefonieren 42
Tennis 34
Tiere 42
Torre d'en Valls 203
Torre des Molar 184
Torre des Savinar 143
Torres de Balàfia 191
Touristeninformationen 42
Trabrennen 34
Trinkgeld 42

Übernachten 28
Übernachtungs-steuer 53
UNESCO-Welterbe 80
Universitat 97
Ushuaïa 116

Vandalen 48
Veranstaltungen 35
Verdaguer, Jaime Serra 133
Verkehrsmittel auf Formentera 27
Verkehrsmittel auf Ibiza 24
Virots 42
Vista Alegre 132

Wacholder 39
Wandern 34
Wandern an der Cala Es Port 193
Wandern in die Cala des Moltons 184
Wandern zum Cap und zur Cala d'Aubarca 174
Wanderung auf dem Camí Vell de la Mola (Formentera) 266
Wanderung Richtung Sant Antoni 151
Wanderung zum Castell und Camí romà (Formentera) 257
Wellness 34
Wetter 20
Winter 54
Wirtschaft 47

Xiringuito 59

Yachtcharter 35
Yoga 35

Zeitungen 43
Zigaretten 43
Zimmerpreise 30
Zollbestimmungen 24
Zweiräder 25

Der Autor: Dr. Patrick Krause, geb. 1965 in Frankfurt/Main, verbrachte die ersten zwanzig Jahre durchgehend Urlaub an der Costa Brava, ab dem Alter von acht Jahren auch als Fischer, Taucher und Bootsbesitzer (4 PS). Studium der Philosophie und Anglistik in Köln. Nach 25-jähriger Tätigkeit in Werbung, Öffentlichkeitsarbeit und als Ghostwriter seit 2007 Kulturredakteur und seit 2016 Chefredakteur des Lifestyle-Metropolen-Magazins QVEST. Seit der ersten Begegnung mit Ibiza zog es ihn nie wieder nach Mallorca.

Abbildungsnachweis

Can Lluc, Ibiza: S. 220 r., 223
Glow Images, München: S. 8 (Eisele-Hein)
Björn Göttlicher, Bamberg: S. 12 u. l., 12 u. r., 12 o. r, 13 o. l., 13 o. r., 13 u. l., 21, 57, 60, 65, 74, 76, 92/93, 94/95, 101, 122 l., 126, 132, 152 r., 153 l., 159, 162, 170/171, 180, 190/191, 198, 204/205, 220 l., 221 l., 226/227, 228, 232/233, 236, 238, 240 l., 252, 262
Patrick Krause, Köln: S. 6, 32, 280
laif, Köln: S. 13 u. r., 248/249 (Eid); 7, 66/67, 82/83, 177 l., 194 (Gardel); 86 r., 111, 264 (Hartz); 54 (hemis.fr); 84/85 (Hoa-Qui); 201 (Knop); Umschlagklappe vorn (Mattes); 11 (Tophoven)
Look, München: S. 9 (Dressler)
Mauritius Images, Mittenwald: S. 114 (Lubenow); 37 (Mattes); 59, 122 r., 125 (Moxter); 152 l., 155 (Siepmann)
picture-alliance, Frankfurt a. M.: S. 164 (akg-images); 53 (Boxall); 43 (Dennis); 211 (Eia); 244/245 (Gierth); 81 (Helmut Göthel); 130/131 (Hackenberg); 267 (Hiersche); 16/17 (Bildagentur Huber); 123 l., 140 (Juettner); 69 (Riera); 12 o. l., 136/137, 144/145, 150, 208/209, 241 l., 260 (Schmid); 28/29, 86 l., 96, 172, 214/215 (91070)
Riah Noll, Mainz: S. 118
Schapowalow, Hamburg: Titelbild (Schmid)
Visum, Hannover: S. 44/45
Whitestar, Hamburg: S. 72, 176 l., 179 (Gumm); 87 l., 107, 176 r., 186/187 (Hamburg); 62, 240 r., 256/257 (Steinert)

Kartografie

DuMont Reisekartografie, Fürstenfeldbruck

Umschlagfotos

Titelbild: Blick über den Mirador des Savinar zur Felseninsel Es Vedra
Umschlagklappe vorn: In den Gassen Eivissas

Hinweis: Autor und Verlag haben alle Informationen mit größtmöglicher Sorgfalt geprüft. Gleichwohl erfolgen alle Angaben ohne Gewähr. Bitte schreiben Sie uns! Über Ihre Rückmeldung und Ihre Verbesserungsvorschläge freuen wir uns: **DuMont Reiseverlag,** Postfach 3151, 73751 Ostfildern, info@dumontreise.de, www.dumontreise.de

4., aktualisierte Auflage 2018

Redaktion/Lektorat: Jutta Gay, Henriette Volz
Grafisches Konzept: Groschwitz/Blachnierek, Hamburg
Printed in China

FSC www.fsc.org
MIX
Papier aus verantwortungsvollen Quellen
FSC® C124385